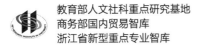

教育部人文社科重点研究基地
商务部国内贸易智库
浙江省新型重点专业智库

浙江工商大学现代商贸研究中心

从消费增长到消费升级

人民美好生活需要实现路径研究

孙 豪 桂河清 柴国俊 等著

复旦大学出版社

作者简介

孙 豪 经济学博士,浙江工商大学经济学院副教授,硕士生导师,教育部人文社科重点研究基地浙江工商大学现代商贸研究中心研究员,浙江工商大学"西湖学者"优秀青年人才,(中国)消费经济学会理事,研究方向:消费经济、综合评价、共同富裕。近年来,主持国家自然科学基金青年项目、教育部人文社会科学青年基金项目等多项课题;在《数量经济技术经济研究》《统计研究》《经济学家》、China Finance and Economic Review 等期刊发表论文30余篇,部分成果被《光明日报》《高等学校文科学术文摘》《社会科学文摘》《人大复印报刊资料》等全文转载;出版学术专著2部。

桂河清 经济学博士,聊城大学商学院副教授,硕士生导师,(中国)消费经济学会理事,研究方向:消费经济。近年来,主持国家社会科学基金一般项目、山东省社科规划基金项目等多项课题,在《管理科学学报》《农业技术经济》等期刊发表论文20余篇。

柴国俊 经济学博士,河北经贸大学商学院教授,硕士生导师,研究方向:城市与房地产经济、劳动经济等。近年来,主持国家社科基金后期资助项目、河北省第七次全国人口普查招标课题重点项目等多项课题,在《中国软科学》《人口研究》、China Economic Review 等期刊发表论文20余篇,荣获省社科优秀成果奖2次,出版专著3部。

感谢

本书得到国家社科基金一般项目(22BJY044)、教育部人文社会科学研究青年基金项目(19YJC790115)和教育部人文社科重点研究基地浙江工商大学现代商贸研究中心优秀青年领军人才项目(2022SMRC03)的资助,特此致谢!

序

长期以来,消费需求不足是制约中国经济发展的结构性问题,扩大居民消费需求成为基本的经济发展战略。党的十一届三中全会以来中国确立的重大战略很多与消费问题密切相关。例如,分"三步走"的战略目标——解决人民的温饱问题、人民生活达到小康水平、人民生活比较富裕,都涉及消费问题;"两个一百年"奋斗目标——中国共产党成立100年时全面建成小康社会、新中国成立100年时建成富强民主文明和谐美丽的社会主义现代化强国,也体现了消费问题;乡村振兴战略提出"产业兴旺、生态宜居、乡风文明、治理有效、生活富裕"20字方针,并且将"生活富裕"作为乡村振兴的根本,凸显了居民消费在乡村振兴中的重要地位。

1981年,中国共产党第十一届六中全会提出我国社会主义初级阶段的主要矛盾是人民日益增长的物质文化需要同落后的社会生产之间的矛盾。2017年,中国共产党第十九次全国代表大会指出我国社会主要矛盾已经转化为人民日益增长的美好生活需要和不平衡不充分的发展之间的矛盾。社会主要矛盾转化,与居民消费息息相关——扩大居民消费需求和促进居民消费结构升级能够有效缓解中国社会主要矛盾。因此,居民消费相关研究是我国学术界长期关注的热点之一,众多学者针对中国居民消费特征、影响因素以及消费需求不足的根源等问题开展了深入思考与研究,获得丰富且具有广泛影响的研究成果。例如,中国消费经济学创始人尹世杰先生所著的《社会主义消费经济学》一书获得首届孙冶方经济科学奖,我的有关居民消费的研究成果《居民资产与消费选择行为分析》一书获得第十届孙冶方经济科学奖。

2022年的中央经济工作会议提出,着力扩大国内需求,把恢复和扩大消费摆在优先位置,消费的恢复和增长将成为经济复苏的主动力。党的二十大报告提出,"着力扩大内需,增强消费对经济发展的基础性作用和投资对优化供给结构的关键作用"。随着我国新发展格局的形成,消费在经济发展中的作用更加重要。

在此背景下,孙豪等著的《从消费增长到消费升级:人民美好生活需要实现路径研究》一书由复旦大学出版社出版,这对于研究在新发展格局下如何着力扩大内需,增强消费对经济发展的基础性作用是有意义的。通观全书,作者对居民消费的研究主要体现出以下四个特点:

一是框架系统。本书除导论外,主要包括消费增长、消费升级与美好生活三篇内容。消费增长部分有七章,围绕居民消费水平提升开展了系列研究。消费升级部分有三章,围绕消费结构优化进行了专题研究。美好生活部分有四章,针对如何提升居民幸福感、满足其品质消费需求、实现城乡共同富裕等开展了深入研究。从消费增长的一般规律来看,扩大居民消费需求首先是居民消费数量的增长,然后是居民消费质量的提升;前者主要表现为居民消费水平扩张,后者则更多地体现了居民消费结构升级。本书的结构安排与居民消费增长规律一致,逻辑脉络清晰合理。需要指出的是,尽管第二、第三篇均关注居民消费质量提升,但作者在我国提出实现共同富裕目标背景下将第三篇单独列出,凸显了居民消费研究在实现共同富裕目标和人民美好生活中的独特作用。

二是紧跟时代。近年来,受国内外各种压力冲击,中国经济增速减缓、居民收入增长放缓,减弱了居民消费对经济发展的基础性作用。为夯实经济发展基础、着力实现第二个百年奋斗目标,中共中央提出推动形成以国内大循环为主体、国内国际双循环相互促进的新发展格局,并于2022年12月印发《扩大内需战略规划纲要(2022—2035年)》。居民消费需求是内需的重要组成,也是扩大内需的持久源泉。本书从规模扩张中的水平提升、数量基础上的质量追求、更高质量的消费实现三个方面研究了扩大我国居民消费需求的三个阶段,为我国新发展阶段扩大内需、构建新发展格局出谋划策,提供了政策选择空间。

三是视角宽广。中国居民消费研究涉及众多内容——既包括扩大居民消费需求的作用、意义以及困境等,又包括居民消费需求影响因素、发展演变规律、不同群体居民消费特征以及消费不平衡,等等。一部专著显然无法囊括上述所有内容,但是难能可贵的是本书研究涵盖了有关居民消费这些主题的多个方面。例如,在"消费增长:规模扩张中的水平提升"部分,作者研究了房价、房屋拆迁、农民工市民化等对提高居民消费水平的影响,测度了流动人口消费潜力规模,从宏观层面探讨了供给侧结构性改革对居民消费水平提升的效应,以及形成强大国内消费市场的基础、条件与建议等。在"消费升级:数量基础上的质量追求"部分,作者分析了房价、城乡收入差距、新型城镇化等对居民消费结构升级的影响。需要注意的是,作者并未将本书三篇内容置于同等重要位置。2019年,中国人均国民总收入首次超过1万美元,接近高收入国家水平底限;但与发达国家相比,中国居民的人均消费水平存在明显差距,如何提升居民消费水平仍然是当前和今后一段时间中国扩大内需战略的主要内容之一。因此,本书在章节安排上,第一篇包括了七章,包括的选题多于第二篇、第三篇。

四是论证充分。国内外大量研究发现住房价格能够通过财富效应、抵押效应以及替代效应等对居民消费产生显著影响。但作者注意到我国居民拥有住房的数量存在较大差异,通过构建理论模型得出房价波动对拥有不同数量住房家庭具有异质性影响,并采用CHFS数据进行了实证检验,拓展了房价对居民消费影响研究的视野。此外,在我国需求收缩、着力扩大居民消费需求背景下,消费潜力测度与释放研究成为学术研究的新热点。如,本书第五章研究了流动人口消费需求潜力的估算与挖掘。与已有研究将流动人口与流入地户籍人口之间的消费差距作为流动人口消费需求潜力的研究方法不同,作者注意到两类人口在人力资本、家庭结构等方面存在明显差异,并且这种差异在短期内无法消除,导致两类人口间的消费差距将长期存在。作者提出只能将两类人口间的部分消费差距作为流动人口短期消费需求潜力的观点,并开展了相关研究,研究结论更加稳健、可靠。

本书的三位主要作者均是长期致力于消费经济研究的中青年学者,他们治学严谨、热爱学术,在居民消费研究领域取得颇多高质量的研究成果。本书是他们最新合作的研究成果。在此书付梓之际,应作者邀请,我很高兴为本书作序,也向广大读者推荐本书。

臧旭恒

2023 年 5 月于山东大学

目录

1 导　论 ··· 001
　1.1　研究起点 ··· 002
　1.2　全书框架 ··· 004
　1.3　创新与不足 ··· 006

第一篇　消费增长：规模扩张中的水平提升

2 国内市场发展战略的演化逻辑 ······································ 011
　2.1　问题的提出与已有研究述评 ······································ 012
　　2.1.1　政策导向 ··· 012
　　2.1.2　经济超大规模性 ·· 013
　　2.1.3　经济增长动力转变 ·· 014
　2.2　促进形成强大国内市场的演化逻辑 ···························· 015
　　2.2.1　经济成长阶段与经济发展模式 ····························· 015
　　2.2.2　技术进步与发展战略 ··· 017
　　2.2.3　需求结构与政策演进 ··· 020
　　2.2.4　供需错配与消费外流 ··· 022
　2.3　促进形成强大国内市场的基础 ··································· 025
　　2.3.1　理论基础：经济发展重心从生产向消费转移 ········· 025
　　2.3.2　实践基础：中国的生产与消费 ···························· 027
　2.4　促进形成强大国内市场的条件与建议 ························· 029

2.4.1　中国培育强大国内市场的条件……………………029
　　2.4.2　促进形成强大国内市场的政策建议……………032

3　房价对家庭消费的异质性影响……………………………035
3.1　问题的提出与已有研究述评………………………………036
　　3.1.1　问题的提出…………………………………………036
　　3.1.2　已有研究述评………………………………………037
3.2　房价影响家庭消费的理论分析……………………………042
　　3.2.1　基本假定……………………………………………042
　　3.2.2　家庭消费决策理论分析……………………………043
3.3　房价影响家庭消费的实证检验……………………………050
　　3.3.1　样本、模型与数据…………………………………050
　　3.3.2　基准回归分析………………………………………052
　　3.3.3　稳健性检验…………………………………………058
3.4　研究结论与政策启示………………………………………058

4　房屋拆迁能够提高家庭消费水平吗？……………………061
4.1　已有文献述评与研究假说…………………………………062
4.2　研究的数据与方法…………………………………………065
　　4.2.1　数据介绍……………………………………………065
　　4.2.2　计量方法……………………………………………066
4.3　拆迁对家庭消费影响的实证检验…………………………068
　　4.3.1　描述性统计…………………………………………068
　　4.3.2　平均处理效应（ATE）分析…………………………070
　　4.3.3　拆迁家庭异质性的深入分析………………………071
　　4.3.4　影响机制分析………………………………………073
4.4　研究结论与政策含义………………………………………074

目 录

5 流动人口消费需求潜力：估算与挖掘 ··················· 077
5.1 问题的提出与已有研究述评 ······················· 078
5.1.1 问题的提出 ····························· 078
5.1.2 已有研究述评 ··························· 081
5.2 流动人口消费需求潜力的估算方法 ················· 084
5.3 流动人口消费需求潜力的估算结果 ················· 086
5.3.1 数据来源与描述性统计 ··················· 086
5.3.2 流动人口消费需求潜力估算 ··············· 088
5.4 释放流动人口消费需求潜力的路径与效果 ··········· 092
5.4.1 释放流动人口消费需求潜力的路径选择 ····· 092
5.4.2 流动人口消费需求潜力的释放效果 ········· 095
5.5 研究结论与政策建议 ··························· 096
5.5.1 研究结论 ····························· 096
5.5.2 政策建议 ····························· 097

6 市民化的消费效应：以农业转移人口为例 ················ 099
6.1 问题的提出与已有研究述评 ······················· 100
6.1.1 问题的提出 ····························· 100
6.1.2 已有研究述评 ··························· 101
6.2 研究设计 ····································· 103
6.3 市民化对居民消费影响的实证检验 ················· 104
6.3.1 描述性统计分析 ························· 104
6.3.2 农业转移人口市民化扩大其消费需求潜力估计 ·· 106
6.3.3 农业转移人口市民化扩大其消费需求潜力的分解 ······························· 110
6.3.4 农业转移人口市民化扩大其消费需求的无条件分位数分解 ·························· 111
6.4 研究结论与政策建议 ··························· 113

7 供给侧结构性改革的消费效应：以农村居民为例 ……… 115

7.1 问题的提出与已有研究述评 ……… 116
7.1.1 问题的提出 ……… 116
7.1.2 已有研究述评 ……… 118

7.2 农业供给侧结构性改革提振消费的理论分析 ……… 119

7.3 指标构建、变量选取及模型设定 ……… 122
7.3.1 农业供给侧结构性改革评价体系的构建 ……… 122
7.3.2 变量选取和说明 ……… 125
7.3.3 计量模型设定 ……… 129

7.4 农业供给侧结构性改革影响农民消费的实证检验 ……… 130
7.4.1 改革的农民消费提升效应检验 ……… 130
7.4.2 农业供给侧结构性改革提振消费的异质性检验 ……… 134
7.4.3 中介效应检验 ……… 136

7.5 研究结论与政策建议 ……… 138
7.5.1 研究结论 ……… 138
7.5.2 政策建议 ……… 139

8 扩大消费：三重逻辑与推进路径 ……… 142

8.1 扩大内需的三重逻辑 ……… 143
8.1.1 扩大内需的理论逻辑 ……… 143
8.1.2 扩大内需的历史逻辑 ……… 145
8.1.3 扩大内需的现实逻辑 ……… 146

8.2 发放消费券扩大消费的策略与建议 ……… 148
8.2.1 发放消费券是恢复和扩大消费的有效途径 ……… 148
8.2.2 加力提效恢复和扩大消费的政策建议 ……… 149

8.3 国际消费中心城市建设：以杭州为例 ……… 152
8.3.1 杭州建设国际消费中心城市的基础 ……… 152

8.3.2 比较视角下杭州建设国际消费中心城市的短板 ……………… 153
  8.3.3 推进杭州建设国际消费中心城市的建议 …………………… 154

第二篇 消费升级：数量基础上的质量追求

9 房价对消费结构升级的影响 ……………………………………… 159
9.1 问题的提出与已有研究述评 ………………………………… 160
  9.1.1 问题的提出 …………………………………………… 160
  9.1.2 已有研究述评 ………………………………………… 162
9.2 房价对居民消费结构的影响机制分析 ……………………… 164
  9.2.1 房价对消费结构升级的影响机制 …………………… 164
  9.2.2 房价对消费结构升级影响的异质性 ………………… 166
9.3 模型设定与数据来源 ………………………………………… 167
  9.3.1 模型设定与变量说明 ………………………………… 167
  9.3.2 数据来源与描述性统计 ……………………………… 168
9.4 房价对居民消费结构影响的实证检验 ……………………… 169
  9.4.1 房价对居民消费结构的影响：基准模型 …………… 169
  9.4.2 房价对居民消费结构的影响：分位数回归模型检验 ……………………………………………………… 171
  9.4.3 房价对居民消费结构的影响：城市规模异质性检验 ……………………………………………………… 172
  9.4.4 房价对居民消费结构的影响：区域异质性检验 …… 175
  9.4.5 内生性和稳健性检验 ………………………………… 177
9.5 边际消费倾向：房价对消费结构影响的中介效应 ………… 180
9.6 研究结论与政策启示 ………………………………………… 184

10 城乡收入差距对消费结构升级的影响 — 188

10.1 问题的提出与已有研究述评 — 189
- 10.1.1 问题的提出 — 189
- 10.1.2 已有研究述评 — 190

10.2 城乡收入差距与居民消费结构的特征事实 — 192
- 10.2.1 城乡收入差距测度 — 193
- 10.2.2 居民消费结构测度 — 196

10.3 城乡收入差距对消费结构的影响机制分析 — 199

10.4 模型、变量与数据 — 202
- 10.4.1 模型设定 — 202
- 10.4.2 变量说明 — 203
- 10.4.3 数据来源与描述性统计 — 204

10.5 城乡收入差距影响居民消费结构的实证检验 — 206
- 10.5.1 基准回归分析 — 206
- 10.5.2 城乡异质性检验 — 207
- 10.5.3 影响机制检验 — 209
- 10.5.4 居民消费倾向的中介效应检验 — 211

10.6 研究结论与政策启示 — 216
- 10.6.1 研究结论 — 216
- 10.6.2 政策启示 — 217

11 新型城镇化对服务消费的影响 — 219

11.1 问题的提出与已有研究述评 — 220
- 11.1.1 问题的提出 — 220
- 11.1.2 已有研究述评 — 221

11.2 模型构建与指标选取 — 222

11.3 新型城镇化影响服务消费的实证检验 — 224
- 11.3.1 数据来源与变量描述统计 — 224

  11.3.2 实证结果分析 225
11.4 研究结论与政策建议 226

第三篇 美好生活:更高质量的消费实现

12 美好生活:主观幸福感的视角 231
12.1 问题的提出与已有研究述评 232
  12.1.1 问题的提出 232
  12.1.2 已有研究述评 233
12.2 数据、变量与模型 236
  12.2.1 数据来源 236
  12.2.2 变量选取 236
  12.2.3 模型构建及变量说明 237
12.3 实证分析 238
  12.3.1 描述性统计分析 238
  12.3.2 回归分析 241
  12.3.3 计量结果分析 243
12.4 研究结论与政策建议 245

13 消费不平等:城乡教育差距如何影响文化消费不平衡 247
13.1 问题的提出与已有研究述评 248
  13.1.1 问题的提出 248
  13.1.2 已有研究述评 250
13.2 城乡教育差距对文化消费不平衡的影响机制 252
13.3 模型选择与变量说明 254
  13.3.1 模型选择 254
  13.3.2 变量说明 256
13.4 城乡教育差距影响文化消费不平衡的实证检验 258

    13.4.1 RIF 分位数回归 ·· 258
    13.4.2 无条件分位数分解 ·· 261
    13.4.3 进一步的检验 ·· 263
  13.5 研究结论与政策启示 ·· 267
    13.5.1 研究结论 ·· 267
    13.5.2 政策启示 ·· 268

14 消费外流：特点、原因及对策 ··· 271
  14.1 中国海外消费的特点 ·· 272
  14.2 海外消费增长的原因分析 ·· 274
    14.2.1 各国共同性原因 ·· 274
    14.2.2 中国特殊性原因 ·· 276
  14.3 海外消费增长对母国经济发展的影响 ························· 277
    14.3.1 对各国经济发展的一般性影响 ························· 277
    14.3.2 对中国经济发展的影响 ································· 278
  14.4 日韩引导海外消费回流的经验 ··································· 280
  14.5 研究结论与对策建议 ·· 282

15 消费回流：发展国货品牌与提升产品质量 ································· 285
  15.1 吸引消费回流的品牌价值分析 ··································· 286
    15.1.1 出国购物旺盛源于品牌价值差异 ····················· 286
    15.1.2 重复博弈可缓解品牌价值差异 ························· 289
    15.1.3 提升供给质量的建议 ···································· 291
  15.2 国货品牌的发展机遇与提升路径 ································ 293
    15.2.1 国货品牌发展迎来黄金机遇 ···························· 293
    15.2.2 发展国货品牌的多重价值 ······························ 294
    15.2.3 全方位推进国货品牌发展 ······························ 295
  15.3 增强制造业核心竞争力是一项系统工程 ···················· 297

目 录

- 15.3.1 我国已成为制造业大国 297
- 15.3.2 世界先进制造业发展格局 298
- 15.3.3 制造业核心竞争力 299
- 15.3.4 增强制造业核心竞争力的中国应对 299

参考文献 301
后记 321

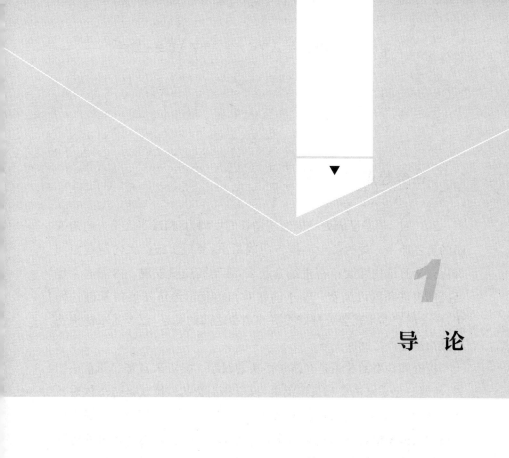

1 导　论

1.1 研究起点

2017年,消费已成为我国经济增长的主动力,构成实施扩大内需战略的重要抓手。党的二十大报告明确指出,要把实施扩大内需战略同深化供给侧结构性改革有机结合起来,推动高质量发展。内需通常包括国内投资和国内消费。鉴于消费对当前我国经济发展的基础性作用,扩大消费需求需要处理好投资和消费之间的关系,以及需求侧消费与供给侧生产之间的关系。

投资和消费的关系是经济学经典的议题。投资来自家庭储蓄或积累,而储蓄是未来消费和长期消费,投资和消费的权衡就是经济体对长期消费和短期消费的权衡。美国经济学家菲尔普斯在1961年提出新古典增长模型框架下的资本黄金律水平,认为稳态人均资本量的边际产量等于劳动力增长率加折旧率的时候,稳态人均消费最大,理论上解决了投资和消费的取舍问题。改革开放以来,我国居民消费率经历了U型变化。从1978年到1992年,宏观消费率较高,投资率较低,不能为经济起飞做好准备,故调整投资积累和消费关系是该阶段政策重要目标;1992年到2012年,家庭的预防性储蓄动机增强,逐渐形成以出口和投资为主、消费为辅的需求侧三驾马车;2012年进入新时代以来,我国社会主要矛盾发生变化,需求侧已细化成跨境电商、房地产投资、汽车消费、服务贸易等多驾马车,消费逐步构成拉动经济增长的第一动力。

需求侧消费与供给侧生产是一个问题的两个方面,是经济学另一经典的议题。法国经济学家萨伊较早提出"供给自动创造需求"的观点,适应了西方工业化早期的经济社会发展。二战后,以索罗模型为代表的新古典经济增长理论强调劳动、资本、技术等要素投入对经济增长的作用。然而,没有需求的创新无法持续,没有需求的供给无法获得市场出清认可,需求成为推动经济增长的重要动力。区别于西方供给学派观点和实践,在建设中国特色社会主义的新时代,需求与供给相互依赖、相互作用,统筹好扩大内需和深化供给侧结构性改革,进而"形成需求牵引供给、供给创造需求的更高水平动态平衡"(2020年中央经济工作会议首次提出)。

新时代社会主要矛盾已转化为人民日益增长的美好生活需要和不平衡不充分的发展之间的矛盾,研究我国消费的来龙去脉将对破解新时代社会主要矛盾具有研究价值。

理论层面上,阐明消费的阶段性特征、症结问题和破解思路将从小切口深化人们对新时代社会主要矛盾的认知,有助于构建中国自主的经济学知识体系。西方消费理论的方法论遵循个人主义,暗含经济理性假设,适宜分析成熟的市场经济国家的运行及活动。而我国仍是发展中国家和转型国家,经济运行尚未达到稳态,需要在马克思主义原理指导下将西方消费理论本土化,更精准地指导社会主义市场经济。研究消费的中国场景,将在理论上破解新时代社会主要矛盾,加快经济学知识体系的本土化进程。

应用层面上,阐明我国新时代消费的特征趋势将厘清供给侧结构性改革和扩大内需统筹融合推进的思路,为其他国家贡献解决消费问题的中国方案。如何具体处理好消费与投资、消费与生产的关系,需要中国在实践中不断探索总结。在新型城镇化和乡村振兴背景下,针对一个个消费现象和案例,提炼出可复制、可推广的本土化经验,能够将需求侧改革和供给侧结构性改革具体化,指导类似的后发经济体实现赶超目标。

实证层面上,消费领域已有大量优秀研究成果。例如,孙伟增等(2018)通过考察开发区政策对居民消费的带动作用,发现设立开发区能够显著促进城市居民总消费、生活性消费、住房消费和子女受教育支出。就具体影响途径,国内外文献基于微观数据和中观数据,验证了预防性储蓄、财富效应、抵押效应、流动性约束等西方经典机制,提出提高边际消费倾向、健全社会保障制度、提升财经素养等政策启示。例如,基于美国的1984年微观数据模拟发现,社会保障体系能够降低个体面对未来的不确定性,从而减少其预防性储蓄(Hubbard等,1995)。

综上,过往研究理论上探讨过西方消费的产生背景和分析思路,实证上提供影响西方消费的机制解释和出路,为本书贡献文献基础和思路启发。然而,在新时代背景下,消费相关文献存在供需联动改革的改进余地。理论上,西方消费理论缺乏结构的维度,不能觉察当前中国消费领域潜在的结构性问题,亟需结构维度的引入和修正。实证上西方对消费的一般化解释和出路缺乏质量考量,存在短期调控和唯数量倾向,亟待本土化特殊成因的挖掘及供给侧改革出路的提炼。本书试图从理论和实证层面对中国消费议题做出审视及突破。

1.2 全书框架

本书共分三大篇章:第一篇介绍消费增长,强调在规模扩张中提升消费水平;第二篇阐释消费升级,展示数量基础上的质量追求;第三篇展望美好生活,旨在实现更高质量的消费体验。三篇既可独立阅读,各篇自成体系,也能逻辑递进式理解,在更高层面进行学术审视。具体如下。

第一篇,"消费增长:规模扩张中的水平提升",包括"国内市场发展战略的演化逻辑""房价对家庭消费的异质性影响""房屋拆迁能够提高家庭消费水平吗""流动人口消费需求潜力:估算与挖掘""市民化的消费效应:以农业转移人口为例""供给侧结构性改革的消费效应:以农村居民为例""扩大消费:三重逻辑与推进路径"等具体内容。本篇对国内市场发展战略的理解是,促进形成强大国内市场是新时代中国推进经济高质量发展的战略选择,而促进形成强大国内市场具有自身的演化逻辑,需要"供给——需求——市场"全方位的政策体系支撑,其中消费角色首当其冲。本篇认为扩大消费要有理论、历史和现实这三重逻辑,并就如何通过发放消费券来扩大消费以及杭州如何建成国际消费中心城市进行系统化梳理。具体观点包括:住房价格上涨对多套自有房家庭、一套自有房家庭和没有购房需求的租房家庭的消费支出均具有拉动作用但蕴含社会不稳定风险,启示房价要有管制的增长;拆迁户总体上要比未拆迁户消费更多,但拆迁户家庭消费具有异质性,预防性储蓄特别是社会地位寻求能够解释这种消费效应;释放流动人口消费需求潜力能提高居民消费率,主要路径是提升流动人口需求收入弹性、增强消费信心、降低预防性储蓄动机;市民化能够扩大农业转移人口的消费需求,主要路径是增加他们的收入和财富;农业供给侧结构性改革可促进农民消费水平提升和消费结构升级,促进农民消费水平增长的主要途径是提高农民经营性收入、缩小城乡收入差距。

第二篇,"消费升级:数量基础上的质量追求",包括"房价对消费结构升级的影响""城乡收入差距对消费结构升级的影响""新型城镇化对服务消费的影响"等具体内容。本篇认为,房价总体上会抑制居民消费结构升级,但具有异质性,边际消费倾向是中介变量,故有必要控制房价过快上涨、提升基本公共服务水平、改善居民消费倾向;缩小城乡收入差距有助于促进居民消费结构升级,而消费倾向是城乡收入差距影响居民消费结构升级的中介因子,启示完善收入分配制度和社会保障制度、高质量推动基本公共服务均等化;新型城镇化对居民服务消费的增长具有显著促进作用,并且地区的交通通达性、政府财政支出有利于居民服务消费需求的增加,而老龄人口比重增加会抑制居民服务消费,故亟须加速推进新型城镇化的建设、完善基础设施建设、加快提高社会保障水平。

第三篇,"美好生活:更高质量的消费实现",包括"美好生活:主观幸福感的视角""消费不平等:城乡教育差距如何影响文化消费不平等""消费外流:特点、原因及对策""消费回流:发展国货品牌与提升产品质量"等具体内容。本篇认为,流动人口大多幸福,收入、房租、子女是否在身边、对流入地城市的偏好等对其幸福感具有显著影响;城乡教育差距通过禀赋效应和结构效应显著扩大了居民文化消费不平衡,其中禀赋效应大于结构效应;国内商品供需结构错位、消费者对国内产品质量信心不足、消费者不够成熟、国内部分高端商品价格偏高等中国特殊性原因导致海外消费剧增；品牌价值的加价及声誉保障，导致我国中高端消费者更愿出国购买国外知名品牌产品，吸引消费回流需要重塑国货品牌口碑和增强制造业核心竞争力，畅通国内大循环，进而促进国内国际双循环。

1.3 创新与不足

本书的创新主要体现在以下四个方面。

一是研究议题更系统。一方面，从消费数量扩张到消费质量提升，从消费水平到消费结构，从物质消费到服务消费，本研究有层次递进感，逻辑上深度不断增强。另一方面，从消费过去阶段到消费将来趋势，本研究有头有尾，来龙去脉一目了然。总体而言，相比既往论著，本书的消费议题更系统，具有逻辑自洽性。

二是理论阐释更深入。本书从哲学层面阐释扩大消费的理论、历史和现实三重逻辑，基于马克思主义政治经济学原理，较深入地探讨了消费与投资、消费与生产的关系，跳出西方就收入论消费的消费研究窠臼，尝试将结构维度引入消费分析中，指出扩大消费会促进国内大市场进而助推双循环新发展格局的趋势，丰富了消费议题的理论体系，加快了中国自主的经济学知识体系构建进程。

三是实证论证更具有中国特色。相比以往消费实证研究，本书不仅使用较新的中国微宏观数据，还探讨中国特有元素，尝试检验制度文化的消费效应。例如，本书第4章发现社会地位寻求机制能够更好地解释拆迁后租房家庭的消费行为。再如，本书第14章在考察影响消费外流的一般性原因外，特别提炼出国内商品供需结构错位、国内部分高端商品价格偏高、消费者对国内产品质量信心不足、消费者不够成熟等中国阶段性症结。

四是解决思路更务实。本书结合数据和案例，提炼当前我国消费问题的出路，相对更接地气。例如，通过分析杭州建设国际消费中心城市的基础和短板，建议从城市、供给、开放、时间、空间、环境等方面多措并举。针对拆迁户异质性,提出关注同伴"威胁"尤其拆迁租房家庭寻求社会地位动机,是提升家庭消费水平的有力措施。针对中国消费外流现象和供给侧结构性问题,提出通过供给侧结构性改革来引导海外消费回流的建议。

  本书从国内大市场形成的战略高度分析了影响消费的诸多因素,采用多角度探索了人民美好生活需要的实现路径。具体从消费规模扩张和水平提升入手,在此基础上探讨消费结构的升级和消费质量的提升,并就减少消费不平等、引导海外消费回流、促进国内更高质量消费的实现提出了有益的建议。限于研究侧重点,本书有关回归分析所用的数据大都是2019年之前的,对新冠疫情三年来对居民消费的影响仅在消费券处提及,这可能影响到回归分析结论与所提政策建议的时效性,可留作消费研究日后跟进和拓展的方向。

第一篇

消费增长：规模扩张中的水平提升

经过改革开放40多年的发展,中国经济发展的比较优势发生了重大变化,要素禀赋优势、人口红利、劳动力成本优势等逐渐减弱,市场规模优势逐渐增强,并成为新发展优势。在新发展阶段,中国经济发展需要更好地利用市场规模优势,增强消费对经济发展的基础性作用,推动经济高质量发展。2022年,我国全年社会消费品零售总额约为44万亿元,是全球第二大消费市场,消费成为多年来经济增长的第一拉动力。然而,居民消费率偏低,投资率偏高,内需结构亟需改善,消费需求仍有较大的释放潜力。中国仍是世界上最大的发展中国家,尽管居民消费水平实现了大幅提升,但总体水平依然偏低。增强消费对经济发展的基础性作用,最关键的是提升居民消费水平和消费率,改善需求结构。第一篇关注最基本的消费增长问题,从国内市场、房价上涨、房屋拆迁、流动人口需求潜力、农业转移人口市民化、供给侧结构性改革、建设国际消费中心城市等多个维度,探索扩大消费需求和提升消费水平的机制与经验。

国内市场发展战略的演化逻辑

国内市场是大国经济超大规模性的比较优势。促进形成强大国内市场是新时代中国推进经济高质量发展的战略选择。促进形成强大国内市场的演化逻辑是:经济发展阶段演进促使经济发展模式从投资主导型向消费主导型转变;技术进步推动经济发展战略从出口导向型向内需主导型转变;需求结构演进规律决定政府政策支持国内市场发展;供需结构性错配需要通过供给侧结构性改革提升国内供需质量。经济发展过程中生产与消费的相对地位发生变化。经济发展重心从生产转向消费是上述演化逻辑的基础。促进形成强大国内市场需要"供给—需求—市场"全方位的政策体系支撑。

2.1 问题的提出与已有研究述评

今天的中国,前所未有地靠近世界舞台中心。2017 年中国 GDP 占世界 GDP 的比重达到 18.2%[①],2018 年中国制造业占全球份额超过 28%,是世界第一制造业大国。改革开放以来中国经济快速增长,中国正在经历公元 1600 年以来的首次历史性复兴(金星晔等,2019)。当今世界正面临百年未有之大变局,通过调整经济发展战略推动经济高质量发展,是实现中华民族伟大复兴的重要途径。当前全球经济增速缓慢,国际经贸摩擦增多,外向型经济发展模式逐渐不适应当前中国经济发展阶段,促进形成强大国内市场成为新时代支撑中国经济高质量发展的战略选择。

2.1.1 政策导向

中国经济增长逻辑已经发生重大转变,消费成为中国最大的经济增长动能。2019 年最终消费支出对国内生产总值增长贡献率达到 57.8%,拉动经济增长 3.5 个百分点。2018 年 12 月中共中央政治局会议首次提出"促进形成强大国内市场,提升国民经济整体性水平"。2019 年 1 月国家发展改革委、工业和信息化部等十部委联合印发《进一步优化供给推动消费平稳增长 促进形成强大国内市场的实施方案(2019 年)》,从六个方面提出 24 条促进消费需求发展的政策措施。2019 年 12 月中央经济工作会议将"促进形成强大国内市场"列为重要工作任务。习近平总书记多次强调形成强大国内市场的重要性:2018

[①] 该数据为金星晔等(2019)的研究结果。2020 年 5 月 19 日,世界银行发布《购买力平价与世界经济规模——2017 年国际比较项目结果》报告,按购买力评价法计算,2017 年中国 GDP 为 19.6 万亿美元,占世界的 16.4%,位居世界第一位。二者在中国 GDP 占世界份额的计算结果上,存在一定差异。

年,在亚太经合组织工商领导人峰会上,习近平总书记指出,"中国近14亿人口的大市场必将成为世界经济的增长之源、活力之源"①;在第二届中国国际进口博览会开幕式上,习近平总书记指出,"中国有近14亿人口,中等收入群体规模全球最大,市场规模巨大、潜力巨大,前景不可限量"②。

强大国内市场是中国可靠的战略资源,是一种新型比较优势(刘志彪,2019)。促进形成强大国内市场,既能推动国内经济高质量发展,又能提升中国经济对全球增长的贡献率(何立峰,2019)。中国仍然是一个发展中国家(刘伟和蔡志洲,2018),并且仍然处于重要的战略机遇期(刘伟和范欣,2019),"稳增长"依然是当前中国经济发展的重要任务。但中国经济发展阶段已经发生重要变化,进而推动经济发展战略转变。促进形成强大国内市场作为新时代中国重要的发展战略选择,有助于减少外部经济波动的冲击,增强经济发展内生稳定性。

2.1.2 经济超大规模性

规模对于理解中国经济问题具有重要意义。大国经济成长需要有坚实的国内市场基础(黄琪轩,2012)。中国经济超大规模性,是推动经济持续稳定增长的重要优势。各种要素资源的连接,激发了中国经济体量规模优势(泮伟江,2019)。经济超大规模性优势体现在经济运行效率、产业构成、空间格局、动态演化、全球影响等方面(国务院发展研究中心课题组,2020)。经济超大规模性也可以理解为大国优势。大国经济发展表现出经济结构多元、内需规模较大、产业门类完整、区域经济互补、要素禀赋异质、制度富有创新等典型性特征(欧阳峣等,2012)。大国优势即由国家规模产生的经济发展综合优势,包括分工优势、互补优势、适应优势、稳定优势等(欧阳峣,2009)。扩大居民消费规模,通过

---

① 习近平:《同舟共济创造美好未来——在亚太经合组织工商领导人峰会上的主旨演讲》,http://www.xinhuanet.com/politics/leaders/2018-11/17/c_1123728402.htm。
② 习近平:《开放合作 命运与共——在第二届中国国际进口博览会开幕式上的主旨演讲》,http://www.xinhuanet.com/2019-11/05/c_1125194405.htm。

国内市场满足居民消费需要,是充分发挥大国优势的必要条件(欧阳峣等,2016;李君华和欧阳峣,2016)。发挥比较优势有助于建立竞争优势,进而促进经济增长(林毅夫和李永军,2003)。作为大国,中国需要通过促进形成强大国内市场,发挥经济超大规模性的比较优势。

2.1.3 经济增长动力转变

经济增长理论经历了从投入驱动向需求拉动的演化历程。以索罗模型为代表的传统经济增长理论强调劳动、资本、技术等要素投入对经济增长的作用。需求与供给相互依赖、相互作用,经济增长是供求均衡的扩张,因此需求也影响经济增长表现。将需求因素纳入生产函数,能够更好地解释长期经济增长(Walker 和 Vatter,1999)。需求总量和需求结构均显著影响经济增长表现(Garegnani 和 Trezzini,2010;刘瑞翔和安同良,2011)。萨伊的"供给创造需求"理论受到挑战,没有需求的创新无法持续,没有需求的供给无法获得市场出清认可,需求是推动经济增长的重要动力(陈昆亭和周炎,2020)。

从需求动力视角考察经济增长,容易得到需求结构变化引致的需求动力演进。随着中国经济市场化程度提高,经济发展制约因素逐渐从供给转向需求(王裕国,1999)。对经济增长需求动力的研究表明,消费主导型经济增长模式是各国经济发展的共同方向(郭其友和芦丽静,2009;孙豪,2015)。中国正在从生产大国向消费大国演进(毛中根和洪涛,2011),经济发展战略从出口导向转为内需主导(孔祥敏,2007)。

已有研究阐释了经济超大规模性优势以及需求动力演进方向,为本章节阐释国内市场发展战略演进提供了有益参考。本研究将从经济发展阶段、技术进步、需求结构管理政策、供需错配等方面阐释中国主动选择促进形成强大国内市场发展战略的演化逻辑,并从生产和消费的相对地位论述该演化逻辑的基础,进而提出促进形成强大国内市场的政策建议。

2.2 促进形成强大国内市场的演化逻辑

促进形成强大国内市场是中国推进经济高质量发展的重要战略选择。本章节从历史的维度考察中国经济发展模式、经济发展战略选择、需求结构管理政策和市场供需匹配等问题,阐释中国选择促进形成强大国内市场发展战略的演化逻辑。

2.2.1 经济成长阶段与经济发展模式

经济成长阶段决定经济发展模式选择。发展经济学家罗斯托将经济成长阶段分为六个阶段(见图2-1),从传统社会阶段到追求生活质量阶段,经济发展模式逐渐发生转变。杜焱和柳思维(2012)从需求动力角度考察了经济发展模式,认为在高额群众消费阶段,大国经济从投资需求主导驱动转向消费需求主导驱动,小国经济从投资需求主导驱动转向出口需求主导驱动。孙豪等(2017)基于消费主导型指标体系测

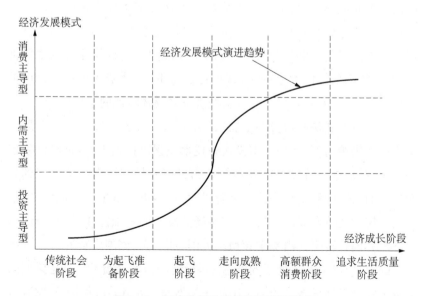

图 2-1 经济成长阶段与经济发展模式

度的经济增长模式表明,在经济增长的需求约束阶段,经济增长模式从投资主导转向内需主导,并进一步转向消费主导。中国经济的高速增长得益于高投资率、宽松的外商直接投资环境以及丰富且廉价的劳动力,但这种经济增长模式也面临一些不可持续的压力(Shane 和 Gale, 2004)。在中国进入高额群众消费阶段之前,很难完全依赖消费需求拉动经济增长(李晓西等,2006)。因此,需求动力视角下的经济发展模式,很大程度上依赖于经济所处的发展阶段。

对应罗斯托的经济成长阶段,当前中国大致处于走向成熟阶段,经济从高速增长转向中高速增长,更加注重经济发展质量。从高速增长转向中高速增长,是经济从起飞阶段到走向成熟阶段的重要标志。在经济起飞阶段,高投资率是实现经济起飞的条件之一。1978—2011年,中国的投资率均保持在30%以上,投资率的均值达到38.1%。2012—2019年,投资率仍然保持在高位,但呈现出下降趋势,从46.2%下降至43.1%;同期,最终消费率从51.1%上升至55.4%;内需(投资和消费)占国内生产总值的比重处于96.8%—99.2%之间。因此,从经济起飞阶段到走向成熟阶段,经济发展模式逐渐从投资主导型转向内需主导型。在工业化后期以及后工业化时期,经济处于走向成熟阶段,经济发展的主导部门出现多样化发展,新的主导部门开始替代原来的主导部门,内需的内部结构发生变化,即投资比重下降,消费比重上升。内需结构变化及主导部门调整,是推动经济发展模式转换的基础。

在经济发展初期(传统社会阶段和为起飞准备阶段),经济发展约束主要为供给约束,提高资本投入和技术积累以扩大生产,是经济发展的核心逻辑,这一阶段经济发展模式为投资主导型。当经济发展到高额群众消费阶段和追求生活质量阶段时,经济重心从生产转向消费,消费成为拉动经济发展的主要力量,对经济发展的基础性作用越来越强,经济发展模式转变为消费主导型。美国、加拿大、德国、英国、日本等高收入国家,居民消费率处于60%左右,最终消费率接近80%,是典型的消费主导型发展模式。当前中国居民消费率不足40%(见图2-2),最终消费率约为55%,尚未完全形成消费主导型发展模式。

2 国内市场发展战略的演化逻辑

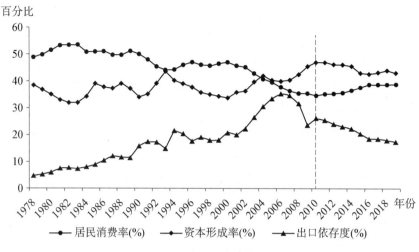

图 2-2 中国需求结构演进

上述演化逻辑可以归纳为：经济发展初期→供给约束→投资主导→经济起飞→内需主导型发展模式→内需内部结构变化→消费主导型发展模式①。

2.2.2 技术进步与发展战略

技术水平的高低决定国内市场发展战略选择。处于快速工业化进程的发展中国家，大多数（约占所有发展中国家的 75%）选择了出口导向型发展战略（Karunaratne，1980）。改革开放以来较长时间的经济发展实践表明，中国实施了外向型的经济发展战略，即通过扩大对外开放、吸引外商投资和促进出口等途径带动经济增长。在出口导向型发展战略推动下，中国出口总额从 1978 年的 167 亿元增长到 2010 年的 107 022 亿元，出口依存度从 4.6% 提高到 26.2%（见图 2-2）。这种出口导向型的经济发展战略，在中国技术水平较低和资本积累较少的发展阶段，对经济增长具有重要贡献。出口导向型发展战略将中国劳动力纳入全球分工网络，促进了分工，提高了劳动生产效率，同时使更多

---

① 本文中"→"表示逻辑关系，并非因果关系。下同。

中国产品走向世界市场,提高了中国同世界其他经济体的经贸联系,推动了中国工业化进程。在出口导向战略下,处于后发位置的发展中国家得以参与到全球分工体系,通过自身生产规模扩张以及与先发国家贸易往来,加速后发国家自身技术积累,推动产业结构升级,并通过贸易顺差为经济起飞积累资金。

出口导向型发展战略,在一定意义上取得了巨大的成功。比如,中国、日本、韩国、马来西亚等国家,在各自实施出口导向型发展战略的发展阶段,都取得了巨大的经济成功。然而,出口导向型发展战略具有自身缺陷,其战略实施依赖于自由贸易条件,且具有显著的阶段性特征。其一,出口导向型发展战略强调通过鼓励出口战略扩张国外市场,对他国产品产生排斥或替代,从而对他国利益造成冲击,当越来越多的国家采取出口导向型发展战略时,将导致整个国际市场的竞争和冲突加剧。其二,出口导向型发展战略依赖于自由的国际贸易环境,当国际经贸摩擦增多和贸易保护主义增强时,出口导向型发展战略的执行及效果将受到显著抑制。其三,出口导向型发展战略适合处于快速工业化进程的国家,当一国原始资本积累和技术进步达到一定程度之后,经济发展更加重视国内市场,推动自主创新和提升本国消费者福利将成为新的战略选择。并且,与小国相比,大国具备规模经济优势,国内市场是更加稳定的市场,大国更有动力从重视出口转向重视国内市场。

较高的对外贸易依存度使中国经济受外部经济环境影响的风险加大,出口导向型发展战略开始暴露出越来越多的问题。2008年世界金融危机之前,中国出口导向型发展战略不断深化,对国际经济的依赖程度不断提高。2006年,中国对外贸易依存度达到64.2%,出口依存度达到35.3%。上述发展模式在一定程度上导致中国与其他国家经贸摩擦增多,人民币升值压力加大,经济增长受外部经济波动影响加大。并且,在中国实施出口导向型发展战略期间,中国处于全球价值链的低端,加工贸易约占出口的一半和进口的三分之一(Guo和Ndiaye,2009)。世界贸易组织发布的《世界贸易报告2013》指出,国际货物贸易的比较优势在发生动态变化。中国需要跟踪商品比较优势动态变化,

2 国内市场发展战略的演化逻辑

提升专业化分工水平,实现产业向全球价值链高端攀升(Santospaulino,2011)。

除了产业发展向全球价值链高端攀升之外,更重要的是中国需要转变经济发展战略。2008年世界金融危机凸显出国内市场的重要性。随着资本积累和技术进步,中国的经济发展战略逐渐从出口导向型转向内需主导型(见图2-3),这是中国对发展战略的主动调整。为了增强经济发展内生稳定性,中国政府加强培育国内市场,促进形成强大国内市场,增强消费对经济发展的基础性作用。在这种发展战略导向下,中国经济发展对国际经济的依赖性减弱,内生稳定性提高:2010—2019年,中国出口依存度从26.2%下降至17.3%,对外贸易依存度从49.4%下降至31.7%;中国居民消费率从34.6%提升至38.8%,最终消费支出对国内生产总值增长贡献率从47.4%提升至57.8%。

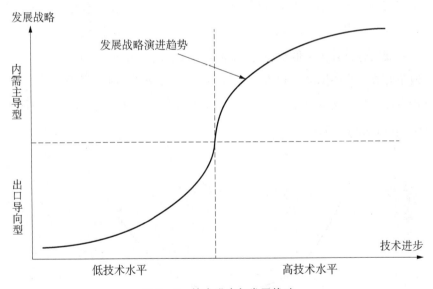

图2-3 技术进步与发展战略

上述演化逻辑可以归纳为:低技术水平和快速工业化进程→出口导向型发展战略→经济发展波动加剧以及资本积累和技术进步→内需主导型发展战略→促进形成强大国内市场→消费对经济发展的基础性

作用增强→经济发展内生稳定性提高。

2.2.3 需求结构与政策演进

需求结构演进规律是需求结构管理政策制定依据。需求结构是经济结构的重要维度。钱纳里和赛尔昆(1988)对1950—1970年101个国家两万多个数据的研究发现,随着收入水平提高,居民消费率呈现出先下降后上升的U型趋势,即居民消费率在人均国民生产总值从100美元(1964年美元,下同)上升至1 000美元过程中呈现出下降趋势,当人均国民生产总值高于1 000美元时,居民消费率开始上升(见图2-4)。居民消费率U型规律适用于中国居民消费率发展趋势(晁钢令和王丽娟,2009)。1978—2010年,中国居民消费率从48.8%下降至34.6%,然后又上升至2019年的38.8%,总体上呈现出U型趋势。居民消费率是考察一国国内市场发展状况的重要指标,中国居民消费率长期处于偏低状态(毛中根等,2014;陈斌开等,2014)。当居民消费率呈现U型发展轨迹且处于偏低状态时,如何进行需求结构管理?为此,本文基于改革开放以来中国共产党历次全国代表大会的报告,研究了需求结构管理方面的政策文本(见表2-1),以期获得需求结构管理政策的演进规律。

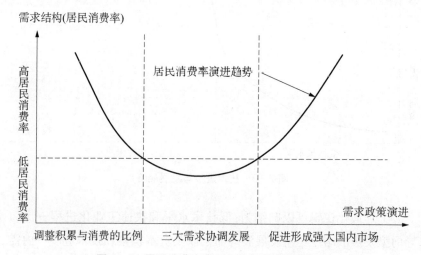

图2-4 居民消费率发展规律与需求政策演进

2 国内市场发展战略的演化逻辑

表2-1 中国需求结构管理政策演进

报告(年份)	政策表述	政策导向
党的十二大报告(1982)	在这同时,还调整了积累和消费的比例,压缩了过大的基本建设规模。这样就既改善了国民经济的内部比例,也改善了人民生活。	调整积累与消费的比例
党的十三大报告(1987)	消费的增长持续超过生产的增长,是改革初期很容易发生的问题……许多发展中国家的经验证明,消费膨胀势必导致整个国民经济失去活力。我们一定要长期坚持艰苦奋斗、勤俭建国的方针。要坚决防止消费膨胀,保证社会消费基金的增长率不超过可分配的国民收入的增长率,职工平均工资奖金的增长率不超过劳动生产率的增长率。	
党的十四大报告(1992)	加快改革开放和经济发展,目的都是为了满足人民日益增长的物质文化需要。随着生产发展和社会财富的增加,城乡居民的实际收入、消费水平和生活质量要有明显提高。	三大需求协调发展
党的十五大报告(1997)	努力增加城乡居民实际收入,拓宽消费领域,引导合理消费。在改善物质生活的同时,充实精神生活,美化生活环境,提高生活质量。特别要改善居住、卫生、交通和通信条件,扩大服务性消费。	
党的十六大报告(2002)	扩大内需是我国经济发展长期的、基本的立足点。坚持扩大国内需求的方针,根据形势需要实施相应的宏观经济政策。调整投资和消费关系,逐步提高消费在国内生产总值中的比重。	
党的十七大报告(2007)	要坚持走中国特色新型工业化道路,坚持扩大国内需求特别是消费需求的方针,促进经济增长由主要依靠投资、出口拉动向依靠消费、投资、出口协调拉动转变……	
党的十八大报告(2012)	使经济发展更多依靠内需特别是消费需求拉动……	促进形成强大国内市场
党的十九大报告(2017)	完善促进消费的体制机制,增强消费对经济发展的基础性作用。	

发展经济的根本目的是提高人民的生活水平和质量。结合表 2-1 可知,在不同的经济发展阶段,政府为提高人民生活水平和质量采取了动态变化的发展战略。总体上,政府的需求结构管理政策可以划分为三个阶段。第一阶段,1978—1992 年,生产资料和生活资料的供给还存在短缺问题,居民消费率较高,政策重点关注处理积累与消费的关系,关键在于促进积累和预防消费膨胀。在经济发展初期,积累是重要的,是实现社会生产总循环顺利进行的基础,也是为实现经济起飞做准备。第二阶段,1993—2012 年,随着市场化水平提升,居民储蓄动机增强,居民消费率处于较低水平,政策重点关注如何协调三大需求结构,特别是扩大消费需求和提升居民消费率。第三阶段,2013 年至今,新时代中国社会主要矛盾发生转化,国际经贸摩擦增多,居民消费率偏低抑制人民美好生活需要的实现。中国政府积极推进供给侧结构性改革和精准扶贫,促进居民消费结构升级,推动形成强大国内市场,增强经济发展的内生稳定性,努力实现全面小康。中国政府通过上述需求结构管理政策的动态转变,卓有成效地推动了经济发展和提升了人民生活质量。

上述演化逻辑可以归纳为:供给短缺→调整积累与消费的比例以防止过度消费→居民消费率下降→投资率上升→经济起飞→协调三大需求和扩大消费→促进形成强大国内市场。

2.2.4 供需错配与消费外流

消费结构升级是居民消费发展的规律性趋势[①],也是满足人民美好生活需要的重要途径。当前中国消费外流较严重,存在供需结构性错配问题(孙豪和毛中根,2020),抑制消费结构升级进程。随着收入水平提高,居民中高端消费需求增加,当国内供给不能满足消费需要时,将产生消费外流。依据国家文化和旅游部和联合国世界旅游组织的数据,2017 年中国出境游人数达 1.31 亿人次,境外消费占全球的 20%。

---

① 尽管近年来社会中出现消费降级和消费分化的声音,但总体上中国居民消费升级趋势稳定。参见孙豪,毛中根,王泽昊.消费降级:假象及其警示[J].经济与管理,2020(3):19-26.

2 国内市场发展战略的演化逻辑

在供需结构性错配条件下,凯恩斯主义的需求管理理论失灵。普通商品市场的"饱和需求陷阱"和住房市场的"投资偏好陷阱",导致产能过剩和经济"脱实向虚"问题(周密和刘秉镰,2017)。供给侧结构性改革是解决上述问题的良方,也是促进形成强大国内市场的重要途径。供给侧结构性改革,一方面通过向市场提供更多优质商品,改善供给结构,满足居民中高端消费需要;另一方面通过缓解居民教育、医疗、住房等焦虑,提升居民消费倾向,扩大居民消费需求,促进消费结构升级(陈斌开,2017)。受贸易保护主义影响,国际经贸摩擦增多,通过深化供给侧结构性改革促进形成强大国内市场,成为中国增强经济发展内生稳定性的战略选择。

供需结构性错配是深化供给侧结构性改革和发展国内市场的动因。这一部分从供给结构与需求结构匹配程度的角度,分析促进形成强大国内市场的战略选择。本文将消费需求分为高消费结构需求和低消费结构需求两部分,将供给产品分为高供给结构产品和低供给结构产品两部分。以高消费结构的需求是否得到满足作为判断市场供求状态的依据,当高供给结构刚好等于高需求结构时,即达到市场供求均衡。假设最初国内供给结构与国内需求结构达到均衡状态,在静态均衡分析中,45度线 OA 上(见图 2-5),国内高供给结构等于国内高需求结构,国内供求达到均衡状态。

在比较静态分析中,本文以消费结构升级衡量消费结构变化,以产业结构升级衡量供给结构变化。随着消费结构升级,居民中高端消费需求比例提高。由图 2-5 可知,假设居民高消费结构升级的幅度是给定的,高消费结构由原来的 MN 提高至 M_1N,那么产业结构升级的幅度将使市场状态产生三种情形。第一种情形,如果产业结构升级与消费结构升级同步进行,即高供给结构由原来的 EF 提高至 E_1F,那么国内市场将达到一种更高水平的新供求均衡($M_1N=E_1F$,$M_1N-E_1F=0$)。第二种情形,如果产业结构升级慢于消费结构升级,即高供给结构由原来的 EF 提高至 E_2F,那么国内市场将出现供求结构性失衡,此时高供给结构低于高需求结构($M_1N>E_2F$,$M_1N-E_2F=E_1E_2$),国内

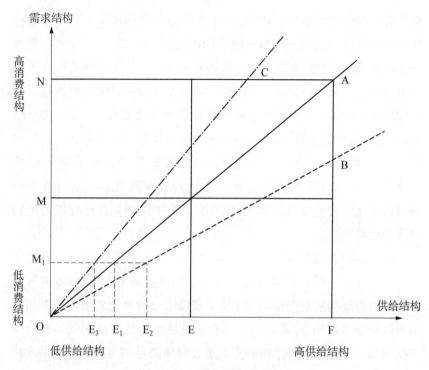

图 2-5 供需匹配与国内市场

供给无法满足消费者部分中高端消费需求,进而产生消费外流问题。第三种情形,如果产业结构升级快于消费结构升级,即高供给结构由原来的 EF 提高至 E_3F,那么国内市场将出现供求结构性失衡,此时高供给结构高于高需求结构($M_1N < E_3F$,$E_3F\ \ M_1N=E_1E_0$),国内中高端商品供给在满足国内消费者全部中高端消费需求之后仍有剩余,此时将会吸引国外消费者入境消费,或者国内企业出口部分中高端产品。

当前中国的实际情况与第二种情形比较契合。中国居民收入水平提高和技术进步通过提升消费需求和改善供给,共同推动了居民消费结构升级。消费结构升级使居民恩格尔系数快速下降:1978 年城乡居民恩格尔系数分别为 57.5% 和 67.7%,2019 年城乡居民恩格尔系数分别为 27.6% 和 30.0%。中国 4 亿多中等收入群体,中高端消费需求快速提高,服务消费、绿色消费、信息消费、时尚消费、品质消费、农村消费等六大领域,成为居民消费结构升级的重点领域和方向。同时,在产业结构方面,第三产业占GDP的比重从24.6%提高至53.9%。由于产业结构升级速度慢于消费结构升级速度,形成国内部分行业(钢铁、平板玻璃、电解铝等行业)产能过剩和消费外流(特别是奢侈品消费外流)并存的供需结构性错配问题。在这种条件下,通过"三去一降一补"深化供给侧结构性改革,化解供需结构性错配问题,有助于推动居民消费结构升级和促进形成强大国内市场,进而推动经济高质量发展。

上述演化逻辑可以归纳为:收入增长和技术进步→居民消费结构升级→供需结构性错配→消费外流→供给侧结构性改革→促进形成强大国内市场。

2.3 促进形成强大国内市场的基础

促进形成强大国内市场是发展战略演化结果,也是中国在新时代经济发展形势下的主动战略选择。促进形成强大国内市场的战略选择,具有坚实的经济发展理论支撑,也符合中国经济发展实践。从历史维度看,社会生产力的发展使经济供给约束得到缓解,经济发展制约逐渐从供给转向需求,经济发展重心从生产转向消费,作为大国,新时代中国经济发展重心应主要依赖国内市场。从现实维度看,经过改革开放以来四十多年的发展,中国的生产与消费已经发生重大变化,促进形成强大国内市场是对生产与消费变化的战略选择。

2.3.1 理论基础:经济发展重心从生产向消费转移

在经济发展理论上,随着社会生产能力提升,生产与消费的相对经济地位发生变化,经济发展重心经历了从生产向消费的转移过程,这是选择促进形成强大国内市场的理论基础。

1. 社会再生产总过程的核心环节从生产转向消费。消费是一切生产的最终目的。生产、分配、交换、消费是社会再生产总过程的四个环节。马克思认为：没有消费，也就没有生产，因为如果没有消费，生产就没有目的；消费生产着生产，消费的需要决定着生产，消费不断地创造出生产新产品的需要；产品只有在消费中才能成为现实的产品。消费既是社会再生产总过程的终点，也是下一个再生产过程的起点。社会再生产总过程能否实现良性循环，取决于人们的消费需要是否得到满足，以及消费与社会再生产其他环节是否协调。中国社会生产供给能力大幅提升，经济发展约束逐渐从供给约束转向需求约束。因此，扩大消费需求和推动消费结构升级，不仅是满足人民美好生活需要，更是有助于促进社会再生产总过程的循环。

2. 经济发展的主导动力从生产转向消费。经济增长模式的国际经验表明，消费主导型经济增长模式是经济发展的共同方向。根据发展经济学家罗斯托的经济成长阶段理论，经济发展依次经历传统社会、准备起飞、起飞、走向成熟、大众消费和追求生活质量六个阶段，投资率先上升后下降，消费率先下降后上升。在物质不能得到充分供给的发展阶段，保持较高的投资率有助于实现经济起飞；在走向成熟阶段及之后的发展阶段，社会物质供给能力充足，消费取代生产成为经济社会生活的主导动力和目标。因此，生产能力提高和经济发展阶段演进，推动经济发展重心从生产向消费转移。

3. 城市的主要功能从生产转向消费。工业革命使生产与消费发生明显分离，推动城市形态从生产型向消费型转变。当前中国城镇化率突破60%，城市是经济社会发展的主要空间载体。人流加速向大都市圈集聚，中心城市和城市群正在成为承载发展要素的主要空间形式。城市经济学家格莱泽从消费的视角考察了城市经济增长，通过对费城、底特律、纽约、洛杉矶等城市的研究，发现以制造业为代表的传统工业逐渐从城市中心撤离，以金融服务、文化创意、休闲娱乐等为代表的新兴产业逐渐涌入城市中心。工业城市的衰落和消费城市的繁荣表明，大都市的增长越来越依靠城市作为消费中心的功能与定位。消费对城市发展的重要性逐渐超越生产，城市的消费功能逐渐取代生产功能的主导地位。城市本身作为一种场景，是一个整体消费品，是商品、服务和文化的消费中心。城市的消费属性不断塑造大城市的优势和竞争力,吸引高素质人才前来工作、生活和居住,进而推动城市经济增长。

2.3.2 实践基础:中国的生产与消费

在经济发展实践上,中国的生产和消费水平已经大幅提升,但与发达国家仍有较大差距,社会主要矛盾的主要方面已经从供给(生产)转向需求(消费),这是选择促进形成强大国内市场的现实背景与战略基础。

1. 从纵向维度看,中国的生产与消费已经实现大幅提升。经过改革开放以来四十多年发展,中国社会生产能力大幅提升,国内市场规模巨大,居民消费水平迅速提高。在生产方面:1978—2019 年,中国 GDP 从 3 679 亿元提高至 990 865 亿元,从世界第十位提高至世界第二位;工业增加值从 1 621 亿元提高至 317 108 亿元,工业化进程大幅推进,中国自 2010 年以来一直是世界上制造业增加值最大的国家,在 500 余种主要工业产品中,中国有 220 多种产量位居世界第一,包括粗钢、发电量、化肥、水泥、棉布等;货物进出口总额从 355 亿元提高至 315 504 亿元,贸易结构不断优化。在消费方面:1978—2019 年,社会消费品零售总额从 1 558 亿元增长至 411 649 亿元,居民消费从 1 759 亿元增长至 385 895 亿元,居民消费水平从 183 元提高至 27 563 元;城乡居民恩格尔系数分别从 57.5%(温饱水平)和 67.7%(贫穷水平)下降至 27.6%(富足水平)和 30.0%(相对富裕水平)。

2. 从横向维度看,中国的生产与消费仍有较大发展空间。尽管改革开放以来中国的生产能力和居民消费水平都有大幅提升,但与发达国家相比,仍然存在不小的差距。在生产方面:与美、日、德等世界制造强国相比,中国在生物医药制造等先进制造领域存在一些技术约束(李金华,2019);中国对基础理论和知识产权的商业应用不高[①];中国企业

---

① 参见国务院发展研究中心国际技术经济研究所与北京知本创业管理咨询有限公司发布的《2017 年全球技术创新指数》。

在研发投入、研发强度、研发集中度等方面与发达国家企业有较大差距(崔维军等,2015)。在消费方面:无论是与发达国家相比,与金砖国家相比,还是与其他相同收入行列国家相比,都可得出中国居民消费率长期偏低的结论(见表2-2);中国居民消费水平与美国、日本等发达国家有较大差距;美国、日本等发达国家居民恩格尔系数均低于20%,中国居民消费结构升级仍有较大空间。

表2-2 主要经济体的居民消费率(%)

经济体/年份	1995	2000	2005	2010	2015
中国	46	47	40	36	38
美国	64	65	67	68	69
德国	59	58	58	56	55
英国	60	64	66	66	64
日本	57	56	57	58	57
印度	60	58	55	55	56
韩国	60	56	53	50	48
巴西	60	59	57	60	63
俄罗斯	39	37	43	51	53
中低收入国家	64	65	64	61	62
中高收入国家	66	60	54	49	44
高收入国家	58	59	59	60	59
经合组织成员国	59	59	60	61	60
世界	60	59	59	57	56

注:数据来源于世界银行数据库(https://data.worldbank.org.cn/),表中数据经作者计算得出。

3. 从供需视角看,中国经济发展重心正在从生产转向消费。党的十九大报告指出,新时代中国社会主要矛盾已经转化为人民日益增长的美好生活需要和不平衡不充分的发展之间的矛盾。社会主要矛盾转化释放两个信号:一是中国社会主要矛盾已经从简单的供求矛盾转变为结构性矛盾,供给侧从供给数量转变为供给质量,需求侧从消费需求转变为消费升级;二是中国社会主要矛盾的主要方面从供给侧(提高生产能力)转向需求侧(满足人民美好生活需要)。在社会主要矛盾转化之前,提升供给能力是化解社会主要矛盾的重要途径。化解新时代社会主要矛盾,则需要通过供给侧结构性改革(作为手段),提升供给质量,促进消费结构升级,满足人民美好生活需要(作为目的)。需要说明的是,尽管经济发展重心正在从生产向消费转移,但这种转移才刚开始①,并且这种转移是一个长期持续的过程。完成这一转移过程,需要经历全部的走向成熟阶段②,直到达到高额群众消费阶段。由于中国仍然是世界上最大的发展中国家,因此,保持一定的经济增长速度依然是非常重要的。值得乐观的是,促进形成强大国内市场与保持经济增长速度并不冲突,并且二者相互促进。

2.4 促进形成强大国内市场的条件与建议

2.4.1 中国培育强大国内市场的条件

经济发展的根本目的是提高人民生活水平。促进形成强大国内市场,不仅是新时代中国推动经济高质量发展的主动性战略选择,也是满足人民美好生活需要的重要途径。前文关于国内市场发展战略演化逻辑以及生产与消费的相对地位变化表明,当经济发展处于不同阶段时,对国内市场的重视程度存在差异。在走向成熟阶段、技术积累达到一定程度、政府政策注重协调三大需求和供需错配情境下,消费将逐渐取代生产成为经济发展重心,经济发展需要重视国内市场的内生支撑作用。从"供给—需求—市场"体系看,中国在消费主体、消费客体和消费

---

① 如果以中国社会主要矛盾转化作为经济发展重心转移的标志,那么中国经济发展重心从生产向消费的转移刚刚持续两三年。
② 各个国家完成走向成熟阶段的时间长度不同,根据发达国家发展经验,走向成熟阶段一般需要几十年的时间。

环境等方面具备培育强大国内市场的良好基础条件,处于培育强大国内市场发展的关键时期。

1. 消费主体。国内消费者数量众多、消费支付能力较强和消费者素质较高,从而保障了国内消费市场规模。在消费者数量方面:中国拥有近14亿人口,中等收入群体超过4亿,城镇人口比例超过60%,这是世界上任何国家都无法比拟的市场潜力优势。在消费支付能力方面:中国居民消费支付能力较强,2019年居民可支配收入达到30 733元。根据麦肯锡发布的《中国奢侈品报告2019》,2018年中国奢侈品消费达7 700亿元,占全球奢侈品消费总额的1/3,2012—2018年,中国对全球奢侈品市场增幅的贡献率超过50%[1]。在消费者素质方面:根据中国互联网络信息中心(CNNIC)发布的《第45次中国互联网络发展状况统计报告》,截至2020年3月,中国网民数量为9.04亿人,互联网普及率达64.5%,网民规模巨大是推动中国互联网市场和数字经济发展的坚实基础。

2. 消费客体。国内工业门类齐全、研发投入增加和供给质量提升,为国内市场供给了丰富优质的商品和服务。在工业门类方面:中国工业经济规模位居全球首位,现代工业体系门类齐全、独立完整,是世界上唯一拥有联合国产业分类中所列全部工业门类的国家[2]。在研发投入方面:2019年中国全社会研发支出达2.17万亿元,占全年GDP的2.19%;根据世界知识产权组织(WIPO)的评估结果,中国创新指数位居世界第14位[3]。在供给质量方面:随着国内技术积累,国产产品质量不断提高,中国品牌逐渐赢得市场和获得认可,成为繁荣国内市场的重要力量。

3. 消费环境。国内消费者权益保护逐渐加强、营商环境优化和促

---

[1] 参见麦肯锡栾岚等发布的《中国奢侈品报告2019》。
[2] 参见《我国已建成门类齐全现代工业体系》,http://www.gov.cn/xinwen/2019-09/22/content_5432064.htm,最后浏览日期:2022年9月8日。
[3] 参见科技部:《2019年全社会研发投入达2.17万亿元,创新指数位居世界第14位》,http://news.sciencenet.cn/htmlnews/2020/5/440025.shtm,最后浏览日期:2022年9月8日。

进消费的体制机制不断完善,为扩大国内消费需求提供了良好的消费环境。在消费者权益保护方面:通过规范市场秩序,切实加强事中事后监管,加大侵权惩戒力度,消费者权益保护得到明显改善。在营商环境方面:近年来中国十分重视改善营商环境,营商环境持续优化。根据世界银行2019年10月发布的《营商环境报告2020》,中国营商环境在全球190个经济体中排名第31位,比前一年提升15个位次,成为全球营商环境改善幅度最大的十大经济体之一[①]。在促进消费的体制机制方面:为打破抑制消费需求增长的制度障碍,中国政府多次出台政策完善促进消费的体制机制,比如《关于完善促进消费体制机制进一步激发居民消费潜力的若干意见》《关于培育建设国际消费中心城市的指导意见》等,为居民消费需求增长提供了良好的制度环境。

尽管中国在消费主体、消费客体、消费环境等方面具备促进形成强大国内市场的基础条件,但在消费能力、供给结构、消费环境等方面还有较大提升空间。在消费能力方面,中国居民收入差距较大,根据国家统计局公布的数据,中国居民收入基尼系数保持在0.46左右的高位,高收入者消费倾向低和低收入者消费支付能力低,二者共同制约居民消费需求增长。2020年5月28日,在十三届全国人大三次会议闭幕后的记者会上,李克强总理披露,"我们人均年收入是3万元人民币,但是有6亿人每个月的收入也就1000元左右"。中国城乡二元经济结构明显,城乡收入差距和群体收入差距较大,农村居民和低收入群体的消费支付能力不足,仍是抑制居民消费需求和国内市场发展的桎梏。在供给结构方面,中国研发投入(R&D)增长较快,但研发强度(研发经费占GDP的比重)较低,制约供给结构提升。根据《2018年全国科技经费投入统计公报》,2018年全国研发经费投入为19677.9亿元,研发强度为2.19%,与《国家中长期科学和技术发展规划纲要(2006—2020)》中提出2020年研发强度达到2.5%以上的目标,还有较大距离。在消费环境方面,中国消费者权益保护有待加强,需要进一步加大对侵权主体的

---

① 参见世界银行发布的 *Doing Business 2020*。

惩戒力度和降低消费者维权成本。

2.4.2 促进形成强大国内市场的政策建议

促进形成强大国内市场是一个系统性工程,需要调节市场供给,提高市场需求,完善市场环境。本文从供给侧、需求侧和市场环境三个方面设计形成强大国内市场的"供给—需求—市场"三位一体政策体系。

1. 供给侧:向市场供给更多优质商品。有效供给能力不足是抑制消费需求增长的重要原因。因此,在供给侧,需要通过供给侧结构性改革改善供给结构,向市场供给更多优质商品。

其一,增加有效供给。对于供给不足的产业和领域,如医疗、教育和环保产业,应加大开放力度,鼓励民营资本进入,从而带动第三产业投资需求和对相应服务的消费需求。当前中国居民的中高端消费需求中的很大一部分是通过购买海外产品来得到满足的。中国企业需要调整产品供给结构,加大技术创新和技术改造力度,推出更多适应国内消费者需求、符合质量安全标准的中高端产品,使得中国企业逐步在中高端消费市场形成竞争优势。

其二,化解过剩产能。对于粗钢、水泥、平板玻璃、造船行业等存在供给过剩的行业,依靠市场手段,通过发展资本市场带动,促进企业兼并重组,利用技术进步和技术创新,不断提升产业链各环节的附加值,加快化解过剩产能。

其三,发展战略新兴产业。对于关系国家未来竞争力的战略性新兴产业,如新能源、新材料、信息技术、生物、高端装备制造等,要加大国家持续投入力度,带动相关领域的技术创新和技术转化,应对消费升级和生活方式带来的新市场。

2. 需求侧:提高居民消费能力和意愿。形成强大国内市场,扩大消费需求,促进消费机构升级,需要让群众"能消费""敢消费""愿消费"。

其一,增加居民收入,让群众"能"消费。一方面,保持居民收入持续增长,多渠道促进农民增收,努力实现居民收入增长和经济发展同步;另一方面,深化收入分配制度改革,缩小贫富差距,深化税制改革,提高劳动报酬比例,提升居民消费倾向。特别地,由于收入差距较大和消费倾向差异,应当重点提高中低收入居民收入水平。

其二,健全社保体系,让群众"敢"消费。在给定收入增长的前提之后,设法提高消费倾向才是提高居民消费率的关键所在。转型时期的各项制度不完备,不确定性较大,导致居民不敢,特别是人们在住房、医疗、卫生、教育、养老等方面的预期支出压力较大,导致预防性储蓄增加。因此,建立社会安全网,减少未来不确定性,提高医疗保险保障水平,全面推进大病保险。统筹推进社会救助体系建设,有助于促进居民消费。需要强调的是,住房资产占中国家庭总资产的比重高达77.7%①,住房资产流动性差,严重抑制居民消费提升。坚持"房住不炒"政策,深化住房制度改革,因城施策,是促进居民"敢"消费的重要方向。

其三,改善消费环境,让群众"愿"消费。改善消费环境,有助于改善供给水平,提升消费信心,为进一步扩大消费创造条件。当前中国消费领域的假冒伪劣商品、霸王条款、消费陷阱等不理想的消费环境,制约消费潜能释放。因此,需要降低消费者维权成本,加大对欺诈行为的惩罚力度,加强监管力度,加强信用体系建设,健全消费维权机制,畅通消费者诉求渠道,探索多元化解决消费纠纷机制,着力解决消费者关注的热点难点问题,提升消费信心,营造安全放心的消费环境。

3. **市场环境:优化促进消费的政策环境。**完善促进消费的体制机制和进一步激发居民消费潜力,需要优化市场环境,促进消费增量提质。

其一,深化"放管服"改革。实施包容审慎有效监管,加强消费产品和服务标准体系建设,强化信用在消费领域的激励约束作用。优化营商环境,不断拓展商事制度改革的深度和广度,扩大"证照分离"改革试点,规范"多证合一",压缩企业开办时间,缩减工业产品生产许可证。加强市场竞争环境建设,开展反垄断、反不正当竞争执法,推动公平竞争审查制度实施。

---

① 参见西南财经大学与广发银行发布的《2018中国城市家庭财富健康报告》。

其二，放宽市场准入门槛。营造宽松便捷的市场准入环境，营造公平有序的市场竞争环境，营造安全放心的市场消费环境。加快推进重点领域产品和服务标准建设，建立健全消费领域信用体系，强化价格、网络、广告、知识产权执法，规范市场秩序。

其三，发展中高端消费。推进服务消费、信息消费、绿色消费、时尚消费、品质消费和农村消费等六大领域消费工程，发挥新消费的引领作用，打造消费需求增长的多点支撑新格局。瞄准中高端消费需求，加快消费领域供给侧结构性改革。以提升用户体验为引领，促进中高端生活性服务业发展，积极布局体育服务、健康养老、居民和家庭服务等顺应消费升级趋势的产业。

3 房价对家庭消费的异质性影响

将城镇居民家庭分为拥有至少两套住房的家庭(代表性家庭1)、只有一套住房的家庭(代表性家庭2)和没有住房的租房家庭(代表性家庭3)三类。微观经济模型分析表明:住房价格上涨对不同类型的家庭具有异质性的影响;住房价格上涨影响居民消费的程度与家庭当前消费水平、住房价格、居住面积、消费习惯、对待风险的态度和利率等因素有关。利用中国家庭金融调查(China Household Finance Survey,CHFS)数据的实证分析表明:住房价格上涨对代表性家庭1、代表性家庭2和代表性家庭3这三类家庭的消费均具有促进作用;从影响程度来看,对无房城镇家庭的影响程度最大,对仅有一套住房城镇家庭的影响程度最小;从地域来看,房价上涨对东部地区城镇居民家庭消费的影响高于中西部地区。

3.1 问题的提出与已有研究述评

3.1.1 问题的提出

中国住房价格在经历20世纪90年代波动性增长之后,自2003年以来便快速上涨,引起了政府、实业界及学界的广泛关注。然而,迄今为止,国内已有研究主要集中于房地产业本身,如住房价格和房地产泡沫研究,与住房按揭贷款直接相关的金融市场稳定性研究,以及房地产市场调控研究等(刘璐,2013;石薇、李强和王洪卫,2014;丁如曦和倪鹏飞,2015;孙倩和汤放华,2015);对于住房价格波动与不同类型居民消费变化之间的关系尚没有进行深入研究。事实上,从欧美发达国家的宏观经济表现来看,房价波动与居民消费之间存在非常密切的联系。一个典型事实便是,自2000年初开始、持续时间长达3年并席卷欧美各主要发达经济体的互联网股市泡沫破裂并没有引发各国的经济衰退。以美国为例,正如时任美联储主席的格林斯潘所言,股市暴跌并没有拖累美国经济,因为住房价格上涨了[①]——其深层次的原因是自20世纪90年代以来美国住房价格不断上涨,推动美国居民家庭消费快速增长,不仅抵消了股市泡沫破裂对经济的负面影响,而且还促进了经济增长,即美国住房价格上涨导致消费支出增加的房地产正向财富效应高于金融资产缩水导致的负向财富效应。

自1998年全面实施住房货币化制度改革以来,中国房地产市场经过近20年的发展,取得了巨大成就,城乡居民居住条件显著改善,城镇住房自有率大幅提升,2009年已高达80%以上(黄静和屠梅曾,2009),

---

[①] 参见2005年9月26日格林斯潘对美国银行家协会(American Bankers Association)的讲话。

2011年为84.7%(甘犁等,2013)。与此同时,商品房价格也持续增长。国家统计局的数据显示,中国商品房平均销售价格1998年为2 063元/平方米,2012年上涨到5 791元/平方米,年均增长7.65%(国家统计局,2013)。随着家庭住房自有率的提高及价格的上涨,房产已经成为中国城镇居民最重要的家庭财富。抽样调查表明,房产约占中国城镇居民家庭总资产的62.72%(王江等,2010)。基于住房资产在城镇居民家庭中的重要地位,其价格波动必然引起家庭财富总量的变化,进而影响家庭消费支出的变化。然而,住房价格波动对中国不同类型城镇居民家庭消费支出的影响程度到底有多大?其作用机理是什么?深入研究此类问题在当前中国立足内需、扩大居民消费以促进经济持续健康发展的背景下具有重要意义。

3.1.2 已有研究述评

住房价格与宏观经济变量之间具有密切的联系。例如,原鹏飞和魏薇贤(2012)的定量研究表明,我国房地产价格波动对各宏观经济变量具有显著影响;毛雅娟、李善民和黄宇轩(2014)的实证研究也发现,通胀率、存款准备金率以及失业率等宏观经济变量对住房价格同样具有重要影响。Aron等(2012)认为,该密切联系的一个重要渠道就是通过住房价格波动对消费产生的影响。然而,在很长时间里这种影响并没有引起经济学家们的关注。例如,由Lawrence Klein编著的 *Landmark Papers in Economic Fluctuations, Economic policy, and Related Subjects* 一书所包括的40篇论文中,仅有1篇与房产有关;而由Robert Solow和James Tobin编著的 *Landmark Papers in Economic Growth* 和 *32 papers in Landmark Papers in macroeconomics* 两本论文集中则没有与房产相关的文章(Charles Leung, 2004)。

这种状况在21世纪初得到改善。研究人员在分析美国互联网股市泡沫破裂并没有拖累美国经济的原因时发现,2000—2004年间,美国住房价格不断上涨,国内消费增长强劲。由于居民消费是拉动美国经济增长的主要动力,因此,经济学家们开始研究住房价格上涨与居民消费之间的关系,在此期间研究对象也主要集中于美国(Iacoviello, 2005)。然而,自 2005 年美国房产泡沫破裂并引发全球经济衰退以来,住房价格波动对居民消费的影响激发了研究人员广泛而浓厚的兴趣,研究对象涉及欧美各主要发达国家,研究成果也较为丰富。

总体来看,关于住房价格与居民消费之间密切关系的理论解释,国外学者有四种观点(Campbell 和 Cocco,2007;Attanasio 等,2009)。第一种观点是财富效应理论。该理论认为,根据 Friedman、Modigliani 和 Hall 等人提出的 LC - PIH 以及 RE - PIH 消费理论,由于住房资产存量巨大[①],如果其价格产生波动将会引起整个社会住房财富存量的变化进而导致消费支出的增减。然而,财富效应理论并没有得到研究人员的一致认同。Sinai 和 Souleles(2005)认为,并非所有家庭都能从不断上涨的住房价格中获得正的财富效应。假如家庭长期居住于某一固定住房,上涨的住房价格只不过是抵消了更高的租房机会成本。此外,由于住房市场存在再分配效应,住房价格上涨导致部分家庭消费增加的同时也抑制了某些有意购买住房家庭的消费,就整个国家而言,有无财富效应并不确定(Aoki,2002)。第二种观点是抵押效应理论。住房价格上涨可以提升其抵押价值,使那些具有流动性约束的家庭可以通过反向抵押贷款(reverse mortgage)获得更多资金平滑其生命周期的消费。Benito 和 Mumtaz(2006)利用英国家庭面板调查(British Household Panel Survey)1992—2002 年间的数据研究发现,住房价格上涨可以缓解 20%—40%英国家庭的流动性约束并增加其消费。第三种观点是替代效应及流动性约束效应理论。该理论认为,财富效应和抵押效应是以居民家庭拥有住房为前提的,因此并不适用于没有住房的家庭。事实上,住房价格上涨有可能迫使租房家庭和有意购买住房的家庭取消购房计划并增加消费支出。此外,对于中低收入家庭来说,假如他们在住房价格上涨时仍然具有购房计划,他们可能提高储蓄率而减少家庭消费支出。前者称为替代效应,后者称为流动性约束效应

---

① 例如,美国住房资产存量的市场价值与其年均 GDP 相当(Davis 和 Heathcote,2001)。

(Ludwig 和 Slok，2001)。第四种观点认为，上述三种观点并不能完全解释住房价格与居民消费的高度相关性，应该还有其他因素。这些因素包括收入预期、利率和信贷供给条件等(Iacoviello，2004)。Aron 和 Muellbauer(2006)在计量模型解释变量中加入收入预期和信贷条件等变量后发现，英国住房价格上涨导致的财富效应降低了50%。Attanasio 等(2009)的研究也表明，住房价格与居民消费之间共同的因果关系是它们高度相关的主要原因。

为验证以上各种观点，研究者们对住房价格与居民消费之间的关系进行了大量实证分析。Sheiner(1995)利用 PSID 中租房家庭的数据进行的实证研究表明，生活在住房价格较高的美国租房家庭比其他地区租房家庭的储蓄率更高。Yoshikawa 和 Ohtake(1989)的研究也发现，当日本的住房价格上涨时，有更多的租房家庭取消购买住房计划并增加奢侈品消费。Engelhardt(1996)对加拿大租房家庭的研究也得出类似的结论：住房价格上涨使得租房家庭购买住房的意愿下降，他们为购房首付进行储蓄的概率也随之下降，从而导致他们的消费水平上升。以上研究均证实住房价格上涨存在替代效应及流动性约束效应。住房的财富效应和抵押效应实证研究方面，Phang(2002)利用新加坡1981—2000年间的时间序列数据分析得出，新加坡住房价格快速上涨并没有财富效应和抵押效应，对于其消费总量没有显著影响。然而，Jiang S.，Sun W. 和 Webb A.(2013)采用健康与养老调查(Health and Retirement Study，HRS)数据，研究了美国老年有房家庭的非耐用品消费与住房价格波动间的关系。研究发现，住房价格上涨能够促进他们的非耐用品消费。Bhatia K. 和 Mitchell C.(2015)对加拿大的研究也得出类似的结论。此外，利用家庭支出调查数据(Family Expenditure Survey，FES)以及地区家庭价格指数，Campbell 和 Cocco(2007)研究了英国住房价格变动对于自有住房家庭和租房家庭消费的影响。研究表明，住房价格变动对于年轻租房户的消费没有影响；对于年长的自有住房家庭的消费则有显著影响，消费对住房价格的最大弹性为1.7。然而，Naggara 和 Bellalah(2013)以英国1989—2008年间的时间序列数据研究发现,住房价格上涨整体上能够促进英国居民家庭的消费增长。Khalifa S.等(2013)基于 PSID 数据并采用门槛估计技术研究了住房的财富效应。该研究认为,住房财富效应的强度在不同收入家庭间存在显著差别。Simo-Kengne 等(2013)利用 1996—2010 年的省际面板数据并采用面板 VAR 模型研究了南非住房价格变动对居民消费的影响。研究结果表明,住房价格波动对居民消费具有同方向的影响,但与住房价格下降相比,上涨的住房价格对居民消费的影响时间更长、程度更深。Cristini 和 Sevilla(2014)在 Campbell 和 Cocco(2007)及 Attanasio 等(2009)的研究基础上,通过重新设定包含多种影响机制的单一模型,对住房价格上涨的财富效应进行了重新估计。研究结果发现,住房价格对居民消费的影响既可以通过财富效应实现,也可以通过共同的因果关系实现。跨国研究方面,Riccardo De Bonis 和 Andrea Silvestrini(2012)以 1997—2008 年的季度数据,采用非平稳面板框架下的最新研究成果对 OECD 国家的研究表明,住房价格上涨对消费具有非常显著的正向影响。Case K.,Quigley J.和 Shiller R.(2013)采用 1975—2012 年的数据,对 OECD 国家的研究也得出相同的结论。除了 Phang(2002)的研究之外,上述研究均得出住房价格上涨具有财富效应和抵押效应的结论。

近年来,中国学者也对住房价格波动与居民消费之间的关系展开了研究。黄静和屠梅曾(2009)利用中国 2000 年、2004 年和 2006 年居民住房财富与消费之间的微观数据研究了它们之间的关系,结果显示住房财富对居民消费有促进作用,消费对住房价格的弹性为 0.08—0.12。况伟大(2011)分别对房东和租客建立两期房价和消费关系模型,并使用中国 35 个大中城市 1996—2008 年家庭数据考察了房价变动对居民消费变动的影响。结果发现,房价对家庭非住房消费影响为负。张大永和曹红(2012)基于家庭金融微观调查数据的研究发现,房地产总财富效应大于金融资产的财富效应,且住房价值对家庭非耐用品消费行为的影响程度大于耐用品。张漾滨(2012)运用 2005—2010 年的数据,采用生命周期假设消费函数模型研究了股价和房价波动对中国居民消费的影响。研究结果表明,无论从长期还是短期来看,房地产市场都具有财富效应,而股票市场在长期具有财富效应,在短期不具有财富效应。谢洁玉等(2012)运用中国城镇住户调查数据,分析了房价对城镇居民消费的影响。平均而言,房价显著抑制了消费,且该抑制效应在不同群体间差异明显。陈健等(2012)在考虑经济互动关系中内在非线性结构前提下,从信贷约束角度探讨了房价波动对消费的影响机制,并基于中国31个省级区域的面板数据利用Hansen门槛模型进行实证分析,研究发现:总体上中国的房价上涨会抑制消费。杜莉等(2013)以2008—2011年取得的635份上海城镇居民入户调查数据为基础,通过实证研究发现,房价上升总体上提高了居民的平均消费倾向。颜色和朱国钟(2013)建立了基于生命周期的动态模型,通过数值模拟发现,如果房价能够永久增长,那么家庭资产增值会促进国民消费的增长,即"财富效应";但是由于房价上涨无法永久持续,家庭为了购房和偿还贷款压缩消费,从而造成"房奴效应"。陈训波和周伟(2013)在对生命周期理论进行扩展的基础上,利用中国家庭动态跟踪调查2008年的数据分析了家庭财富对城镇居民消费的影响。结果表明:居民财富对居民消费有显著的影响,并且金融财富的边际消费倾向高于房地产财富。陈斌开和杨汝岱(2013)的研究表明,住房价格每上升1个百分点,城镇居民储蓄率将上升0.067个百分点,房价上涨使得居民不得不"为买房而储蓄",对家庭消费具有挤出效应。

梳理国内外有关文献后可以发现,国外绝大多数实证研究结论较为一致,住房价格上涨对居民消费具有显著促进作用;但国内研究则存在较大差异,甚至得出截然相反的结论。造成这种差异的原因可能有以下三个方面:第一,已有研究或者没有深入分析住房价格波动对居民消费支出影响的作用机理,或者理论模型过于简单,在研究中国住房价格波动与居民消费之间关系时,没有控制住重要变量对居民消费支出的影响,导致实证研究构建的计量经济学模型缺乏微观经济理论基础,从而大大削弱其结论的解释力。第二,已有研究没有根据研究对象拥有住房资产的数量情况进行严格区分。我国住房资产分布很不均匀,城市居民中既有大量按揭贷款购房家庭,又有众多租房家庭,同时还有大量拥有两套及以上住房资产的家庭。显然,住房价格波动对他们消费支出的影响是不同的,应区别对待。第三,住房价格波动可以通过多种机制影响居民消费,许多研究者仅仅只关注其中某一方面。针对上述不足,并结合国外相关研究成果,本书在分析中国住房价格波动对城镇居民消费支出的影响时,把城镇居民家庭分为典型的三类,通过构建微观经济模型,综合考虑国外学者提出的各种观点,并利用中国家庭金融调查(CHFS)数据进行实证分析。

3.2 房价影响家庭消费的理论分析

3.2.1 基本假定

假设1:有限理性假设。由于未来的不确定性,代表性家庭是有限理性的。他们的决策只能涉及有限期界 T 期,且在任何时期家庭资产总量不能为负。

假设2:假定代表性家庭第 t 期的效用函数为(Campbell 和 Cocco,2007):

$$u(c_t, h_t) = \frac{c_t^{1-\gamma}}{1-\gamma} + \theta \frac{h_t^{1-\gamma}}{1-\gamma} \tag{3-1}$$

其中 c_t 和 h_t 分别表示代表性家庭第 t 期的家庭消费和住房居住面积,γ 是相对风险规避系数,θ 是代表性家庭关于住房居住面积对家庭消费的偏好程度。

假设3:代表性家庭的效用是加性可分的。即在有限期界 T 期内其效用函数满足如下关系式(Deaton,1992):

$$u(c_1, h_1; c_2, h_2; c_3, h_3; \cdots; c_T, h_T) = \int_0^T e^{-\rho t} u(c_t, h_t) \mathrm{d}t$$

$$\tag{3-2}$$

其中，ρ 表示代表性家庭的时间偏好，即代表性家庭消费的主观贴现率，反映了家庭对未来消费的耐心程度。$\rho > 0$ 表明不太看重未来消费，反映了家庭自私或缺乏耐心的心理。

假设 4：根据家庭拥有住房资产的数量，代表性家庭可分为三类。代表性家庭 1 表示拥有至少两套住房的居民家庭；代表性家庭 2 表示只有一套住房的居民家庭；代表性家庭 3 表示没有住房的居民家庭。为便于理论分析，假定在有限期界 T 期内，上述三类代表性家庭的家庭性质不能改变。

假设 5：代表性家庭可以对其住房资产和金融资产进行随意调整，且没有调整成本。即在有限期界 T 期内，代表性家庭的住房居住面积和金融资产存量被看成是一个连续变量。

3.2.2 家庭消费决策理论分析

(1) 代表性家庭 1 的理论分析

代表性家庭 1 拥有至少两套住房，在有限期界 T 期内的任何一个时期，他们可以把所有住房资产用于家庭自住（$h_t = h_0, t \in [1, T]$），也可以将部分住房资产用于出租或出售以获取收入用于家庭消费（$h_t < h_0, t \in [1, T]$）。此外，当代表性家庭 1 出现流动性约束时，他们可以将住房资产抵押给银行，筹集额外的消费资金。

代表性家庭 1 的决策目标是在 T 期内效用之和最大化，即：

$$\text{Max} \int_0^T e^{-\rho t} u(c_t, h_t) dt = \text{Max} \int_0^T e^{-\rho t} \left(\frac{c_t^{1-\gamma}}{1-\gamma} + \theta \frac{h_t^{1-\gamma}}{1-\gamma} \right) dt \tag{3-3}$$

代表性家庭 1 面临的预算约束为其 T 期内总消费的现值不能超过其初始禀赋与 T 期内总收入的现值之和：

$$a_0 + p_0 h_0 + \int_0^T e^{-\bar{r} t} y_t dt \geqslant \int_0^T e^{-\bar{r} t} [c_t + p_t(r_t + \delta_t) h_t] dt +$$

$$\int_0^T e^{-\bar{r} t} f w_t dt + \int_0^T e^{-\bar{r} t} n f w_t dt \tag{3-4}$$

其中,家庭消费 c_t 的价格已被标准化。a_0 表示初始禀赋,p_0 为初始住房资产的相对价格,h_0 为初始住房资产存量,$e^{-\bar{r}}$ 为家庭 T 期内资产平均贴现率,y_t 为代表性家庭 1 第 t 期的家庭总收入,r_t 为第 t 期利率,δ_t 表示第 t 期住房折旧,nfw_t 和 fw_t 分别表示第 t 期非金融财富和金融财富。

求解由(3-2)和(3-3)构成的约束条件下的最优解。构造拉格朗日函数:

$$L = \int_0^T e^{-\rho t} \left(\frac{c_t^{1-\gamma}}{1-\gamma} + \theta \frac{h_t^{1-\gamma}}{1-\gamma} \right) dt + \lambda_t \{ a_0 + p_0 h_0 + \int_0^T e^{-\bar{r}*t}(y_t - fw_t - nfw_t) dt - \int_0^T e^{-\bar{r}*t} [c_t + p_t(r_t+\delta_t)h_t] dt \}$$

(3-5)

分别对 c_t 和 h_t 求偏导可得上述最大化问题的一阶条件:

$$\frac{\partial L}{\partial c_t} = \int_0^T e^{-\rho t} c_t^{-\gamma} dt - \lambda_t \int_0^T e^{-\bar{r}*t} dt = 0 \quad (3-6)$$

$$\frac{\partial L}{\partial h_t} = \int_0^T e^{-\rho t} \theta h_t^{-\gamma} dt - \lambda_t \left[\int_0^T p_t(r_t+\delta_t) e^{-\bar{r}*t} \right] dt = 0 \quad (3-7)$$

因此,家庭消费达到最优时,有如下关系成立:

$$h_t = \left[\frac{\theta}{p_t(r_t+\delta_t)} \right]^{\frac{1}{\gamma}} c_t \quad (3-8)$$

把公式(3-8)代入约束条件(3-4)并取紧约束,可得:

$$a_0 + p_0 h_0 + \int_0^T (y_t - fw_t - nfw_t) e^{-\bar{r}*t} dt =$$
$$\int_0^T e^{-\bar{r}*t} c_t \{ 1 + \theta^{\frac{1}{\gamma}} [p_t(r_t+\delta_t)]^{(1-\frac{1}{\gamma})} \} dt \quad (3-9)$$

把 c_t 对 p_t 求偏导:

$$\frac{\partial c_t}{\partial p_t} = \frac{\left(\frac{1}{\gamma}-1\right) c_t \theta^{\frac{1}{\gamma}} [p_t(r_t+\delta_t)]^{-\frac{1}{\gamma}} (r_t+\delta_t)}{1+\theta^{\frac{1}{\gamma}}[p_t(r_t+\delta_t)]^{(1-\frac{1}{\gamma})}} \quad (3-10)$$

由公式(3-10)可知 $\frac{\partial c_t}{\partial p_t}>0$,即在其他条件不变的条件下,住房价格上涨会拉动代表性家庭1的消费增长。

(2) 代表性家庭2的理论分析

代表性家庭2在两种情况下住房价格变化将对其家庭消费产生影响。第一,调整其住房资产的数量,包括 $h_t<h_0$ 和 $h_t>h_0$。第二,不调整其住房资产的数量而以其现有住房作为抵押向银行借贷消费,住房价格变化将影响住房资产的价值,进而影响其借贷的最高限额。

对于第一种情况,假定该代表性家庭在每期期末将住房卖出,同时在每期期初购买住房。则代表性家庭2从第 $t-1$ 期到第 t 期应满足的约束条件为:

$$c_t+p_th_t+fw_t+nfw_t \leqslant y_t+p_{t-1}h_{t-1}(1-\delta_{t-1})(1+r_t)+ \\ (fw_{t-1}+nfw_{t-1})(1+r_t) \qquad (3-11)$$

式中各参数的含义同(3-4)式。代表性家庭2在约束条件(3-11)下,跨期选择 c_t 和 h_t,以便最大化 T 期效用之和:

$$\text{Max}\int_0^T e^{-\rho t}u(c_t,h_t)\mathrm{d}t=\text{Max}\int_0^T e^{-\rho t}\left(\frac{c_t^{1-\gamma}}{1-\gamma}+\theta\frac{h_t^{1-\gamma}}{1-\gamma}\right)\mathrm{d}t \qquad (3-12)$$

构造拉格朗日函数:

$$L=\int_0^T e^{-\rho t}\left(\frac{c_t^{1-\gamma}}{1-\gamma}+\theta\frac{h_t^{1-\gamma}}{1-\gamma}\right)\mathrm{d}t+\lambda_t[c_t+p_th_t+fw_t+nfw_t-y_t \\ -p_{t-1}h_{t-1}(1-\delta_{t-1})(1+r_t)-(fw_{t-1}+fw_{t-1})(1+r_t)] \qquad (3-13)$$

分别对 c_t 和 h_t 求偏导,得上述约束条件下最大化问题的一阶条件:

$$\frac{\partial L}{\partial c_t}=\int_0^T e^{-\rho t}c_t^{-\gamma}\mathrm{d}t+\lambda_t=0 \qquad (3-14)$$

$$\frac{\partial L}{\partial h_t} = \int_0^T e^{-\rho t} \theta h_t^{-\gamma} \mathrm{d}t + \lambda_t p_t = 0 \qquad (3-15)$$

因此家庭消费达到最优时,有:

$$\frac{h_t}{c_t} = \left(\frac{\theta}{p_t}\right)^{\frac{1}{\gamma}} \qquad (3-16)$$

所以该家庭的消费路径满足如下条件:

$$c_t + p_t \left(\frac{\theta}{p_t}\right)^{\frac{1}{\gamma}} c_t + fw_t + nfw_t \leqslant y_t + p_{t-1} h_{t-1}(1-\delta_{t-1})(1+r_t) +$$
$$(fw_{t-1} + nfw_{t-1})(1+r_t) \qquad (3-17)$$

把约束条件取紧,c_t 对 p_t 求偏导,有如下关系:

$$\frac{\partial c_t}{\partial p_t} = \frac{c_t \left(\frac{\theta}{p_t}\right)^{\frac{1}{\gamma}} \left(\frac{1}{\gamma} - 1\right)}{1 + p_t \left(\frac{\theta}{p_t}\right)^{\frac{1}{\gamma}}} \qquad (3-18)$$

此时,$\frac{\partial c_t}{\partial p_t} > 0$,即只有一套住房的家庭即使调整其住房资产的数量(包括 $h_t > h_0$ 和 $h_t < h_0$),在其他条件不变的条件下,住房价格上涨将会拉动家庭消费增长。

对于第二种情况,当代表性家庭2不调整住房资产数量而用现有住房作为抵押向银行借贷消费以放松流动性约束时,理论分析与代表性家庭1的分析相同。此时,住房价格上涨会拉动代表性家庭2消费增长。

(3) 代表性家庭3的理论分析

代表性家庭3无自有住房,需要租房居住。由于已有研究表明,我国城市房价存在"剪刀差",即住房销售价格上涨的速度高于租赁价格,因此,进一步,可以将无房城镇家庭的理论分析分为四种情况:第一种情况,代表性家庭3有购买住房意愿和计划,其决策目标是在有限期界 T 期内攒足购买住房的首付款;第二种情况,代表性家庭3没有购买住房意愿和计划,其决策目标是在有限期界 T 期内总效用最大化;第三种情况,代表性家庭 3 在有限期界 T 期内本来具有购买住房意愿和计划,但后来取消了;第四种情况,代表性家庭 3 在有限期界 T 期内本来没有购买住房意愿和计划,但后来有了。

对于第一种情况,代表性家庭 T 期内满足的约束为:

$$a_0 + \int_0^T e^{-\bar{r}*t}(y_t - fw_t - nfw_t - rent_t)\mathrm{d}t \geqslant$$
$$\int_0^T e^{-\bar{r}*t}[c_t + p_t(r_t + \delta_t)h_t]\mathrm{d}t \tag{3-19}$$

其中 nfw_t 和 fw_t 分别表示代表性家庭第 t 期积累的非金融财富和金融财富。代表性家庭 3 将有限期界 T 期积累的金融财富之和 $\int_0^T e^{-\bar{r}*t}fw_t\mathrm{d}t$ 用于支付购房首付款。$rent_t$ 表示第 t 期家庭的住房租金。其余各参数的含义与式(3-4)相同。并且假定代表性家庭 3 的住房租金、所租住房的面积以及购买住房的首付均为住房价格的函数,即 $rent_t = f(p_t)$,$h_t = h(p_t)$ 以及 $\int_0^T e^{-\bar{r}*t}fw_t\mathrm{d}t = \mathrm{d}p = g(p_t)$。其中 $\mathrm{d}p$ 表示代表性家庭 3 在 T 期内购买住房的首付款。并且假定,代表性家庭 3 住房租金和购房首付款是住房价格的增函数、所租住房的面积是住房价格的减函数,即 $\frac{\partial f(p_t)}{\partial p_t} > 0$、$\frac{\partial h(p_t)}{\partial p_t} < 0$、$\frac{\partial g(p_t)}{\partial p_t} > 0$。在此假设条件下,有:

$$\frac{\partial c_t}{\partial p_t} = -\left[(r_t + \delta_t)h(p_t)(1+\varepsilon) + \frac{\partial g(p_t)}{\partial p_t} + \frac{\partial f(p_t)}{\partial p_t}\right]$$
$$\tag{3-20}$$

其中 ε 表示代表性家庭 3 住房居住面积对住房价格的弹性。由上式可以看出,$\frac{\partial c_t}{\partial p_t}$ 的符号取决于 ε、r_t、$h(p_t)$ 以及 p_t 等因素。当 $\varepsilon > -\left[\frac{\partial g(p_t)}{\partial p_t} + \frac{\partial f(p_t)}{\partial p_t}\bigg/(r_t + \delta_t)h(p_t)\right] - 1$ 时,有 $\frac{\partial c_t}{\partial p_t} < 0$ 成立,此时,

代表性家庭 3 在住房价格上涨时会减少消费,具有流动性约束效应。然而,当 $\varepsilon < -\left[\frac{\partial g(p_t)}{\partial p_t} + \frac{\partial f(p_t)}{\partial p_t} \middle/ (r_t + \delta_t)h(p_t)\right] - 1$ 时,有 $\frac{\partial c_t}{\partial p_t} > 0$ 成立,此时,代表性家庭 3 在住房价格上涨时会增加消费,具有替代效应。当 $\varepsilon = -\left[\frac{\partial g(p_t)}{\partial p_t} + \frac{\partial f(p_t)}{\partial p_t} \middle/ (r_t + \delta_t)h(p_t)\right] - 1$ 时,有 $\frac{\partial c_t}{\partial p_t} = 0$ 成立,此时,代表性家庭 3 在住房价格上涨时维持当前消费水平不变。考虑到代表性家庭 3 在住房价格上涨时增加消费和维持当前消费水平不变的家庭总效用低于减少消费,因此,当代表性家庭 3 有购买住房意愿和计划时,其消费必然减少。

对于第二种情况,代表性家庭 3 在约束条件(3-19)下,跨期选择 c_t 和 h_t,以便最大化 T 期效用之和:

$$Max \int_0^T e^{-\rho t} u(c_t, h_t) \mathrm{d}t = Max \int_0^T e^{-\rho t} \left(\frac{c_t^{1-\gamma}}{1-\gamma} + \theta \frac{h_t^{1-\gamma}}{1-\gamma}\right) \mathrm{d}t \tag{3-21}$$

构造拉格朗日函数:

$$\begin{aligned} L = &\int_0^T e^{-\rho t} \left(\frac{c_t^{1-\gamma}}{1-\gamma} + \theta \frac{h_t^{1-\gamma}}{1-\gamma}\right) \mathrm{d}t + \lambda_t \{a_0 + \int_0^T e^{-\bar{r}*t}[y_t - nfw_t \\ &- fw_t - f(p_t)] \mathrm{d}t - \int_0^T e^{-\bar{r}*t}[c_t + p_t(r_t + \delta_t)h_t] \mathrm{d}t\} \end{aligned} \tag{3-22}$$

分别对 c_t 和 h_t 求偏导,得上述约束条件下最大化问题的一阶条件:

$$\frac{\partial L}{\partial c_t} = \int_0^T e^{-\rho t} c_t^{-\gamma} \mathrm{d}t - \lambda_t \int_0^T e^{-\bar{r}*t} \mathrm{d}t = 0 \tag{3-23}$$

$$\frac{\partial L}{\partial h_t} = \int_0^T e^{-\rho t} \theta h_t^{-\gamma} \mathrm{d}t - \lambda_t \left[\int_0^T p_t(r_t + \delta_t) e^{-\bar{r}*t}\right] \mathrm{d}t = 0 \tag{3-24}$$

3 房价对家庭消费的异质性影响

因此,家庭消费达到最优时,有如下关系成立:

$$h_t = \left[\frac{\theta}{p_t(r_t+\delta_t)}\right]^{\frac{1}{\gamma}} c_t \qquad (3-25)$$

把公式(3-25)代入约束条件(3-19)并取紧约束,可得:

$$a_0 + \int_0^T [y_t - nfw_t - fw_t - f(p_t)]e^{-\bar{r}*t} dt \qquad (3-26)$$
$$= \int_0^T e^{-\bar{r}*t} c_t \{1 + \theta^{\frac{1}{\gamma}}[p_t(r_t+\delta_t)]^{(1-\frac{1}{\gamma})}\} dt$$

把 c_t 对 p_t 求偏导:

$$\frac{\partial c_t}{\partial p_t} = \frac{\left(\frac{1}{\gamma}-1\right)c_t \theta^{\frac{1}{\gamma}}[p_t(r_t+\delta_t)]^{-\frac{1}{\gamma}}(r_t+\delta_t)}{1+\theta^{\frac{1}{\gamma}}[p_t(r_t+\delta_t)]^{(1-\frac{1}{\gamma})}} + \frac{\partial f(p_t)}{\partial p_t} + \frac{\partial g(p_t)}{\partial p_t} > 0$$

$$(3-27)$$

由公式(3-25)及将约束条件(3-19)取紧约束,同理可得:

$$\frac{\partial h_t}{\partial p_t} = -\frac{h_t(r_t+\delta_t)\left\{1+\frac{1}{\gamma}\theta^{-\frac{1}{\gamma}}[p_t(r_t+\delta_t)]^{\frac{1}{\gamma}-1}\right\} + \frac{\partial f(p_t)}{\partial p_t} + \frac{\partial g(p_t)}{\partial p_t}}{p_t(r_t+\delta_t) + \theta^{-\frac{1}{\gamma}}[p_t(r_t+\delta_t)]^{\frac{1}{\gamma}}}$$
$$< 0$$

$$(3-28)$$

该理论分析表明,当无住房家庭在 T 期内无意购买住房时,其消费支出会随着住房价格的上升而增加,同时降低住房消费(即随着住房价格上涨,房租也将增加,代表性家庭3选择租赁面积较小的住房居住)。

对于第三种和第四种情况,假定代表性家庭3具有购买住房意愿和计划维持的时长为 T_1,取消该意愿和计划维持的时长为 T_2,很显然有 $T=T_1+T_2$ 成立。根据上述两种情况的理论分析,此时,代表性家庭3在 T_1 时期的消费支出会随着住房价格的上升而减少,在 T_2 时期的消费支出会随着住房价格的上升而增加;那么在有限期界 T 期内的消费变化则难以确定。

从上述理论分析可知,住房价格上涨时,代表性家庭 1 和代表性家庭 2 具有正向财富效应和抵押效应从而增加消费;代表性家庭 3 分四种情况,如果他们一直有购房意愿和计划,那么住房价格上涨具有流动性约束效应,使得家庭压缩消费;反之,如果他们一直没有购房意愿和计划,则住房价格上涨具有替代效应,促进家庭消费增长;如果他们的购房意愿和计划在有限期界 T 期内有变更,那么住房价格上涨对他们家庭消费支出的影响则难以确定。住房价格上涨对三类代表性家庭消费变动的影响程度与家庭当前消费水平(c_t)、住房价格(p_t)、居住面积(h_t)、消费习惯(θ)、对待风险的态度(γ)和利率(r_t)等因素有关。

3.3 房价影响家庭消费的实证检验

为了分析住房价格波动对居民家庭消费支出的影响,我们利用中国家庭金融调查(CHFS)数据分别对无住房城镇家庭、仅有一套住房城镇家庭、拥有至少两套住房城镇家庭进行实证研究。

3.3.1 样本、模型与数据

本书使用的数据来自于中国家庭金融调查(CHFS)。该数据由"中国家庭金融调查与研究中心"于 2010 年通过对分布在全国 25 个省(自治区、直辖市)、80 个县(区、市)、320 个村(居)委会的 8 438 个家庭进行随机入户调查获得。CHFS 收集了家庭住房资产和金融财富、负债和信贷约束、收入、消费、社会保障和保险、代际的转移支付、人口特征和就业、支付习惯等相关信息,是中国首个关于家庭金融的大型微观调查数据。

理论分析表明,住房价格波动与城镇居民消费具有密切联系。此外,根据新古典消费理论及相关研究成果,居民消费还是收入和财富的函数(Friedman, 1957; Ando 和 Modigliani, 1963; Hall, 1978; 袁冬梅、李春风和刘建江, 2014)。故本书选取城镇居民家庭消费性支出

3 房价对家庭消费的异质性影响

($consum$)、住房价格(hp)、家庭总收入($totalincome$)、家庭除了住房之外的总财富($wealth$)、家庭住宅使用面积($hsquare$)和利率($rate$)等变量进行实证分析。此外,考虑到各个家庭在地域、人口结构、受教育程度等方面存在显著差异,模型中加入包含以上各控制变量的向量 $\mathbf{Z}$,以便体现各个家庭的异质性。因此,设定如下计量模型:

$$\ln(consum_i) = \beta_{1i} + \beta_{2i}\ln(totalincome_i) + \beta_{3i}\ln(wealth_i) + \beta_{4i}\ln(hp_i) \\ + \beta_{5i}\ln(rate_i) + \beta_{6i}\ln(hsquare_i) + \beta_{7i}\mathbf{Z}_i + \varepsilon_i$$

(3-29)

其中,$i=1,2,3$,分别表示代表性家庭 1、代表性家庭 2 和代表性家庭 3。

根据中国家庭金融调查(CHFS)数据,没有住房的城镇居民家庭共 549 户(包括租房居住家庭和免费居住住房家庭),只有一套住房的城镇居民家庭有 3 546 户,拥有两套及两套以上住房的城镇居民家庭有 806 户。主要变量 $consum$、$wealth$、hp、$totalincome$ 和 $hsquare$ 的描述性统计结果如表 3-1、表 3-2 和表 3-3 所示。

表 3-1 城镇无房家庭主要变量描述性统计①

stats	Consum (元)	wealth (元)	hp (元/平米)	totalincome (元)	hsquare (平方米)
样本值	549	539	488	514	544
均值	34 819	1.765e+06	11 612	63 760	57.33
中位数	26 679	22 700	5 000	28 585	50.01
标准差	28 177	7.882e+06	13 946	158 643	33.27
最小值	4 123	120	200	450	10
最大值	131 227	5.990e+07	60 000	2.046e+06	150

资料来源:中国家庭金融调查(China Household Finance Survey, CHFS)。

---

① 无房家庭的 hp 表示其所租住房的价格。

表 3-2　只有一套住房城镇家庭主要变量描述性统计

stats	consum（元）	wealth（元）	hp（元/平米）	totalincome（元）	hsquare（平方米）
样本值	3 546	3 541	3 407	3 461	3 440
均值	35 370	2.268e+06	6 404	50 757	97.60
中位数	27 532	355 650	3 000	30 300	80
标准差	27 399	8.271e+06	8 434	113 618	61.54
最小值	5 244	200	171.4	650	30
最大值	131 453	6.690e+07	36 000	2.402e+06	300

资料来源：同表 3-1。

表 3-3　拥有至少两套住房城镇家庭主要变量描述性统计

stats	consum（元）	wealth（元）	hp（元/平米）	totalincome（元）	hsquare（平方米）
样本值	806	806	781	797	795
均值	58 380	1.340e+07	7 490	102 880	176.5
中位数	43 007	1.116e+06	3 571	52 030	155
标准差	49 106	5.430e+07	8 793	228 608	99.89
最小值	10 054	17 850	340.9	1 550	47
最大值	234 724	4.080e+08	34 286	2.771e+06	480

资料来源：同表 3-1。

3.3.2　基准回归分析

回归结果如表 3-4 所示。从表 3-4 的回归结果可以看出：一方面，从住房价格上涨对城镇家庭消费的影响方向来看，在控制了地域、受教育程度、户口、婚姻状况、年龄以及收入、财富、家庭居住面积等变量的影响之后，住房价格上涨对租房家庭、只有一套住房家庭以及拥有至少两套住房家庭等三类家庭的消费均有显著正向影响，其弹性系数分别为 0.179、0.0718 和 0.121，且均在 1% 的显著性水平上显著。换

3 房价对家庭消费的异质性影响

言之,平均来讲,住房价格每上涨 1%,无住房城镇家庭的消费将增加 0.179%、只有一套住房城镇家庭的消费将增加 0.0718%、拥有至少两套住房城镇家庭的消费将增加 0.121%。另一方面,从住房价格上涨对城镇家庭消费的影响程度来看,无房家庭的影响程度最大,仅有一套住房家庭的影响程度最小。其原因可能有以下几个方面。

表 3-4 住房价格波动对城镇居民家庭消费支出影响的回归结果

自变量			模型(1)	模型(2)	模型(3)
$\ln(wealth)$			0.0856*** (8.770)	0.105*** (10.26)	0.106*** (6.399)
$\ln(totalincome)$			0.0845*** (4.522)	0.132*** (12.48)	0.106*** (4.880)
$\ln(hp)$			0.179*** (6.897)	0.0718*** (5.313)	0.121*** (4.026)
$\ln(hsquare)$			0.249*** (6.892)	0.152*** (6.557)	0.0926* (1.825)
$\ln(rate)$			0.100 (1.364)	−0.0344 (−0.972)	0.0176 (0.281)
控制变量	地域	中部	−0.0859 (−1.306)	−0.0774*** (−3.273)	0.0612 (1.029)
		西部	−0.137 (−1.504)	−0.00252 (−0.0585)	0.106 (1.457)
	户主受教育程度	没上过学	−0.304** (−2.295)	−0.393*** (−6.078)	−0.365** (−2.142)
		小学	−0.184* (−1.831)	−0.270*** (−5.902)	−0.274** (−2.489)
		初中	−0.201** (−2.408)	−0.192*** (−5.185)	−0.209*** (−2.682)
		高中	−0.0984 (−1.087)	−0.0950** (−2.436)	−0.174** (−2.205)
		中专/职高	−0.123 (−1.275)	−0.165*** (−3.869)	−0.268*** (−3.262)

续表

自变量			模型(1)	模型(2)	模型(3)
		大专/高职	0.0403 (0.450)	0.0522 (1.299)	−0.0520 (−0.732)
		硕士	−0.0417 (−0.278)	0.285*** (2.800)	0.192 (1.064)
		博士	0.270 (1.305)	0.379*** (4.281)	0.708 (1.165)
户主户口			0.0880 (1.292)	0.195*** (5.373)	0.235** (2.570)
户主婚姻状况			−0.181*** (−3.134)	−0.131*** (−4.361)	0.0122 (0.169)
户主年龄		中年	−0.105 (−1.572)	0.0116 (0.425)	−0.0858 (−1.502)
		老年	−0.284*** (−3.723)	−0.254*** (−8.604)	−0.271*** (−4.017)
Constant			6.100*** (15.73)	6.612*** (36.12)	6.774*** (16.30)
Observations			452	3327	770
R-squared			0.610	0.401	0.374

说明:(1)***、**和*分别表示1%、5%和10%的显著水平,括号中的数字为 t 值;(2)地域控制变量以东部地区省份城镇居民家庭为参照基准,受教育程度以户主学历为大学本科作为参照基准,户口控制变量以户主为当地城镇户口为参照基准,婚姻状况控制变量以户主已婚为参照基准,户主年龄以户主为小于等于35岁的年轻人为参照基准;(3)被解释变量均为 ln(consum)。

首先,对无房家庭来说(代表性家庭3),前面理论分析表明,房价上涨有可能促进或者挤出无房家庭的消费,最终结果取决于购房意愿和计划。近年来住房价格的快速上涨,已经超越了大量无房城镇家庭的承受能力,面对高昂的住房价格,他们的购房意愿不断降低①,导致他们

---

① 《央行调查显示:居民购房意愿14.1% 创13年来新低》,《每日经济新闻》2012年3月21日。

的储蓄下降、消费上升。遗憾的是,由于数据缺陷,本书未能分离出"有购房计划"和"无购房计划"两类家庭样本数,因而没能对这两类家庭分别做计量检验。

其次,对拥有住房的家庭来说(代表性家庭1和代表性家庭2),住房价格上涨,意味着住房财富以及住房抵押价值增加,从而促进消费,这与前面理论分析相一致。

再次,由于中国金融市场尚不发达和完善,与无房家庭直接降低储蓄率相比,住房资产的流动性相对较差,变现存在一定障碍。

最后,在有住房的家庭中,拥有至少两套住房的家庭(代表性家庭1)可以从不断上涨的房价中获得更多的房租和财富,因此其住房财富效应要强于仅拥有一套住房的家庭(代表性家庭2)。

从表3-4的回归结果还可以得出地域、受教育程度、户口、婚姻状况及年龄等特征变量对家庭消费支出的影响。

首先,就地域来讲,在其他变量不变的条件下,没有住房及只有一套住房的东部城镇家庭消费支出高于中西部地区,拥有至少两套住房的城镇家庭却正好相反;然而,统计显著性表明,只有一套住房的中部城镇家庭在1%显著性水平上显著,其他各种情况在统计上均不显著。

其次,受教育程度对家庭消费支出具有正向影响。在控制其他变量影响的条件下,与户主为大学本科学历相比,户主受教育程度为没上过学、小学、初中、高中及中专/职高的家庭消费支出将减少,且这种影响除了户主学历为高中的无住房城镇家庭在统计上不显著外,其余各种情况均显著;然而,拥有一套住房且户主受教育程度为硕士、博士的家庭消费支出将显著增加。

再次,与户主为本地户籍相比,在其他变量不变的条件下,拥有住房的城镇非本地户籍家庭消费支出将增加。这可能与大量非本地户籍家庭在其他城市或农村还拥有住房有关。

还有,与户主为已婚的城镇居民家庭相比,在其他变量不变的条件下,户主为未婚的城镇居民家庭如果没有住房或仅有一套住房时,他们的消费支出将显著降低。一般来讲,未婚家庭为应对未来结婚所需,都会提前准备一笔较大的储蓄。因此该计量结果与实际情况相吻合。

最后,与年轻家庭相比,在其他变量不变的条件下,年老家庭的消费支出显著降低,这一结论与有的研究不一致(Campbell 和 Cocco,2007)。其原因在于,与欧美年老家庭及国内年轻家庭相比,中国年老家庭的消费观念较为保守,且他们具有较强的遗产动机。而遗产动机会降低老年家庭的边际财富效应(Skinner,1989;陈健和黄少安,2013)。

为了分析不同收入阶层的城镇居民家庭消费支出对住房价格波动的反应,我们将拥有一套住房的城镇家庭分为三类:第一类为低收入家庭,其数量为样本家庭总数的20%;第二类为中等收入家庭,其数量为样本家庭总数的60%;第三类为高收入家庭,占样本家庭总数的20%[①]。回归结果如表3-5所示。

表3-5 住房价格波动对拥有一套住房城镇居民家庭消费支出影响的回归结果

自变量	模型(1) 低收入组	模型(2) 中等收入组	模型(3) 高收入组
$\ln(wealth)$	0.123*** (5.163)	0.0786*** (5.839)	0.0847*** (4.063)
$\ln(totalincome)$	−0.0295 (−0.801)	0.282*** (9.355)	0.186*** (4.008)
$\ln(hp)$	0.121*** (4.084)	0.0608*** (3.785)	0.0409 (1.604)
$\ln(hsquare)$	0.255*** (5.006)	0.136*** (4.687)	0.0477 (0.919)
$\ln(rate)$	−0.148* (−1.711)	0.00334 (0.0763)	0.0941 (1.235)
Constant	7.237*** (14.31)	5.268*** (15.46)	6.842*** (11.97)

---

① 由于没有住房城镇居民家庭和拥有至少两套住房城镇居民家庭的样本量偏少,故本文仅对只拥有一套住房的城镇居民家庭按家庭总收入进行了分类分析。

3 房价对家庭消费的异质性影响

续表

自变量	模型(1) 低收入组	模型(2) 中等收入组	模型(3) 高收入组
控制变量控制情况			
地域	YES	YES	YES
受教育程度	YES	YES	YES
户口	YES	YES	YES
婚姻状况	YES	YES	YES
户主年龄	YES	YES	YES
Observations	659	1 996	672
R-squared	0.426	0.230	0.279

说明：(1)(2)(3)同表3-4说明；(4)YES表示控制了相应控制变量，具体回归结果因篇幅所限没有进行汇报，需要者可以向作者索取；(5)模型3 $\ln(hp)$ 的估计系数在15%的显著性水平下显著。

从表3-5的回归结果可以看出，无论是低收入家庭，还是中等收入和高收入家庭，住房价格上涨均促进了家庭消费支出增加。然而，即使同为只拥有一套住房，住房价格上涨促进家庭消费支出增加的程度却存在较大差异，并且家庭消费支出的住房价格弹性是家庭总收入的递减函数。其主要原因是：一方面，由于住房财富占家庭总资产的比例是家庭收入的递减函数[1]，因此住房价格上涨的财富效应占家庭总资产的比例亦是家庭收入的递减函数；另一方面，高收入家庭的消费水平明显高于低收入家庭[2]。因此，表3-5中变量 $\ln(hp)$ 的回归系数估计值（分别为0.121、0.060 8、0.040 9）具有合理性。此外，表3-4中变量 $\ln(hp)$ 的回归系数估计值为0.071 8，正好处于表3-5回归结果中低收入家庭和高收入家庭变量 $\ln(hp)$ 的回归系数估计值之间。

---

[1] 在城镇家庭资产结构中，住房资产占家庭总资产的比例平均为62.72%（廖理等，2010），还有数据显示，低收入家庭的这一比例为77.9%（甘犁等，2013）。
[2] 低收入家庭年平均消费支出为28 617.35元，高收入家庭年平均消费支出为65 003.2元（甘犁等，2013）。

3.3.3 稳健性检验

为了对实证结果的稳健性进行检验,我们将无住房城镇家庭、只有一套住房城镇家庭以及拥有至少两套住房的城镇家庭根据地域分别进行回归分析。回归结果如表 3-6 所示。从表 3-6 的回归结果可以看出,将上述三类城镇家庭根据地域分类回归之后,住房价格上涨对东部地区城镇居民家庭消费的影响普遍高于中西部地区。此外,与表 3-4 的回归结果比较,不仅各变量回归系数的符号没有改变,而且其数值大小也变化不大,从而说明第五部分的实证结果具有稳健性。

3.4 研究结论与政策启示

本章节将中国城镇居民家庭分为拥有至少两套住房的家庭(代表性家庭 1)、只有一套住房的家庭(代表性家庭 2)以及没有住房的租房家庭(代表性家庭 3)三类,通过构建微观经济模型并利用中国家庭金融调查(CHFS)的微观数据研究了住房价格波动与城镇居民消费之间的关系。

研究得出的主要结论有:

(1) 总体而言,在家庭财富和收入不变的条件下,住房价格波动对城镇居民家庭消费的影响程度与家庭当前消费水平、住房价格、住房居住面积、对待风险的态度、消费习惯和利率等因素有关。

(2) 住房价格上涨会拉动代表性家庭 1 和代表性家庭 2 的消费增长。由于代表性家庭 1 和代表性家庭 2 均拥有住房,因此,他们的消费增长既可以通过住房价格上涨的财富效应实现,也可以通过抵押效应实现。在控制了家庭特征、收入、财富以及居住面积等变量的影响之后,代表性家庭 1 消费支出的住房价格弹性为 0.0718,代表性家庭 2 消费支出的住房价格弹性为 0.121。

(3) 当代表性家庭 3 有购买住房意愿和计划时,住房价格上涨具有挤出效应;而当代表性家庭 3 没有购买住房意愿和计划时,其家庭消费

3 房价对家庭消费的异质性影响

表3-6 稳健性检验结果

自变量	无房城镇家庭		只有一套住房城镇家庭		拥有至少两套住房城镇家庭	
	东部	中西部	东部	中西部	东部	中西部
$\ln(wealth)$	0.0903***	0.0826***	0.133***	0.0816***	0.115***	0.0793***
	(7.408)	(5.113)	(8.487)	(6.166)	(5.496)	(3.198)
$\ln(totalincome)$	0.0701***	0.0864***	0.108***	0.159***	0.0779***	0.149***
	(3.002)	(2.788)	(7.732)	(10.09)	(2.974)	(4.042)
$\ln(hp)$	0.215***	0.149***	0.0724***	0.0569***	0.116***	0.105
	(6.106)	(3.653)	(3.875)	(2.882)	(3.500)	(1.468)
$\ln(hsquare)$	0.273***	0.189***	0.171***	0.109***	0.0520	0.164
	(6.382)	(2.681)	(5.433)	(3.190)	(0.895)	(1.592)
$\ln(rate)$	0.227**	−0.0855	−0.0176	−0.0483	−0.0237	0.108
	(2.446)	(−0.661)	(−0.363)	(−0.932)	(−0.286)	(1.147)
控制变量控制情况						
受教育程度	YES	YES	YES	YES	YES	YES
户口	YES	YES	YES	YES	YES	YES
婚姻状况	YES	YES	YES	YES	YES	YES
年龄	YES	YES	YES	YES	YES	YES
Observations	278	174	1809	1518	496	274
R-squared	0.583	0.573	0.406	0.347	0.408	0.303

说明：同表3-5。

会随着住房价格的上升而增加。把无房家庭作为一个整体进行的实证研究表明,住房价格上涨会拉动他们的消费增长,他们消费支出的住房价格弹性为 0.179。

(4) 住房价格上涨促进家庭消费支出增加的程度是家庭总收入的递减函数。以只有一套住房城镇家庭为例,低收入、中等收入和高收入城镇家庭消费支出的住房价格弹性分别为 0.121、0.060 8 以及 0.040 9。

(5) 从地域来看,住房价格上涨对东部地区城镇居民家庭消费的影响普遍高于中西部地区。东部及中西部无房城镇家庭消费支出的住房价格弹性分别为 0.215 及 0.149,只有一套住房城镇家庭消费支出的住房价格弹性分别为 0.072 4 及 0.056 9,拥有至少两套住房城镇家庭消费支出的住房价格弹性分别为 0.116 及 0.105。

本章节得出的政策启示是,由于住房价格上涨对三类代表性家庭的消费均具有拉动作用,因此,房价上涨对我国经济转变为居民消费导向的经济增长方式具有积极意义;只要房价上涨维持在可以接受的水平,那么中国房地产的调整可以主要以市场力量进行。然而,房价上涨过快将会产生诸如社会不稳定的风险增加等一系列社会问题,此时行政部门抑制住房价格上涨过快的宏观调控政策是必须的。

房屋拆迁能够提高家庭消费水平吗？

　　房屋拆迁能够给普通家庭带来重要的消费冲击。基于最新的中国家庭金融微观调查数据，这一章节就拆迁行为对家庭消费支出的影响大小和途径做实证分析。描述性统计和平均处理效应方法均表明，拆迁户总体上要比未拆迁户消费更多，但其消费具有异质性。拆迁后仍有两套以上住房者各类消费均远远高于未拆迁户，而拆迁后变为租房的家庭其平均消费水平甚至低于未拆迁户。进一步考察发现，由于寻求社会地位的强度不同，使得不同类型的拆迁户面对的不确定性并不相同，从而就日后消费问题表现出迥然的行为特征。该研究从拆迁角度检验了预防性储蓄理论的适用性，同时对缓解社会矛盾、扩大消费能力具有参考价值。

4.1 已有文献述评与研究假说

随着城市建设用地的需求剧增和城市化的快速推进,征地拆迁项目不断增加,规模越来越大(如图4-1所示),由拆迁引起的社会纠纷屡见报端,拆迁冲击后的消费波动备受民众和学术界的关注。比如,曾经有媒体报道,一拨家庭因拆迁补偿谈判不力陷入贫困,京郊拆迁农户则因"冲动消费"重返贫穷①。厘清拆迁的经济影响不仅能够考察外生冲击对个体消费决策的影响,从理论上扩展同类研究的广度和深度,而且对维护社会稳定、扩大家庭消费具有参考价值和指导意义。

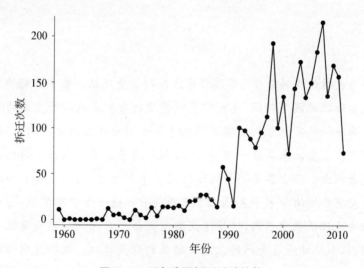

图 4-1 近年我国拆迁活动趋势

注:数据来源于 2011 年中国家庭金融调查,由于调查时间为 2011 年夏,故 2011 年拆迁次数为上半年数据。

---

① 前者见 2009 年 11 月 21 日《华西都市报》的《补偿谈不拢 六旬老汉树上住三月》,http://wccdaily.scol.com.cn/epaper/hxdsb/html/2009-11/21/content_119945.htm,后者见 2010 年 6 月 14 日《瞭望新闻周刊》的《京郊农民迎"拆迁盛宴" "冲动消费"潜伏返贫危机》,http://news.xinhuanet.com/2010-06/14/c_12221021.htm。

4 房屋拆迁能够提高家庭消费水平吗?

拆迁根据主观上是否愿意迁移,大体分为自愿移民和非自愿移民两类。前者是为改善生产生活条件或与家人团聚主动变迁居住地点,后者则指迫于工程建设、重大社会事件等现实原因而不得不迁移外地的情况(胡静,2007;钟涨宝和杜云素,2009)。世界银行曾制定业务手册实施非自愿移民安置工作,认为他们主要起因于强制性征地或限制性利用法定公园和保护区并对其生产生活造成不利影响。这类文献大多集中在社会学领域,经济学视角学术研究尚少(胡静,2007)。

事实上,房屋拆迁对家庭消费支出有重要影响。调查表明,房屋作为耐用品和不动产,占据中、美家庭总资产比重分别高达38%(Bertaut和Star-Mcluer,2000;1998年数据)、40%(甘犁等,2012;2011年数据)。尽管某个家庭经历拆迁后会获得一定的货币补偿或房屋补偿,补偿的多寡和公平性、先期占有的住房存量、收入流的稳定性均能够直接影响到家庭户不同时期的消费决策。国内学者王慧娟等(2009)通过分析南京QQ村现实,发现征地拆迁对老年人的生产生活造成重要影响,住房保障、养老保险和权益保障方面需加强重视。张军涛和刘建国(2008)则以大连市调查问卷为基础,考察房屋拆迁户拆迁前后居民生活的变化得出,拆迁改造后城市景观得到改观,但人文自然环境、安全性和生活便利性对不同的人群呈现显著差异,拆迁补偿机制不完善导致补偿过低。[①] 以上典型文献对拆迁的社会影响问题作了案例分析,然而囿于缺乏数据等条件,拆迁对消费的影响大小和途径尚需深入探究。

一般地讲,有保险的家庭其储蓄欲望相对较小而消费能力相对较强,这是因为社会保障体系能够降低经济参与者面对未来的不确定性,从而减少其预防性储蓄(Hubbard等,1995)。影响预防性储蓄的另一个渠道是改变社会地位,人们为提升参照群体内部的社会地位而增加储蓄(Jin等,2011)。生命周期理论和持久收入理论则告诉我们,个体消费取决于持久收入或一生财富水平,外在财富冲击会促使理性的消

---

① 另外,叶剑平和田晨光(2010)利用博弈方法分析城市房屋拆迁行为,并在法律制度、行政管理和操作实施方面提出政策建议。

费者平滑并变动日后消费需求（Modigliani and Brumberg，1954；Friedman，1957）。市场化改革以来教育（马双等，2009）、医疗（Wagstaff and Pradhan，2005；白重恩等，2012）、就业（Meng，2003）等领域的冲击表明人们预防性储蓄确实存在，住房改革的实证研究则显示生命周期理论的适用性（尹志超和甘犁，2009）。然而就我们所掌握的国内外文献，目前还没有住房拆迁冲击角度关于这两大假说的经验研究。实际上，房屋拆迁补偿能够增强家庭长期消费水平，同时家庭重要资产的损失又会加大人们的未来收支风险或提升社会地位动力进而限制其消费能力，两种效应的综合效果则因家庭而异。也就是说，房屋拆迁未必能够提高家庭消费水平，拆迁户异质性很大程度上影响其家庭消费支出。根据预防性储蓄理论，租房者及低收入群体预防不确定性能力有限，其消费受到的房产拆迁冲击使其经济状况变得糟糕。相对地，家产雄厚的家庭受到的不确定性冲击较小，依照生命周期假说预测，这类家庭会将得到的补偿平滑到日后的消费支出中，当然也可能出现非理性的"冲动消费"现象。

验证预防性储蓄理论后，可进一步探究其具体作用机制。厘清某种具体机制会增进民众和政府部门对预防性储蓄的理论认识和决策能力。预防性储蓄是人们为应对不确定性而增加的储蓄，正如风险来源，其既包括时间维度自身的收支风险，也有来自空间维度的参照周边群体收支状况对自身的"威胁"风险，或称地位寻求（status seeking）。一般认为，穷人比有钱人更有动力积累财富来提升社会地位（Long 和 Shimomura，2004），消费冲击不大。

综上，我们提出以下假说。

假说1：房产损失会加大家庭的不确定性进而限制其消费能力。

假说2：房屋拆迁补偿能够增强家庭长期消费水平。

假说3：社会地位寻求动机越强，拆迁户中多套住房者比租房者消费显著下降得越大。

假说4：社会保障越好，租房者比多套住房者消费显著下降得越大。

上述4个直观的理论推断需要以高质量的微观数据为基础，采用合适的计量技术进行深入细致的实证检验。

本研究的贡献和创新在于,利用 2011 年中国家庭金融调查数据,首次就拆迁行为对家庭消费支出的影响大小和途径做实证分析,试图检验预防性储蓄假说和生命周期假说在住房拆迁领域的适用性,特别是预防性储蓄假说的社会地位提升作用机制,能够为缓解社会矛盾、扩大家庭消费的决策制定提供参考思路。本章第二节介绍数据和方法,第三节为描述性统计和实证分析结果,第四节给出全文结论和政策含义。

4.2 研究的数据与方法

4.2.1 数据介绍

中国家庭金融调查数据的获取为开展拆迁研究奠定了坚实的数据基础。家庭金融是继资产定价、公司金融之后的现代金融学第三大分支(Campbell,2006),在西方国家很受重视,如美国消费者金融调查(SCF)、欧洲家庭金融和消费调查(HFCS)、英国金融研究调查(FRS)等都在积极开展这方面的调查研究工作。最近,国内学者开始关注家庭金融领域,具体可参考王江等人(2010)做的文献综述。这是由于考察家庭金融不仅能够厘清家庭资产配置是否符合传统金融理论的假说和推理,还对我国转型经济决策及市场分析有着重要的实践指导意义。中国家庭金融调查由中国人民银行同西南财经大学合作发起,旨在全国范围内收集有关家庭资产、负债、收入和支出等方面的微观信息,以促进我国对家庭的经济行为和社会行为、国家在金融领域的宏观调控等基础认识与科学研究。① 分别按照人均 GDP、非农人口比重对区县及村(居)委会两次分层 PPS 抽样,并按村(居)委会平均房价高低对家

---

① 更多信息可参考《中国家庭金融调查报告 2012》,或西南财经大学中国家庭金融调查与研究中心官方网站 http://chfs.swufe.edu.cn。

庭户作进一步重点抽样之后,该项目于 2011 年 7—8 月顺利进行第一轮入户 CAPI 调查,走访全国 25 个省份(自治区、直辖市)、80 个区县、320 个村(居)委会,共获得 8 437 户有效数据。分阶段分层 PPS 抽样并按实际抽样事后给出概率权重,通过这种科学抽样和质量控制得到的一手基础性调查为本章节统计分析拆迁问题作了很好的数据铺垫。相对于宏观统计数据或商业数据,上述微观调查数据能够清晰阐述拆迁行为对家庭消费支出的微观机理,考察对象随机性强,得出结论更令人信服。去除异常值和严重缺失值后,我们得到 8 322 个样本做如下实证研究。

4.2.2 计量方法

本章节关于测度拆迁家庭异质性对其家庭消费的影响的计量方法包括两类:平均处理效应(ATE)和多元回归,下面重点介绍 ATE 方法。

拆迁补偿多寡和公平性涉及这些拆迁户的消费水平变动问题。对于多套住房家庭而言,拆迁补偿可能会提升奢侈品、耐用品等非经常性消费支出,而对于只有一套房被拆后变为租房者而言情况可能不乐观。现实中,我们只观察到拆迁这种处理效应发生与否的两种状态,限于横截面数据特性,不能采用经典的倍差法(DID)来处理,只能利用平均处理效应计量模型估算这种拆迁冲击下的消费的样本平均处理效应。具体可采用最近发展的配对估计方法简单配对估计(simple matching estimators)或纠偏的配对估计(biased-corrected matching estimators)来拟合拆迁行为的对立状态消费水平。两种估计的区别是,简单配对估计量在有限样本情况下将会有偏,纠偏的配对估计能够进一步最小化偏差,故计量上更为可靠(Abadie 和 Imbens,2002),如下拟合中采用纠偏的配对估计方法。

利用配对估计的 ATE 计量模型能够估算拆迁对消费的冲击,式(4-1)(4-2)分别为消费 Y 的总体和样本平均处理效应。

$$\tau^{pop} = E\{Y(1) - Y(0)\} \quad (4-1)$$

4 房屋拆迁能够提高家庭消费水平吗？

$$\tau^{\text{sample}} = \frac{1}{N}\sum_{i=1}^{N}\{Y_i(1)-Y_i(0)\} \tag{4-2}$$

实际上，人们只观察到拆迁这种处理效应 W 发生与否，发生其值为 1，否则为 0。故家庭消费水平度量如(4-3)所示：

$$Y_i = Y_i(W_i) = \begin{cases} Y_i(0), \text{如果 } W_i = 0 \\ Y_i(1), \text{如果 } W_i = 1 \end{cases} \tag{4-3}$$

如前所述，消费对立状态可以采用简单配对估计或纠偏的配对估计方法[①]拟合，其中纠偏配对估计量如式(4-4)所示。

$$\hat{Y}_i(0) = \begin{cases} Y_i & \text{如果 } W_i = 0 \\ \dfrac{1}{\#\Gamma_M(i)}\sum_{l \in \Gamma_M(i)}^{N}(Y_l + \hat{\mu}_0(X_i) - \hat{\mu}_0(X_l)) & \text{如果 } W_i = 1 \end{cases}$$

$$\hat{Y}_i(1) = \begin{cases} \dfrac{1}{\#\Gamma_M(i)}\sum_{l \in \Gamma_M(i)}^{N}(Y_l + \hat{\mu}_1(X_i) - \hat{\mu}_1(X_l)) & \text{如果 } W_i = 0 \\ Y_i & \text{如果 } W_i = 1 \end{cases}$$

$$\tag{4-4}$$

这里，$\mu_w(X_i) = E(Y(w) \mid X = X_i)$，$w = 0, 1$。将(4-4)代入(4-2)即可计算出某个家庭拆迁前后消费的变动。关于配对估计下 ATE 方法的详细说明可参考 Abadie 和 Imbens(2002)。进一步地，我们细分拆迁户类型，分别考察其家庭消费特征即可验证生命周期假说和预防性储蓄假说在拆迁领域的适用性。

预防性储蓄是人们为应对不确定性而增加的储蓄，如前所述，它既包括时间维度自身的收支风险，也有来自空间维度的周边参照群体收支状况对自身的"威胁"风险。为了进一步检验预防性储蓄假说的这两种具体作用机制，我们做如下多元回归分析：

[①] STATA 软件已将这些计量方法集成为 nnmatch 并植入，具体可参考 Abadie et al.(2004)。

$$c_i = \alpha \text{Houseno2}_i + \delta gini_i + \gamma \text{Houseno2}_i \cdot gini_i + X\beta + \varepsilon_i \tag{4-5}$$

$$c_i = \alpha \text{Houseno2}_i + \delta cover_i + \gamma \text{Houseno2}_i \cdot cover_i + X\beta + \varepsilon_i \tag{4-6}$$

其中,c 代表各种家庭消费,X 为控制变量。$Houseno2$ 表示家庭拆迁后住房套数大于 2 还是等于 0,即若拆后住房套数大于 2 则该虚拟变量为 1。拆后租房家庭其值为 0,故这里样本限定为发生过拆迁行为的家庭,且其拆迁后或无住房或仍有多于两套住房。(4-5)式的 $gini$ 代表空间维度同类家庭收入的风险测度,类同 Jin 等(2011)的做法,用同一社区(或区县)内户主年龄上下若干岁家庭的收入基尼系数表示。(4-6)式的 $cover$ 表示其是否具有社会保障,代表时间维度的风险测度。两式中的交叉项系数 γ 度量某种预防性储蓄下两套住房拆迁户相对于拆迁后租房家庭的消费变化,是我们感兴趣的系数,观察其正负及显著性即可检验预防性储蓄理论具体作用机制。比如,若发现(4-5)式 γ 显著为负,就表明符合假说 3 推断。

4.3 拆迁对家庭消费影响的实证检验

4.3.1 描述性统计

CHFS 将家庭通常按月支出的伙食费、住房租金、水电费、日常用品支出、家政服务费、本地交通费、汽车租金支出、通信费和文化娱乐支出界定为经常性消费支出,将按年支出的衣着饰品支出、住房修扩支出、暖气费支出、家庭耐用品支出、奢侈品支出、教育培训支出、家用交通工具支出、旅游探亲支出、医疗保健支出归结为非经常性消费。因此,家庭消费大体划分为经常性消费和非经常性消费[①]两大类。表 4-1

[①] 为避免受异常值的影响,如下实证分析中截除非经常性消费首尾 10% 的样本。

4 房屋拆迁能够提高家庭消费水平吗?

显示,无论中位数还是平均值①,拆迁户比未拆迁户要消费更多。具体分析拆迁户,拆迁后变为租房的家庭其平均消费水平甚至低于未拆迁户,仅经常性消费及总消费的中位数略高于未拆迁户,而拆迁后仍有两套以上住房者的消费平均数和中位数均远远高于未拆迁户,初步反映出拆迁行为对不同类型的家庭经济冲击是不同的。

表4-1 拆迁户与未拆迁户消费对比(单位:元)

		经常性消费	非经常性消费	总消费	观测值
拆迁户 (租房者)	平均值	1888.784	8574.209	31135.770	119
	中位数	1589	4627	26635.39	
拆迁户 (2套房以上者)	平均值	3507.375	12642.910	54518.930	155
	中位数	2388	10200	37162	
拆迁户 (全部)	平均值	2297.513	9492.423	36972.950	920
	中位数	1756	5500	29560	
未拆迁户	平均值	2077.758	9079.360	33946.750	7402
	中位数	1499.34	5500	25954	

图4-2描绘出拆迁户与非拆迁户的总消费支出的变化趋势。观察图4-2容易看出,拆迁户的消费前3年远高于非拆迁户平均水平,随后3年又有增长。这表明,总体上看,拆迁对总消费的冲击时间存在周期性,且正冲击至少在3年以上,随后的消费波动逐渐趋于正常。图4-3则表明,拆迁户内部会因拆迁后拥有的房产多寡出现家庭消费方面的很大差异。拆迁后租房的家庭其消费支出曲线更多地处于未拆迁户消费均值下侧,负向影响至少在5年左右,而拆迁后仍有2套以上住房的住户大多年限位于上方,拆迁后的消费波动甚至长达13年之久。有趣的是,拆迁后租房者当年支出大幅增加,而多套住房者正好相反。

---

① 一般地,平均数能够代表样本总体情况,而中位数反映样本分布,避免异常值对结果的影响。

这种消费暂时变化与表4-1总体消费冲击事实相对照，需利用更多的信息另外研究。

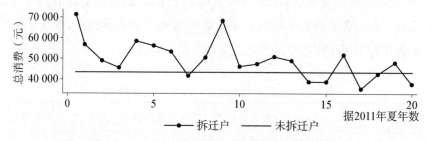

图4-2 拆迁户与未拆迁户的总消费时间变化对比

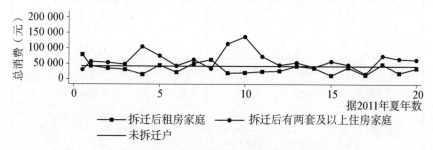

图4-3 不同类型拆迁户与未拆迁户的总消费时间变化对比

4.3.2 平均处理效应（ATE）分析

ATE的被解释变量是家庭经常性消费、非经常性消费或总消费。依据以往文献及问卷情况，解释变量包括拆迁面积、拆迁补偿额、拆迁补偿满意度等拆迁信息，受访者房子所在地区类型、现住房是否租赁、拥有常见车辆数、家庭收入[①]、家庭规模等家庭背景信息，以及户主年龄、户主学历等重要家庭成员信息。表4-2列出ATE采用纠偏配对估计方法分析结果。不难看出，拆迁后租房的家庭的经常性消费、非经常性消费乃至总消费均显著为负，表明即使在补偿下，这类拆迁户各类

[①] 这里家庭收入包括家庭成员工资性收入、经营性收入、投资性收入和转移性收入等。为避免受异常值的影响，如下实证分析中截除全部样本首尾5%的样本。

消费支出显著下降,即拆迁的经济冲击明显。具体而言,拆迁后租房家庭的经常性消费、非经常性消费、总消费相对于未拆迁的家庭分别显著下降329.79、6 945.65、10 850.31元。相对地,拆迁后仍有2套以上住房的家庭各类消费均显著为正,进一步反映出占有多套住房的家庭的消费支出并未缩减,反而由于拆迁补偿大幅增加了。如表4-2最后一行,我们将全部样本做拆迁对比分析,发现结果或者不太显著或者方向不一致,暗示笼统地考察拆迁冲击对家庭消费的影响并不可取。

表4-2 ATE分析结果

被解释变量		估计结果
拆迁后租房者	经常性消费	−329.79(−2.27)
	非经常性消费	−6 945.65(−7.09)
	总消费	−10 850.31(−6.26)
拆迁后有2套以上住房家庭	经常性消费	884.68(3.83)
	非经常性消费	5 130.45(3.38)
	总消费	15 807.22(4.31)
拆迁(全部样本)	经常性消费	617.10(3.38)
	非经常性消费	−2 931.19(−6.43)
	总消费	4 210.24(1.79)

注:括号内数字为系数对应的t值,标准差采取稳健性标准差。这里的配对数为4。

4.3.3 拆迁家庭异质性的深入分析

我们细分消费支出能够捕捉更多信息。简单计算表明,拆迁后租房的家庭下降最多的支出分别是家政服务花费(−100%)、奢侈品支出(−98.36%)、汽车租金支出(−78.39%),其中第一项和第三项为经常性消费,增加最多的当然是租房成本,如表4-3所示。相对地,拆迁后仍有2套以上住房的家庭其消费增加最多的是奢侈品支出、家政服务花费、文化娱乐支出,较未拆迁户对应支出增长率分别达2 733.73%、

1 222.27%、391.82%。剧增的奢侈品消费折射出拥有多套住房的家庭"冲动消费"行为,并不符合生命周期假说中的理性消费,需要政府有力引导。

表 4-3　拆迁户的消费细分及异质性特征

	拆迁后租房家庭	拆迁后有 2 套以上住房家庭	二者差距的 t 值
变化最大的前三项消费	家政服务花费 (-100%)	奢侈品支出 (2 733.73%)	—
	奢侈品支出 (-98.36%)	家政服务花费 (1 222.27%)	—
	汽车租金支出 (-78.39%)	文化娱乐支出 (391.82%)	—
户主社会保险参与率	55.31%(0.50)	61.95%(0.49)	-1.11
愿为退休结余钱比重	64.72%(0.48)	50.41%(0.50)	2.39
空间收入风险	0.50(0.19)	0.61(0.16)	-4.90
户主年龄	55.09(14.49)	50.75(12.75)	2.64
户主学历	3.33(1.47)	3.65(1.79)	-1.58
家庭规模	2.50(1.15)	3.97(1.81)	-7.74
拆迁补偿满意度	4.16(1)	3.53(1.13)	4.88
拆迁数据调查年数	11.67(11.86)	13.10(12.81)	-0.95

注:表格最后六行中间两列表格中括号外的数为对应的均值,括号内为对应的标准差。

事实上,拆迁户存在着不同的个体特征,即异质性。进一步考察不同拆迁户的异质性特征能够深入理解为何拆迁行为对不同家庭的消费影响迥异。正如表 4-3 显示,尽管拆迁后只能租房住的家庭对拆迁补偿较为满意,但客观上户主学历偏低、年龄较大、家庭规模小。租房家庭和 2 套以上住房家庭在社会保险参与率方面差别不显著。那么,是否是由于拆迁年份距调查时刻迟早导致的消费差别呢?我们统计得出,拆迁后租房者与拆迁后多套住房家庭的拆迁时间对比 t 值并不显著。综上所述,拆迁后租房的家庭较拆迁后仍有多套住房的家庭在社会保障方面劣势不显著,而对拆迁补偿方式进一步分析发现,他们完全没有拆迁补偿的比例竟高达20.34%,远高于后者6.33%,表明其在谈判能力上处于弱势地位,这可能会提升他们寻求社会地位的强烈动机。事实上,空间收入风险对比表明,二者差距 t 值达4.9;拆迁后租房家庭愿为退休结余钱的比重比拆迁后仍有2套以上住房的家庭高14个百分点,亦较为显著。Long 和 Shimomura(2004)曾研究发现,收入较低的家庭更愿意通过积累财富来提升社会层次。正是由于寻求社会地位的强度不同,使得不同类型的拆迁户面对的不确定性并不相同,从而就日后消费问题表现出迥然的行为特征,初步符合预防性储蓄理论和社会地位提升判断,即假说1和假说3。

4.3.4 影响机制分析

为了进一步验证预防性储蓄理论的具体原因,我们分别根据模型(4-5)和(4-6)做计量回归。如表4-4所示,前3列均为模型(4-5)社会地位的空间风险检验,后3列为模型(4-6)社会保障检验。这里检验社会保障用户主是否购买社会养老保险度量[1],检验空间收入风险则用同一村(居)委会的户主年龄上下10岁以内的组别的家庭收入基尼系数表示。控制变量包括:拆迁面积、拆迁补偿额、拆迁补偿满意度等拆迁信息,受访者房子所在地区类型、家庭收入、拥有常见车辆数、家庭规模等家庭背景信息,户主年龄、户主学历等重要家庭成员信息,以及东中西地区变量。观察表4-4结果不难发现,前3列显示空间收入风险及其与拆迁虚拟变量交叉项系数较为显著,总消费和经常性消费这一系数分别高达-1.014和-1.386。经济学含义是:2套以上住房的家庭拆迁后由于社会地位提升动机较弱,其经济消费水平相对拆迁后租房家庭尤其显著降低。计量回归方法进一步表明同伴收入风险越大,也即社会地位寻求动机越强,租房者的消费支出受拆迁冲击越不显

---

[1] 社会保障也可以用户主是否具有医疗保险度量,回归结果非常类似。感兴趣读者可以向作者索要结果。

著,而拆迁户中多套住房者的地位寻求动机较弱,故比租房者消费下降显著,符合社会地位提升动机假说3。相对地,后3列表明,尽管社会保障系数及交叉项系数较为显著,但传统经济意义上无法解释,违背社会保障好的家庭消费冲击较小的假说4,可能从拆迁后租房户消费保持刚性来寻求更高社会地位动机得到一些启示。其他变量回归结果同以往研究相一致,如收入基尼系数越大消费水平越低,社会保障能够提升消费支出等,不再赘述。

表4-4 异质性拆迁户对消费的反应对比

被解释变量	(1) 总消费	(2) 经常消费	(3) 非经常消费	被解释变量	(4) 总消费	(5) 经常消费	(6) 非经常消费
拆迁后是否有2套住房	0.782*	1.026**	0.363	拆迁后是否有2套住房	0.435***	0.418***	0.250
	(0.399)	(0.431)	(0.557)		(0.152)	(0.154)	(0.264)
基尼系数	−0.763**	−0.660**	−0.548	有无社会保障	0.415***	0.380***	0.304
	(0.309)	(0.332)	(0.763)		(0.148)	(0.141)	(0.281)
交叉项	−1.014	−1.386**	−0.469	交叉项	−0.497**	−0.419*	−0.318
	(0.637)	(0.683)	(0.915)		(0.204)	(0.215)	(0.315)
观测数	268	269	270	观测数	268	269	270
R^2	0.598	0.603	0.353	R^2	0.571	0.560	0.350

注:(1)、(2)、(3)为空间风险检验,(4)、(5)、(6)为社会保险检验。各列括号里的数据是异方差稳健性标准差。上标"*"、"**"及"***"分别表示10%、5%和1%统计水平上显著。各列均控制拆迁面积、拆迁补偿额、拆迁补偿满意度、受访者房子所在地区类型、家庭收入、拥有常见车辆数、家庭规模、户主年龄、户主学历和东中西地区等。

4.4 研究结论与政策含义

目前,房屋拆迁已经成为我国非常突出的经济问题和社会问题,拆迁行为对家庭的经济冲击值得学术界关注。本章节基于最新的中国家

4 房屋拆迁能够提高家庭消费水平吗?

庭金融微观调查数据,采用描述性统计和平均处理效应方法均发现,拆迁户总体上要比未拆迁户消费更多,但拆迁户家庭消费具有异质性。拆迁后租房的家庭其平均消费支出显著下降,拆迁的经济冲击明显。相对地,拆迁后仍有 2 套以上住房的家庭各类消费并未缩减,反而由于拆迁补偿大幅增加了。拆迁对总消费的冲击时间存在周期性,且正冲击在 3 年以上。进一步考察不同类型的家庭特征发现,平均意义上拆迁后只能租房住的家庭其户主年龄较大、学历较低,但提升社会地位的动机更强。正是由于寻求社会地位的强度不同,使得不同类型的拆迁户面对的不确定性并不相同,从而就日后消费问题表现出迥然的行为特征:拆迁户中多套住房者比租房者消费下降显著,而租房者的消费支出并未由于拆迁冲击显著下降。本章节较好地实证检验了预防性储蓄假说特别是社会地位寻求假说在住房拆迁领域的适用性,但生命周期理论和社会保障推测不明显。

  上述结论具有直观而重要的政策含义。首先,基层政府在补偿拆迁损失时应区别对待不同的家庭,以缓解社会矛盾。对于拆迁后无住房的家庭要考虑到他们日后生计问题给予尽可能多的优惠和帮助,因为这类家庭更多的属于户主年龄大、学历低的人群;而对于拥有多套住房的家庭可以从严并分期补偿,引导他们升级消费或投资实业,避免出现因补偿款剧增引发的奢侈品"冲动消费"行为。其次,关注同伴"威胁"尤其拆迁后租房家庭寻求地位动机而非完善社会保障体系是提升家庭消费水平的有力措施。社会保障完善与否本质上无法由政府拆迁补偿来解决,但各级政府和官员能够为个体寻求社会地位创造很好的流动机制,去除普通家庭消费决策的后顾之忧。鉴于社会的弱势地位,拆迁后租房家庭的消费支出较为刚性,而拆迁后仍拥有 2 套住房者其拆迁冲击相对会更小些,这也提醒研究者寻找更多证据来印证拆迁领域的社会地位提升理论。最后指出的是,住房存量多寡导致的消费差别成为当前拉动家庭消费、扩大内需的重要因素。住房资产不平等使得吸收外在风险能力不同进而引起消费水平出现差距。多套住房的家庭能够利用其财产性收入或信贷能力对消费起到自保险(self-insurance)作用(陈玉宇和行伟波,2006;Blundell 等,2008),故拆迁负面冲击很小;而拆迁后"无立锥之地"的家庭对外在冲击缺乏消费保险能力,故支出骤减。因此,适时征收财产税(property tax)以缓解房产不平等状况,是进一步扩大整个社会家庭消费能力的长久之计。当然,社会保障和消费保险是不同的概念,否定社会保障在房产拆迁领域的适用性,并不意味着异质性家庭下消费保险的具体作用机制也不适用,这尚需另外深入研究。

流动人口消费需求潜力:估算与挖掘

中国拥有庞大的流动人口群体,释放流动人口消费需求潜力,有助于扩大国内消费需求。基于全国流动人口动态监测调查专题数据,我们采用倾向得分匹配和分类比较分析方法,估算了流动人口消费需求潜力。研究发现:流动人口消费需求潜力为11.58%,消费需求潜力规模为6319亿元,释放流动人口消费需求潜力,居民消费率能提高0.71个百分点;提升流动人口需求收入弹性、增强消费信心、降低预防性储蓄动机等,是释放流动人口消费需求潜力的主要路径。畅通双循环新发展格局、促进流动人口市民化以及推进新型城镇化建设,有助于释放流动人口消费需求潜力。

5.1 问题的提出与已有研究述评

5.1.1 问题的提出

长期以来,中国经济发展面临消费需求不足和居民消费率偏低的结构性问题。扩大居民消费需求和提升居民消费率,是调整经济结构和促进经济高质量发展的重要途径。2020 年 10 月,党的十九届五中全会通过的《中共中央关于制定国民经济和社会发展第十四个五年规划和二〇三五年远景目标的建议》指出,"以满足人民日益增长的美好生活需要为根本目的,统筹发展和安全,加快建设现代化经济体系,加快构建以国内大循环为主体、国内国际双循环相互促进的新发展格局"。构建双循环新发展格局是"十四五"时期经济社会发展的重要目标。进入新发展阶段、贯彻新发展理念、构建新发展格局,是由我国经济社会发展的理论逻辑、历史逻辑、现实逻辑决定的,三者紧密关联。构建新发展格局是应对新发展阶段机遇和挑战、贯彻新发展理念的战略选择。2021 年中央经济工作会议提出,我国经济发展面临需求收缩、供给冲击、预期转弱三重压力。为促进消费需求增长,2022 年 4 月,国务院办公厅印发《关于进一步释放消费潜力促进消费持续恢复的意见》,提出"综合施策释放消费潜力,促进消费持续恢复"。

国际比较视域下,中国消费率处于偏低水平,居民消费增长受到抑制是导致消费率偏低的主要原因。中国国内消费需求稳定增长,但居民消费率偏低以及居民消费支出占最终消费支出比率偏低的状况,并没有根本改变。2015—2020 年,中国社会消费品零售总额从 300 931 亿元增长至 391 981 亿元,除 2020 年受新冠疫情影响导致社会消费品零售总额出现下降外,其余年份均实现不同程度的增长。在此期间,中国最终消费率稳定在 54.89% 左右(2015—2020 年的平均值,下同),远低于美国(81.60%)、英国(83.50%)等发达国家,也低于巴西(84.27%)、俄罗斯(70.17%)等金砖国家(见图5-1)。在居民消费率

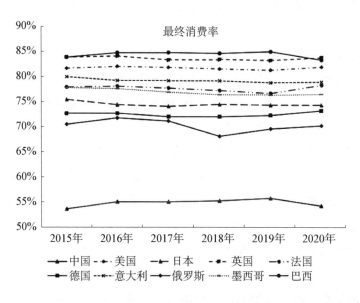

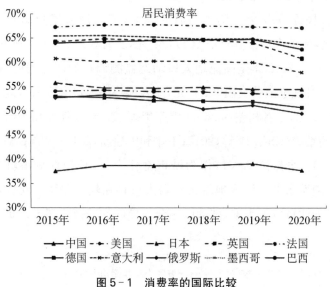

图5-1 消费率的国际比较

注:中国数据来源于《中国统计年鉴》,其他国家数据来源于世界银行数据库。

方面,美国、日本等发达国家,以及巴西、墨西哥等新兴工业化国家,居民消费率均处于60%左右,而中国居民消费率仅为38.43%,需求结构表现为居民消费率偏低。因此,我国扩大国内消费需求,应着重提高居民消费水平。

城镇化是促进居民消费需求增长的重要推动力量。我国具有规模庞大的流动人口,释放流动人口消费需求潜力,有助于扩大国内消费需求。第七次全国人口普查数据显示,中国流动人口①总量高达3.76亿人,约占全国总人口的26.67%。② 广州、深圳、东莞、上海、北京、苏州等经济发达城市,流动人口数量占常住人口总量的比例均高于40%,深圳与东莞甚至超过70%,成为城市常住人口的主体。③ 流动人口中有许多在"脏、累、苦、差、险"等工种或行业就业,为流入城市的经济社会发展作出了重要贡献。然而,在消费的视角,流动人口家庭消费水平显著低于流入地城镇户籍家庭。

流动人口家庭与流入地户籍人口家庭存在消费差距,流动人口家庭的消费水平始终低于流入地户籍人口家庭。基于2002年城镇居民和城镇移民家庭及个人调查的研究表明,流入地城镇户籍家庭消费16163元,流动人口家庭年消费11552元,二者相差39.9%(陈斌开等,2010)。基于2012年全国流动人口动态监测调查的研究表明,流动人口家庭每月现金消费支出2400元,流入地户籍人口家庭每月现金消费支出3974元,二者相差65.6%(谭苏华等,2015)。其他相关研究得出了类似的结论(Chen B. 等,2015;王韬和毛建新,2015;Wang M. 和Cai F.,2015)。虽然流动人口作为城市常住人口,长期在城市就业与生活,但其消费水平与流入地城镇户籍人口存在较大差距。新型城镇背景下,更加注重以人为本,推动以融合为导向的城镇化建设。扩大流动

---

① 流动人口是指人户分离人口中扣除市辖区内人户分离的人口。
② 第七次全国人口普查公报(第七号)——城乡人口和流动人口情况,参见:http://www.stats.gov.cn/xxgk/jd/sjjd2020/202105/t20210511_1817280.html。
③ 参见各市第七次全国人口普查统计公报,例如,东莞市数据参见:http://tjj.dg.gov.cn/gkmlpt/content/3/3524/mpost_3524384.html#832。

人口消费需求,消除流动人口与流入地城镇户籍人口间的消费差距,不仅是新型城镇化建设的必然内在要求,也是扩大内需、增强中国经济内生增长动力的重要措施。

流动人口的消费需求潜力究竟有多大?如何释放流动人口消费需求潜力?深入研究这些问题,是完善促进消费的体制机制,将流动人口潜在消费需求变成现实市场需求,也是充分发挥消费对经济发展稳定性作用的前提。本章节的边际贡献主要体现在以下三点:其一,更加准确地测度了流动人口的消费需求潜力。已有研究主要将流动人口与流入地城镇户籍人口的消费差距作为流动人口的消费需求潜力,然而,这两类人口在就业、受教育程度以及家庭特征等方面存在显著差异,且短期内这些差异难以消除,导致一部分消费差距在一定程度上将长期存在。与现有研究相比,本章节基于流动人口与流入地城镇户籍人口间的异质性,采用倾向得分匹配的研究方法有效解决样本选择偏差导致的内生性问题,研究结果更加准确。其二,探究了流动人口消费需求潜力来源,为释放流动人口消费需求指明了方向。估算流动人口消费需求潜力,把握被抑制的消费需求规模,释放流动人口消费需求潜力,则是真正扩大居民消费需求的策略。其三,估算了释放流动人口消费需求潜力对提升中国消费规模与居民消费率的影响。在估算流动人口消费需求潜力和分析其释放路径的基础上,本章节结合宏观数据,进一步估算了释放流动人口消费潜力对国内需求的影响效果。

5.1.2 已有研究述评

在中国快速城镇化进程中,城市经济快速发展,人口流动政策逐步弱化或取消。中国流动人口数量快速增加,并逐渐成为人口总量结构的重要组成,对中国经济社会产生了深远影响。与此同时,学术界基于扩大中国居民消费需求以及促进社会更加公平等现实需求,从消费经济学、消费社会学等视角研究了流动人口的消费问题(孙文凯等,2019;韩俊强和梁元元,2021)。关于流动人口消费需求潜力的研究,由于农业转移人口是我国流动人口的主体,且"三农"问题是关系我国国计民生的根本性问题,现有文献主要以农业转移人口为研究对象,研究内容主要涉及以下三个方面。

首先,研究人员通过对比发现,农业转移人口的消费水平明显低于流入地城镇户籍人口,即农业转移人口具有较大的消费需求潜力。流入城市的农业转移人口由于在就业、医疗、住房等方面不能享受与当地城镇户籍人口同等待遇,导致其消费水平偏低、消费结构以生存型消费为主(钱文荣和李宝值,2013;Dreger C. 等,2015;赵婉男等,2016)。由于农业转移人口的不完全市民化,其消费水平显著低于城镇户籍人口,消费潜力并没有转变为现实的消费需求(李晓峰等,2008;蔡昉,2011)。城市中存在的新城乡二元结构造成了中国居民消费率持续下降(方福前,2009),这也是中国城镇居民消费差距不断扩大的重要原因(胡若痴,2014)。流动人口在住房、医疗、教育、保障等领域面临更大的不确定性,而家庭面临的不确定性是抑制居民消费增长的重要原因(万广华等,2001)。农业转移人口在城市处于"半城市化"状态之中,并没有过着城市居民的生活(王春光,2009),其消费需求的收入弹性还不到城镇户籍人口的一半(Song L. 等,2010)。

其次,释放农业转移人口消费需求潜力的措施。农业转移人口消费需求潜力主要来自与流入地城镇户籍人口的消费差距,提升农业转移人口市民身份的认同是扩大其消费需求的重要途径(金晓彤等,2017)。农业转移人口市民身份的认同受到经济、社会、文化以及制度等多方面的制约,其中,户籍制度被认为具有最重要的影响(Wang W. 和 Fan C.,2012;Chen X.,2018)。因此,市民化是现有文献最常提及的释放农业转移人口消费需求潜力的方式。农业转移人口获得市民待遇,能够改善消费结构,增加工业品消费,提升服务业的消费需求(国务院发展研究中心课题组,2010)。提高社会保障覆盖率,改变消费模式以及消费观念,实现农民工户籍身份转变,提升农民工城市基本公共服务获得,有助于释放农民工群体消费潜力(蔡昉,2011)。城乡群体消费行为模式存在较大差异,是导致城乡消费差距的重要原因。改变农村居民消费行为,特别是提升农村居民消费倾向,有助于释放农村居民消费潜力(桂河清和孙豪,2021)。增加就业机会,提高消费能力,改善消费环境,完善社会保障体系等方式,有助于释放消费潜力和扩大消费需求(高中建,2015;冯虹和李晨曦,2016)。基于消费理论的研究表明,农业转移人口市民化能够通过收入效应、环境效应、示范效应、价格效应、财富效应以及社会保障变动等渠道,促进其消费增长(王平和王琴梅,2016;王乙杰和孙文凯,2020)。此外,留城意愿对农业转移人口的消费需求具有正向影响,促进农业转移人口融入城市,有助于释放其消费需求潜力(李国正等,2020;罗丽和李晓峰,2020)。

最后,农业转移人口消费需求潜力的测度。排除政策调整的一般均衡效应,市民化能够提高农业转移人口 20.8% 的消费需求,这可以抵补 2002—2003 年间中国居民消费率下降的 47.1%(陈斌开等,2010)。如果将我国 1 亿农业转移人口家庭全部市民化,则每年至少能够新增国内消费约 5 万亿元(向国成和钟世虎,2015)。在禀赋特征保持不变的条件下,假如市民化促使农业转移人口按照城镇户籍人口的消费模式进行消费,农民工人均消费支出将增长 27%;考虑到市民化之后,他们的收入和受教育水平将会提升,并且能享受到更多的社会公共服务,将会释放更大的消费潜力(王美艳,2016)。市民化水平每上升 1 个标准差,农业转移人口的人均消费将增加 0.24%(谢勇和王鹏飞,2019)。农业转移人口的消费行为与城镇户籍人口趋同能够扩大其 17.05% 的消费需求(桂河清等,2018)。

除了上述研究,部分学者估算了流动人口的消费需求潜力。如果流动人口与本地人口的消费弹性趋同,到 2030 年流动人口将带动 15.8 万亿元消费总量,相当于当年 GDP 的 9.3%(程杰和尹熙,2020)。我国仍处于城镇化快速发展阶段,农业转移人口市民化,可以通过转移就业提高收入水平和享受更高品质的公共服务,释放居民消费潜力(史育龙,2021)。居民消费倾向高低直接决定着消费潜力的释放程度。国际经验表明,居民消费倾向总体上呈现出 U 型变化趋势,中国居民消费倾向处于由降转升阶段,提升居民消费倾向有助于释放居民消费潜力(王蕴等,2022)。在生产、分配、流通和消费社会再生产四大环节中,流通和消费环节存在诸多堵点和短板,畅通流通体系和激发消费潜力是需求侧管理的重点(黄群慧和陈创练,2021)。

综上所述,学术界深入研究了农业转移人口消费需求相关问题,获得众多有益发现,研究成果值得学习和借鉴。与现有研究相比,本章节摒弃将流动人口与城镇户籍人口的人均消费水平差异作为流动人口消费需求潜力的传统做法,而是在城镇户籍人口中寻找与流动人口在收入、家庭结构特征以及社会保障等方面近似的对象,比较两者消费差距并将其作为流动人口的消费需求潜力。本章节不仅考虑了收入弹性趋同扩大流动人口消费需求的效应,还考虑了其他因素趋同的效应,因而研究结论更加可靠。本章节还进一步研究了提升流动人口消费水平的措施及其对扩大我国居民消费总需求的作用。

5.2 流动人口消费需求潜力的估算方法

关于流动人口消费需求潜力的测度,本章节将采用倾向得分匹配法处理由于样本选择偏差可能导致的估计偏误。其基本思想是通过对流动人口与流入地城镇户籍人口进行匹配,使得二者的特征差异趋于均衡可比状态,然后比较二者的消费水平,匹配后二者的消费差距,即为流动人口的消费需求潜力。

采用倾向得分匹配方法,需要得到既定条件下的倾向得分,以便度量流动人口与流入地城镇户籍人口的匹配程度。其计算方法如下:

$$P(X_i) = \Pr(D_i = 1 \mid X_i) \qquad (5-1)$$

模型(5-1)中,X_i 表示匹配变量;D_i 为分类变量,取值为 0 表示流动人口,取值为 1 表示流入地城镇户籍人口。上述模型可采用 Logit 模型或 Probit 模型估计。以前者为例,其具体计算公式为:

$$P(X_i) = \exp(X_i'\beta)/(1 + \exp(X_i'\beta)) \qquad (5-2)$$

模型(5-2)中，β为匹配变量的估计系数，X_i的含义同模型(5-1)。

得到倾向得分后，可采用多种方法匹配流动人口与流入地城镇户籍人口。常见的匹配方法包括核匹配、最近邻匹配、半径匹配、马氏匹配等。与其他匹配方法相比，核匹配在构建"反事实框架"时，采用了全部样本的信息，样本损失最少，从而匹配结果更加精确(简必希和宁光杰，2013)。因此，采用核匹配方法，以便更好地控制流动人口与流入地城镇户籍人口的异质性影响。

匹配完成后即可得到流动人口的消费行为与流入地城镇户籍人口趋同时，流动人口的平均消费需求潜力 ATU：

$$ATU = E(C_{1i} - C_{0i} \mid D_i = 0) = E(C_{1i} \mid D_i = 0) - E(C_{0i} \mid D_i = 0) \tag{5-3}$$

模型(5-3)中，$E(C_{1i} \mid D_i = 0)$表示如果流动人口按照流入地城镇户籍人口的消费行为进行消费，其消费水平自然对数的均值；$E(C_{0i} \mid D_i = 0)$表示流动人口真实消费水平自然对数的均值。其中，$E(C_{0i} \mid D_i = 0)$可以直接观察到，而$E(C_{1i} \mid D_i = 0)$需要构建"反事实框架"采用匹配估计得到。

关于释放流动人口消费需求潜力的措施，本书采用如下研究方法：构建回归模型并分别对流动人口样本及流入地城镇户籍人口样本进行回归分析。由绝对收入假说、持久收入假说、生命周期假说以及预防性储蓄假说等经典消费理论可知，居民消费需求的影响因素主要包括经济、人口和制度等方面的变量(叶德珠等，2012)。据此，本书构建如下回归模型：

$$\ln C = \alpha + Y_1\beta_1 + Y_2\beta_2 + Y_3\beta_3 + X\gamma + \varepsilon \tag{5-4}$$

模型(5-4)中，$\ln C$表示流动人口或流入地城镇户籍人口消费水平的自然对数，Y_1、Y_2和Y_3分别表示由经济因素、人口因素和制度因素所包含变量构成的向量，β_1、β_2和β_3分别表示由Y_1、Y_2和Y_3的回归系数构成的向量；X和γ分别表示由控制变量及其回归系数构成的向量;ε为随机扰动项,并假设其服从均值为0,方差为σ_i^2的正态分布;α是截距项。

比较流动人口与流入地城镇户籍人口的消费行为差异。模型(5-4)的回归结果中,如果流入地城镇户籍人口某变量的回归系数大于流动人口,表示后者没有按照前者的消费行为进行消费,流动人口的消费需求存在进一步扩大的潜力。例如,假如经济因素是收入变量的自然对数,流入地城镇户籍人口变量的回归系数大于流动人口则表示前者消费需求的收入弹性高于后者,提升流动人口消费需求的收入弹性即可释放其消费需求潜力。

5.3 流动人口消费需求潜力的估算结果

5.3.1 数据来源与描述性统计

本研究数据来源于国家卫生和计划生育委员会2017年完成的全国流动人口动态监测调查专题数据。为了比较15周岁及以上流动人口与流入地城镇户籍人口的工作生活情况,国家卫生和计划生育委员会在全国范围内分别调查了13 998个流动人口家庭与14 000个城镇户籍家庭。调查内容包含家庭成员与收支情况、就业情况、流动人口的流动及居留情况、健康与公共服务、社会融合以及重点疾病流行影响因素等。流动人口动态监测调查数据拥有样本量大、涉及范围广、具备良好代表性以及数据质量较高等特点。

数据处理过程,参考已有研究(邹红等,2013)的做法,本书首先只保留收入为正数的样本;其次,针对人均收入和人均消费,分别对流动人口家庭及流入地城镇户籍家庭进行截尾处理,删除最高和最低各1%的样本,以便消除离群值的影响;最后获得有效样本22 270个,其中,流入地城镇户籍家庭10 604个,流动人口家庭11 666个。主要变量的描述性统计及差异如表5-1所示。

5 流动人口消费需求潜力:估算与挖掘

表5-1 城镇户籍家庭与流动人口家庭主要变量的描述性统计及差异

变量	流入地城镇户籍家庭		流动人口家庭		差值	t值
	均值	方差	均值	方差		
人均月消费自然对数	7.5943	7.3700	7.4214	7.2346	0.1729***	4.77
人均月收入自然对数	7.8874	7.8581	7.8852	7.8704	0.0022	0.06
65岁及以上老人(个)	0.13	0.09	0.05	0.02	0.08***	25.82
19岁以下无工作孩子(个)	0.55	0.48	0.18	0.13	0.37***	50.63
19岁以下有工作孩子(个)	0.13	0.12	0.46	0.45	−0.33***	−45.45
年龄(岁)	44.92	10.95	42.86	9.18	2.06***	48.49
教育年限(年)	13.16	3.81	10.61	3.22	2.55***	101.57
医疗保险数量(种)	1.09	0.44	0.98	0.37	0.11***	12.91
性别	0.4408	0.4308	0.3615	0.3719	0.0793***	9.35
婚姻	0.2468	0.4289	0.2038	0.3122	0.043***	5.28
党员	0.1289	0.1821	0.0551	0.1071	0.0738***	14.55
就业单位性质A	0.1071	0.2092	0.0420	0.2013	0.0651***	10.71
就业单位性质B	0.2603	0.3481	0.1212	0.1442	0.1391***	21.10
就业单位性质C	0.0489	0.1153	0.0375	0.1906	0.0114**	2.16
就业单位性质D	0.3605	0.3805	0.6053	0.4561	−0.2448***	−28.15
就业单位性质E	0.0348	0.1817	0.0695	0.2514	−0.0347***	−5.54
就业单位性质F	0.0502	0.1215	0.0040	0.0066	0.0462***	13.91
就业单位性质G	0.0789	0.1708	0.0217	0.146	0.0572***	10.73
就业单位性质H	0.0593	0.1291	0.0988	0.1342	−0.0395***	−8.11

注:(1)人均月消费与人均月收入的单位均为元;(2)***、**、*分别表示在1%、5%和10%的水平显著,下同;(3)保险指的是户主参加新型农村合作医疗保险、城乡居民合作医疗保险、城镇居民医疗保险、城镇职工医疗保险、公费医疗的数量(若只有一种,则取值为1;有两种,则取值为2,等等);(4)当家庭户主为女性时,性别虚拟变量取值为1;(5)婚姻虚拟变量以户主"已婚"作为参考;(6)当家庭户主为党员时,党员虚拟变量取值为1;(7)就业单位性质A、B、C、D、E、F、G和H分别表示机关、事业单位、国有及国有控股企业、集体企业、股份/联营企业、个体工商户、私营企业、港澳台独资企业、外商独资企业、中外合资企业、社团/民办组织、其他以及无单位,下同。

表 5-1 结果显示,流入地城镇户籍人口的消费水平平均比流动人口高 17.29%。由于流动人口家庭 19 周岁以下孩子参加工作的比例显著高于流入地城镇户籍家庭,后者的人均月收入仍然略微高于前者,表明在就业人口中,流入地城镇户籍人口的收入水平明显高于流动人口。流入地城镇户籍家庭拥有 65 周岁以上老人的数量显著高于流动人口家庭,这可能与大量农业转移人口的父母留守在农村有关。两类家庭户主年龄的差距较小,但流入地城镇户籍家庭户主的受教育程度显著高于流动人口家庭。由于我国基本实现了医疗保险全覆盖,两类家庭户主参保医疗保险的数量仅有微弱差异。流入地城镇户籍家庭户主为女性及党员的比例均显著高于流动人口家庭,但前者未婚的比例高于后者。就业单位性质方面,流入地城镇户籍家庭户主在机关事业单位、国有及国有控股企业、集体企业就业的比例显著高于流动人口家庭,然而,后者为个体工商户或在私营企业就业的比例远高于前者。

数据的描述性统计结果表明,流动人口家庭与流入地城镇户籍家庭的人口结构显著不同,就业人口在收入、受教育程度、就业单位性质等方面也存在明显异质性。由于上述特征对流动人口与流入地城镇户籍人口的消费具有显著影响,因此,如果直接将两者的消费差距作为流动人口的消费需求潜力将会产生由样本选择偏差导致的估计偏误。

5.3.2 流动人口消费需求潜力估算

如前所述,流动人口家庭消费需求潜力,是倾向得分匹配后流动人口与流入地城镇户籍家庭的消费差距。为了完成流动人口与流入地城镇户籍人口的匹配,首先采用模型(5-2)进行回归分析,以便得到倾向得分。回归结果如表 5-2 所示。

表 5-2 Logit 回归结果

变量	系数	变量	系数	变量	系数
人均月收入自然对数	0.102*** (6.593)	65 岁及以上老人	3.842*** (9.910)	19 岁以下无工作孩子	1.176*** (10.53)
19 岁以下有工作孩子	−1.038*** (−8.76)	年龄	0.0321* (1.849)	年龄平方	−0.000216 (−0.953)
教育年限	0.188*** (23.27)	医疗保险	0.021 (1.575)	性别	0.0487* (1.826)
婚姻	0.391*** (6.438)	党员	0.655*** (9.159)	就业单位性质 A	2.044*** (20.00)
就业单位性质 B	0.383*** (3.939)	就业单位性质 C	−0.0509 (−0.467)	就业单位性质 D	−0.565*** (−7.847)
就业单位性质 E	−0.570*** (−8.944)	就业单位性质 F	1.950*** (11.24)	就业单位性质 G	1.416*** (13.34)
常数项	0.119 (0.246)	Wald 统计量	6192.41	虚拟 R^2	0.4327
地域	YES				

注:(1)Logit 回归的被解释变量为虚拟变量 *urban*,其取值为 1 表示流入地城镇户籍家庭,取值为 0 表示流动人口家庭;(2)括号内的数值为 Z 值;(3)样本量为 22270;(4)YES 表示控制了相关变量的影响,下同。

表 5-2 各变量的回归系数表明,在由流动人口家庭与流入地城镇户籍家庭组成的样本总体中,人均收入越高、65 岁及以上老人的数量越多或者 19 岁以下无工作孩子数量越多的家庭,属于城镇户籍家庭的概率越大;户主年龄越大、受教育程度越高、未婚、属于党员或者是女性的家庭,属于城镇户籍家庭的概率也越大。户主在机关事业单位、国有及国有控股企业、集体企业、社团/民办组织或者其他类型单位就业的家庭,属于城镇户籍家庭的概率同样越大;然而,户主在私营企业就业或者是个体工商户的家庭,属于流动人口家庭的概率更大。此外,回归模型的 Wald 统计量达到了 6192.41,虚拟 R^2 也达到了 0.4327。

上述结果与表5-1所示主要变量的描述性统计结果基本吻合,模型检验结果良好,从而表明Logit模型的回归拟合效果良好,利用模型计算出每个样本家庭的倾向得分可用于倾向得分匹配。本书采用核匹配进行匹配估计,匹配结果如表5-3所示。

表5-3 倾向得分匹配估计结果

匹配前后	流入地城镇户籍家庭	流动人口家庭	差距	t值
匹配前	7.5943	7.4214	0.1729***	4.77
匹配后	7.5372	7.4214	0.1158***	3.82

注:倾向得分匹配的结果变量为人均消费水平的自然对数。

分析表5-3的匹配估计结果之前,需要检验其匹配质量(Caliendo M.,2008)。图5-2给出了两类家庭匹配前后的倾向得分概率密度图。由图5-2可以看出,匹配估计前,流入地城镇户籍家庭与流动人口家庭倾向得分的核密度函数曲线存在明显差异;匹配估计后,两条核密度函数曲线较为接近,表明匹配效果较佳。因此,本书采用的倾向得分匹配估计方法通过了匹配假定,表5-3的匹配估计结果可靠,能用于统计分析与推断。

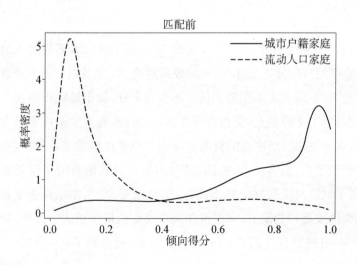

5 流动人口消费需求潜力:估算与挖掘

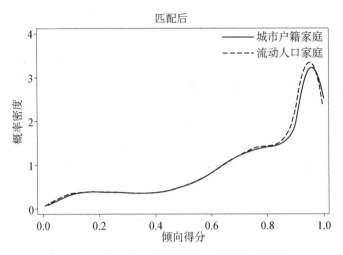

图5-2 两类家庭匹配前后的倾向得分概率密度图

从表5-3倾向得分匹配估计结果可以看出,流动人口与流入地城镇户籍人口总的消费差距为17.29%,即流动人口流入地城镇户籍人口的消费水平平均比流动人口家庭高17.29%。然而,倾向得分匹配估计得出的流动人口消费需求潜力仅为11.58%,即通过流动人口的消费行为与流入地城镇户籍人口趋同,可以新增其11.58%的消费需求(见表5-4)。由于两类家庭的就业人口在收入、受教育程度、就业单位性质等方面存在显著差异且这些差异短期内无法消除,即家庭禀赋特征属性差异导致流动人口与流入地城镇户籍人口之间5.71%的消费差距在短期内也无法消除,短期内并不能成为流动人口消费需求潜力。

表5-4 两类家庭的消费差距与流动人口家庭消费潜力

流动人口家庭与流入地户籍人口家庭真实消费差距	17.29%	短期流动人口的消费潜力(通过消费行为趋同)	比例	11.58%
			规模	约6319亿元
		短期难以消除的消费差距(家庭禀赋属性特征)	比例	5.71%
			规模	约3116亿元

5.4 释放流动人口消费需求潜力的路径与效果

5.4.1 释放流动人口消费需求潜力的路径选择

倾向得分匹配估计结果表明,流动人口蕴含11.58%的消费需求潜力。为了探寻释放流动人口消费需求潜力的路径,本书基于经典消费理论分别对流动人口家庭与流入地城镇户籍人口家庭进行回归分析以便比较两类家庭不同的消费行为。回归结果如表5-5所示。

表5-5 两类家庭的回归分析结果

	流入地城镇户籍家庭	流动人口家庭
人均月收入自然对数	0.705*** (68.45)	0.614*** (69.30)
65岁及以上老人	0.445*** (8.509)	0.349*** (7.504)
19岁以下无工作孩子	0.184*** (3.270)	0.106*** (6.948)
19岁以下有工作孩子	0.237*** (5.683)	0.208*** (6.725)
年龄	0.015 7** (2.262)	0.014 5*** (5.131)
年龄平方	−8.18e−05* (−1.873)	−0.000 190*** (−4.256)
教育年限	0.097 4*** (5.618)	0.095 2*** (5.575)
医疗保险	0.019 9** (2.156)	0.015 1* (1.802)
性别	0.010 1 (1.309)	0.008 29 (1.155)
婚姻	0.132*** (10.03)	0.026 8** (2.454)

续表

	流入地城镇户籍家庭	流动人口家庭
党员	0.0206*** (3.997)	0.0235** (2.475)
就业单位性质 A	0.0889** (2.346)	0.0680*** (4.567)
就业单位性质 B	0.0983*** (3.687)	0.0554*** (3.790)
就业单位性质 C	0.0583* (1.823)	0.0421** (2.337)
就业单位性质 D	0.0302** (2.323)	0.0104*** (3.622)
就业单位性质 E	0.0755*** (3.882)	0.0731*** (3.332)
就业单位性质 F	0.0105** (2.282)	0.0297 (1.324)
就业单位性质 G	−0.0654 (−1.221)	0.0206 (1.033)
地域	YES	YES
Constant	1.824*** (17.94)	1.493*** (14.99)
Observations	11 666	10 604
R-squared	0.516	0.509

注:(1)被解释变量为消费水平的自然对数;(2)括号内的数值为 t 值。

通过分析表 5-5 各变量的回归系数估计值可以得到流动人口与流入地城镇户籍人口的消费行为差异。经济因素方面,流动人口与流入地城镇户籍人口消费需求的收入弹性分别为 0.614 及 0.705,表明在其他变量保持不变的条件下,人均收入每提高 1 个百分点,平均来讲,流动人口与流入地城镇户籍人口的人均消费水平分别提高 0.614 个及 0.705 个百分点。收入提升扩大流动人口消费需求的效应仅为流入地城镇户籍人口的 87.09%。收入是影响居民消费需求最重要的因素,因此,提升流动人口消费需求的收入弹性,使其与流入地城镇户籍人口趋同,是释放流动人口消费需求潜力的重要措施。

人口因素方面,无论是流动人口家庭还是流入地城镇户籍人口家庭,65周岁以上老龄人口数量增加均能显著提升其消费水平,但后者提升幅度更大,表明在其他因素相同的条件下,城镇户籍人口用于健康、养老、娱乐等与老年人生活及健康相关的消费支出显著高于流动人口。19周岁以下无工作孩子数量增加,同样能够扩大两类家庭的消费需求且城镇户籍家庭更加明显,表明流动人口家庭用于教育、文化、娱乐等与孩子相关的消费支出显著低于流入地城镇户籍人口。

制度因素方面,社会保障程度增加能够扩大两类家庭的消费需求,但它对流动人口的效应显著低于流入地城镇户籍人口。其原因可能是流动人口大多在户籍地参与社会保险,其参保率虽然与城镇户籍人口相当,但保障程度低于流入地城镇户籍人口,并且流动人口由于跨区域流动导致享受社会保障福利的成本高于流入地城镇户籍人口。此外,受户籍制度的制约,流动人口主要是个体工商户或在私营企业就业,在其他因素不变的条件下,流动人口的消费水平显著低于在机关事业单位、国有及国有控股企业以及集体企业就业的流入地城镇户籍人口,也同样低于属于个体工商户或在私营企业就业的流入地城镇户籍人口。可能的原因来自两个方面:一是与流入地城镇户籍人口相比,流动人口的就业稳定性较差,预期收入的不确定性程度高于流入地城镇户籍人口,导致流动人口的预防性储蓄动机更强;二是流动人口的流动特性以及就业稳定性较低,不利于流动人口耐用消费品的消费。例如,国家统计局的数据显示,2018年农民工家庭拥有电冰箱与洗衣机的比重分别仅为63.7%和63.0%,城镇居民平均每百户拥有电冰箱和洗衣机的数量则分别为100.9和97.7台。

上述分析表明,释放流动人口消费需求潜力的主要路径包括:改变流动人口较为保守的消费习惯,提升其消费需求的收入弹性;增强流动人口消费信心,促进其增加当期收入用于消费的比例;在满足基本生活消费的前提下,优化流动人口的消费结构,扩大发展型和享受型消费需求;消除城市新城乡二元结构,在就业、医疗、教育等社会公共服务领域给予流动人口同等待遇,降低其预防性储蓄动机,提升其消费水平。

5.4.2 流动人口消费需求潜力的释放效果

上述研究表明,流动人口的消费需求潜力为11.58%。结合流动人口消费需求潜力和国家统计局历年宏观数据,可以估算中国流动人口消费需求潜力的总体水平。由于两类人口的消费差距及流动人口的消费需求潜力是基于2017年全国流动人口动态监测调查一年的截面数据获得,为减少估算误差,本书仅估算2016—2019年间的流动人口消费需求潜力。估算方法如下,采用模型(5-5)获得流动人口的年平均消费水平:

$$C_{urban} \times N_{urban} = C_{local} \times N_{local} + C_{migrant} \times N_{migrant} \quad (5-5)$$

模型(5-5)中,N_{urban}、N_{local} 与 $N_{migrant}$ 分别表示城镇常住人口数量、城镇户籍人口数量以及流动人口数量;C_{local} 与 $C_{migrant}$ 分别表示城镇户籍人口及流动人口年人均消费水平,且前者为后者的1.1729倍;C_{urban} 表示城镇常住人口年人均消费水平。由流动人口年平均消费水平及其规模估算中国流动人口消费需求潜力的总体水平,如表5-6所示。

表5-6 释放流动人口消费需求潜力的影响效果

年份	居民消费规模(亿元)			居民消费率(%)			流动人口消费需求潜力贡献率(%)
	潜力释放前	潜力释放后	潜力规模	潜力释放前	潜力释放后	提高	
2016	288 668	294 508	5 840	38.74	39.48	0.74	1.98
2017	320 690	326 841	6 151	38.68	39.43	0.74	1.88
2018	354 124	360 603	6 479	38.71	39.38	0.67	1.80
2019	387 188	393 995	6 807	39.12	39.77	0.65	1.73
平均	337 668	343 987	6 319	38.81	39.52	0.71	1.85

注:第二列与第五列数据来自《中国统计年鉴》;流动人口消费需求潜力贡献率为流动人口消费需求潜力占潜力释放后居民消费规模的比重。

表 5-6 显示,释放流动人口消费需求潜力对于扩大居民消费需求和提升居民消费率具有重要影响。基于 2016—2019 年数据的估算结果表明:流动人口消费需求潜力规模约 6 319 亿元(四年平均,下同),能提高居民消费消费率约 0.71 个百分点,流动人口消费需求潜力对整体居民消费需求的贡献率约 1.85%。

5.5　研究结论与政策建议

5.5.1　研究结论

本章节基于 2017 年全国流动人口动态监测调查专题数据,采用倾向得分匹配及分类比较分析方法控制流动人口与流入地城镇户籍人口的异质性,研究了流动人口的消费需求潜力,扩大流动人口消费需求的路径,以及释放流动人口消费需求对提升我国居民消费规模与消费率的影响。主要得出以下结论。

第一,流动人口存在 11.58% 的消费需求潜力。流入地城镇户籍人口的消费水平平均比流动人口高 17.29%,但由于两类人口在人力资本、受教育程度以及就业单位性质等方面存在显著差异,流动人口的消费需求潜力为 11.58%,即通过流动人口为与流入地城镇户籍人口的消费行趋同,可以释放 11.58% 的消费需求。

第二,流动人口具有不同于流入地城镇户籍人口的消费特征,挖掘流动人口消费需求潜力需要针对性的政策。流动人口消费需求的收入弹性低于流入地城镇户籍人口;流动人口家庭人口老龄化扩大其消费需求的边际效应低于流入地城镇户籍人口家庭;同时,流动人口家庭用于与孩子相关的消费支出也显著低于流入地城镇户籍人口家庭;社会保障程度增加能够扩大两类家庭的消费需求,但它对流动人口的促进效应显著低于流入地城镇户籍人口;两类人口就业单位性质差异也是造成二者消费差距的重要因素。因此,提升流动人口消费需求的收入弹性,增强消费信心,扩大发展型和享受型消费需求,降低预防性储蓄动机等政策措施,有助于释放流动人口消费需求潜力。

第三,释放流动人口需求潜力,对于扩大居民消费需求和提升居民消费率具有重要影响。研究表明,流动人口具有约6319亿元的消费需求潜力,释放流动人口消费需求潜力能提高居民消费消费率约0.71个百分点。

5.5.2 政策建议

释放流动人口消费潜力,为扩大居民消费需求提供了新视角。基于实证研究结果,提出以下政策建议:

第一,畅通双循环新发展格局。扩大内需是构建双循环新发展格局的战略基点。近年来,中国国内消费促进经济发展的作用显著增强,但消费需求不足仍然是困扰中国经济长期健康发展的战略性重大问题。消费是最终需求,是生产的最终目的和动力;它既是社会再生产过程的终点,又是下一个社会再生产过程的起点,对经济循环具有先导作用。构建以国内大循环为主体的新发展格局有利于贯通生产、分配、流通、消费各环节,打通消费"堵点",扩大包括流动人口在内的全体居民消费需求。本书的研究结论表明,流动人口具有巨大的消费潜力,激发流动人口消费潜力,需要提升公共服务均等化程度,提升流动人口消费倾向。

第二,加快推进流动人口市民化进程。习近平总书记在党的十八届五中全会首次提出创新、协调、绿色、开放、共享五大发展理念。共享理念要求社会共建共享和全体人民共享经济发展成果。流动人口长期在流入地城市工作和生活,是城市人力资本的重要组成,体现了"共建"的本质。促进流动人口消费,是城市坚持共享发展理念的内在要求和必然结果。在消费的视角,流动人口并没有平等地分享流入城市改革发展成果。国家统计局发布的《2021年农民工监测调查报告》显示,2021年全国农民工总量约2.9亿人,进城农民工中,41.5%认为自己是所居住城市的"本地人",流动人口市民化程度还有较大的提升空间。坚持共享发展理念,使流动人口成为流入城市真正的主人,增强其归属感,让流动人口有更多获得感,能够有效地将其消费潜力转变为现实市场需求。

第三,扎实推进新型城镇化高质量发展。推动经济高质量发展是新时代中国经济社会发展的战略目标与行动指南,新型城镇化建设是推动经济高质量发展的重要途径。新型城镇化与传统城镇化的重要区别是,前者更加注重以人为本,实现人的城镇化;后者则强调生产要素向城镇集中,体现的是以物为本的价值取向。扎实推进新型城镇化建设,需要提升流动人口市民化程度,积极推进基本公共服务均等化,消除城市内部新二元结构。流动人口在流入地城市深度融合可以提升其身份认同感,促进他们将流入地城镇户籍人口作为消费参照群体,有利于两类人口消费行为趋同,提升流动人口消费水平,释放流动人口消费需求潜力。消除户籍制度约束,在就业、医疗、教育等公共服务方面给予流动人口同等待遇,能够增强流动人口就业稳定性及城市认同感和归属感,提升流动人口消费预期,降低预防性储蓄动机。

市民化的消费效应:以农业转移人口为例

　　扩大居民消费需求依然是中国经济结构调整的重要内容,促进农业转移人口市民化是扩大居民消费需求的主要途径之一。本部分采用中国家庭金融调查(CHFS)数据的实证研究发现:第一,控制样本选择偏差后,农业转移人口市民化平均能够扩大其17.05%的消费需求,主要路径是增加了他们的收入和财富,而不是提升了他们的社会保障程度;第二,随着农业转移人口消费水平的提高,市民化扩大其消费需求的效应将降低;第三,市民化主要通过增加高消费水平农业转移人口的收入和财富扩大其消费需求。社会保障程度的提升、收入和财富的增加,均对扩大低消费水平农业转移人口的消费需求起到重要作用。

6.1 问题的提出与已有研究述评

6.1.1 问题的提出

近年来,消费对中国经济增长的拉动作用显著增强,但居民消费需求不足仍然是困扰中国经济发展的一个重大问题;协调三大需求的关系、增强经济内生增长动力依然是中国经济结构调整的重要内容。城镇化是中国扩大内需的最大潜力,新型城镇化是中国最大的结构调整。然而,中国人口城镇化的质量不高,大量农业转移人口虽然长期在城镇工作和生活,但并未真正成为城镇市民。来自《国家新型城镇化报告2015》的数据表明,2015年我国常住人口城镇化率达到了56.1%,但户籍人口城镇化率却仅为39.9%。农业转移人口在城镇非农产业就业,为我国的社会经济发展作出了巨大的贡献。例如,作为世界工厂,我国制造业产值自2010年以来连续多年位居全球第一,其中的产业工人主要由农民工构成。长期以来,受城乡二元户籍制度的制约,农业转移人口在就业地大多不能享受与当地城镇户籍人口一样的待遇,最终导致他们的消费水平偏低、消费结构主要以生存型消费为主(赵婉男等,2016)。新型城镇化过程中的农业转移人口市民化政策,可以将农业转移人口的身份真正地转变为城镇市民,使其平等地享受城镇的各种社会公共服务并扩大其消费需求。因此,农业转移人口市民化是扩大内需和经济结构调整的重要途径之一。然而,市民化之后,农业转移人口的消费需求究竟能扩大多少?其传导机制是什么?哪些因素在此过程中起到了决定性作用?由于在未来一段时期内,我国将有上亿农业转移人口陆续落户城镇,深入研究此类问题对增强我国经济的内生增长动力,稳步推进新型城镇化建设进程,以及促进农业转移人口真正融入城镇均具有重要意义。

6.1.2 已有研究述评

关于市民化对农业转移人口消费需求的影响,现有文献主要进行了三方面的研究。首先,在我国着力扩大内需、减少经济增长对投资和出口依赖的大背景下,一些学者的研究表明,我国的农业转移人口不完全市民化对扩大其消费需求具有显著负面影响,这从另一侧面说明了市民化能够扩大农业转移人口的消费需求。农业转移人口由农村流入城市后,他们的就业结构发生了改变,他们的收入提高,因而形成了新的消费群体;然而,由于农业转移人口的不完全市民化,他们的消费潜力未能充分地转变为现实的消费需求,从而阻碍了我国消费导向性经济发展方式的转变(蔡昉,2011)。我国城镇化过程中出现的新城乡二元现象阻碍了居民消费的增长(胡若痴,2014),必须进行户籍制度改革才能更好地发挥城镇化扩大居民消费需求的效应(赵永平等,2015)。农业转移人口不完全市民化也导致了我国城镇居民的消费差距不断增加及居民消费率的持续下降(方福前,2009)。王春光(2009)基于温州的调查数据的实证分析也发现,处于"半城市化"状态之中的农村流动人口并没有过着城市生活。还有一些学者依据经典消费函数理论,分析了农业转移人口在收入、社会保障、消费习惯等方面与城镇户籍人口的差距。研究发现,农业转移人口的边际消费倾向更低,他们消费需求的收入弹性还不到城市户籍人口的一半(Song等,2010);受户籍制度的制约,我国农业转移人口的收入较低,社会保障程度也较低,他们与农民较为保守的消费观念类似,而与城镇户籍人口较为理性的消费习惯差异明显(孔祥利等,2013)。由于我国传统户籍制度对居民在享受社会公共服务等方面具有重要影响,因此,给予农业转移人口市民待遇能够逐步缩小他们在上述各方面与城镇户籍人口的差异并扩大其消费需求。

其次,有的学者研究了市民化扩大农业转移人口消费需求的传导机制。在研究方法上,第一类研究采用的是反向逻辑推理法,而此类研究则采用了正向逻辑推理法。农业转移人口获得市民待遇可以通过改善消费结构、增加工业品和服务业的消费需求(国务院发展研究中心课题组,2010),提高社会保障覆盖率、改变消费模式以及消费观念(蔡昉,2011),提高可支配收入、增加生活消费支出、消费结构升级以及增加主要消费品和耐用消费品的消费量(顾纪瑞,2014),增加就业机会、提高消费能力、改善消费环境以及提升消费水平(高中建,2015),完善社会保障体系(冯虹等,2016)等方式扩大其消费需求。此外,基于消费理论的研究表明,农业转移人口市民化能够通过收入效应、环境效应、示范效应、价格效应以及财富效应等渠道促进其消费增长(王平等,2016)。

最后,少数学者实证研究了市民化扩大农业转移人口消费需求的潜力。此类研究通常将农业转移人口与城镇户籍人口的消费水平进行对照,并将两类人口的消费差距作为市民化扩大其消费需求的潜力。如果将我国1亿农民工家庭全部市民化,则每年至少能够新增国内消费约5万亿元(向国成等,2015)。在禀赋特征保持不变的条件下,假如市民化促使农业转移人口按照城市户籍人口的消费模式进行消费,则他们的人均消费支出将增长27%;考虑到市民化之后,他们的收入和受教育水平将会提升,并且能享受到更多的社会公共服务,他们的消费潜力将更大(王美艳,2016)。

已有研究表明,市民化能够扩大我国农业转移人口的消费需求,其传导机制包含多条路径,这为我国的新型城镇化建设及经济发展方式转变提供了一定的理论与实践支撑。然而,现有文献并没有进一步研究每种路径发挥作用的程度,关于市民化扩大农业转移人口消费需求潜力的研究也偏少,且已有研究的结论存在较大差异。因此,本章节将采用中国家庭金融调查(CHFS)数据对上述问题做进一步的研究,可能的贡献体现在以下三个方面:第一,在控制样本选择偏差的条件下,更为精确地测算了市民化扩大我国农业转移人口消费需求的潜力;第二,在上述研究的基础上,定量分析了各居民消费需求影响因素的贡献率;第三,研究了不同消费水平分位数上农业转移人口市民化的消费促进效应以及各相关变量的贡献率。

6.2 研究设计

首先,采用倾向得分匹配(Propensity Score Matching,PSM)的研究方法控制样本选择偏差并测算农业转移人口市民化的平均消费效应。PSM方法最初由 Rosenbaum 等(1983)提出,近年来被广泛用于政策效应评估的实证研究之中(胡安宁,2012)。本章节利用该研究方法的基本思路分为如下三步:(1)选择户主年龄、年龄的二次项、婚姻状态、教育年限、就业单位性质、任职年限、职称、工作时间、地域等变量作为控制变量;(2)在给定控制变量的条件下,基于可忽略性(ignorability)假定,估计出每个农业转移人口家庭成为城镇户籍居民家庭的条件概率,该条件概率被称为倾向得分;(3)采用特定的匹配方法,如最近临匹配、半径匹配以及核匹配等,测算出农业转移人口家庭市民化的平均消费效应。

其次,利用倾向得分匹配得到的权重,采用 Oaxaca(1973)以及 Blinder(1973)提出的基于回归的分解方法,进行重新赋权回归分解(reweighted-regression decomposition),以便得到影响居民消费需求的经济、制度以及人口等变量在农业转移人口市民化扩大其消费需求中的贡献:

$$\widehat{ATT} = (\overline{\boldsymbol{X}_1} - \overline{\boldsymbol{X}_0^w})\widehat{\boldsymbol{\beta}}_0^w + \overline{\boldsymbol{X}_1}(\widehat{\boldsymbol{\beta}}_1 - \widehat{\boldsymbol{\beta}}_0^w) \qquad (6-1)$$

上式中,$\widehat{ATT}$ 表示农业转移人口市民化的平均消费效应,向量 $\overline{\boldsymbol{X}_1}$ 表示由城镇户籍居民家庭的经济、制度以及人口等变量所组成的向量,$\overline{\boldsymbol{X}_0^w}$ 表示由农业转移人口家庭相应变量重新赋权后的均值所组成的向量,$\widehat{\boldsymbol{\beta}}_1$ 表示由城镇户籍居民家庭各变量的回归系数所组成的向量,$\widehat{\boldsymbol{\beta}}_0^w$ 表示由农业转移人口家庭各变量重新赋权后进行回归所得系数组成的向量。

最后,为了研究不同消费水平下农业转移人口市民化的消费效应,采用 Firpo 等(2009)提出的无条件分位数回归方法进行实证分析。该研究方法是基于复回中心影响函数(recentered influence function,RIF)的回归方法,即

$$E[RIF(C;Q_\tau)/\boldsymbol{X}] = \boldsymbol{X\beta} \qquad (6-2)$$

其中，

$$RIF(C; Q_\tau) = Q_\tau + \frac{\tau - I(C \leqslant Q_\tau)}{f_Y(Q_\tau)} \quad (6-3)$$

以上两个模型中，Q_τ 表示消费水平自然对数 C 的累积分布函数的 τ 分位数，$I(\cdot)$ 是一个指示函数，$f_Y(\cdot)$ 表示 C 的密度函数。将无条件分位数回归方法与 Oaxaca(1973) 以及 Blinder(1973) 提出的基于回归的分解方法相结合，可以得到不同消费水平下各因素对农业转移人口市民化扩大其消费需求的不同影响：

$$\widehat{RIF}_{1\tau} - \widehat{RIF}_{0\tau}^w = (\overline{X}_1 - \overline{X}_0^w)\hat{\beta}_{0\tau}^w + \overline{X}_1(\hat{\beta}_{1\tau} - \hat{\beta}_{0\tau}^w) \quad (6-4)$$

上式中，$\widehat{RIF}_{1\tau}$ 及 $\widehat{RIF}_{0\tau}^w$ 分别表示城镇户籍居民家庭以及重新赋权后的农业转移人口家庭的 τ 分位数复回中心影响函数值，$\hat{\beta}_{1\tau}$ 及 $\hat{\beta}_{0\tau}^w$ 分别表示在 τ 分位数上采用模型(6-2)分别对城镇户籍居民家庭以及重新赋权后的农业转移人口家庭进行回归分析得到的估计系数组成的向量。向量 $\overline{X}_1$ 及 $\overline{X}_0^w$ 的含义同模型(6-1)。

本章节的数据集来自中国家庭金融调查与研究中心。2011 年，该中心完成了涉及 25 个省(自治区、直辖市)、80 个县(市、区)、320 个村(居)委会的全国性入户调查，获得了中国首个家庭金融微观层面的详细数据。此数据集包含了 8 438 个家庭的人口统计学特征、消费水平和消费结构、以及与居民消费密切相关的收入、资产、负债、保险与保障等变量的信息。此次调查的样本具有很好的代表性，数据质量高(甘犁等，2013)。

6.3 市民化对居民消费影响的实证检验

6.3.1 描述性统计分析

本章节对 CHFS 数据进行了如下处理：第一，根据本章节的研究对象，剔除了农村居民家庭的样本；第二，参照邹红等(2013)以及 Attanasio 等(2014)的做法，删除家庭消费水平最高 5% 的样本和消费

6 市民化的消费效应：以农业转移人口为例

水平最低5%的样本，以及户主年龄小于18岁或者大于65岁的样本，以便消除异质性消费的影响；第三，删除数据缺失严重的样本。最终本章节得到2 337个有效样本，其中农业转移人口家庭805个，城镇户籍居民家庭1 532个。主要变量的描述性统计结果如表6-1所示。

表6-1 主要变量的描述性统计

变量	农业转移人口家庭		城镇户籍居民家庭		变量	农业转移人口家庭		城镇户籍居民家庭	
	均值	标准差	均值	标准差		均值	标准差	均值	标准差
消费	21 091	21 764	27 362	31 891	公积金	0.369	0.683	0.457	0.498
收入	29 570	45 812	39 698	44 298	单位性质	0.116 4	0.321 1	0.493 8	0.500 3
财富	410 072	551 427	586 730	671 677	任职年限	7.451 3	8.245 2	13.964 2	10.327 7
负担系数	0.280	0.307	0.278	0.333	职称	0.059 8	0.237 3	0.317 1	0.465 5
年龄	46.91	16.01	51.51	14.78	工作时间	20.021 3	5.234 2	22.288 1	4.273 8
婚姻	0.182	0.361	0.154	0.369	教育年限	7.975 4	3.533 6	10.83	4.130 4
养老保险	0.626	0.484	0.911	0.285	东部	0.591 9	0.494 9	0.552 6	0.499 1
医疗保险	0.895	0.307	0.933	0.250	中部	0.296 9	0.452 5	0.352 9	0.473 7
失业保险	0.386	0.487	0.716	0.493	西部	0.111 2	0.309 8	0.094 5	0.287 6

注：1. 消费、收入和财富的单位为元，所有时间的单位为年；2. 消费包括食品烟酒，衣着，居住，生活用品及服务，交通和通信，教育、文化和娱乐，医疗保健，其他用品和服务等8个大类，其中居住包括租赁房房租，住房保养、维修及管理，水、电、燃料及其他，自有住房折算租金等4个小类；3. 除了消费、收入和财富三个变量之外，其余所有变量均为家庭户主的特征变量；4. 婚姻虚拟变量取值为1表示未婚，其余情况取值为0；5. 参加了养老保险、医疗保险和失业保险，相应的虚拟变量取值为1，其余取值为0；6. 缴纳了住房公积金，则该变量取值为1，其余取值为0；7. 单位性质为国有/国有控股或集体/集体控股时，该变量取值为1，其余取值为0；8. 任职年限指任现职的时间；9. 职称为中级及以上时，该变量取值为1，其余取值为0；10. 工作时间指初次参加工作时间；11. 东部包括北京、天津、河北、辽宁、上海、江苏、浙江、山东、广东，中部包括山西、吉林、黑龙江、安徽、江西、河南、湖南、湖北，西部包括广西、重庆、四川、贵州、云南、陕西、甘肃、青海。数据来源：中国家庭金融调查与研究中心。

表 6-1 的结果表明,平均来讲,农业转移人口家庭的消费水平、家庭收入以及家庭财富均明显低于城镇户籍居民家庭,前者分别仅为后者的 77.08%、74.49% 以及 69.90%;然而,负担系数方面,两类家庭并没有显著差别;农业转移人口家庭户主的年龄低于城镇户籍居民家庭,相应地,前者未婚的比例高于后者;社会保障方面,除了医疗保险两类家庭的户主参保比例基本相同且均较高之外,前者养老保险、失业保险的参保比例以及住房公积金的缴纳比例均明显低于后者;受教育程度方面,农业转移人口家庭户主的教育年限低于城镇户籍居民家庭近三年;工作方面,农业转移人口家庭户主首次参加工作的年龄低于城镇户籍居民家庭的户主,但后者任现职的时间明显高于前者,并且后者拥有中级及以上职称的比例以及在国有/国有控股或集体/集体控股单位就职的比例远高于前者。

主要变量的描述性统计结果说明,两类家庭在人力资本积累、工作单位性质以及工作经验等方面存在巨大差异,这是他们收入和财富存在较大差异并导致消费水平差异的深层次原因。以工作单位性质为例,来自国家统计局的数据表明,2011 年我国城镇非私营单位在岗职工的年平均工资为 42 452 元,城镇私营单位就业人员的年平均工资却仅为 24 556 元,前者显著高于后者;然而,城镇户籍居民家庭户主在非私营单位就业的比例为 49.83%,农业转移人口家庭户主的这一比例却仅为 11.64%。值得关注的是,城镇中的农业转移人口家庭在上述各方面的差距并不会因其户籍制度的转变而大幅度减少或消失。因此,平均来讲,被市民化之后,他们的消费水平与城镇户籍居民家庭的消费水平仍将存在差距;在分析农业转移人口市民化的消费促进效应时,必须控制上述各方面的差距,而通过简单比较两类家庭消费水平的差距进而得出该政策消费促进效应的做法,必然会由于样本选择偏差导致该政策的效果被高估。

6.3.2　农业转移人口市民化扩大其消费需求潜力估计

采用 PSM 方法估计农业转移人口市民化扩大其消费需求的潜力

需要得到倾向得分。本章节采用 Logit 回归以便得到倾向得分,回归结果如表 6-2 所示。

表 6-2　Logit 回归估计结果

变量	系数	变量	系数	变量	系数	变量	系数
年龄	0.1443***	年龄平方	−0.00092*	婚姻	0.1942*	教育年限	0.2273***
单位性质	0.2951*	任职期限	1.3513***	职称	1.1618**	工作时间	0.0744**
东部	−0.1077***	中部	−0.0233*	常数项	−11.081***	样本数	2 337
虚拟 R^2	0.2022	似然比	−2 046.76				

注:1. Logit 回归的被解释变量为虚拟变量 urban,其取值为 1 表示城镇户籍居民家庭,取值为 0 表示农业转移人口家庭;2. ***、**、*分别表示 1%、5%和 10%的显著性水平,下同。

表 6-2 的回归结果显示,成为城镇户籍居民家庭的概率与户主年龄、教育年限、任职期限等变量正相关;户主已婚成为城镇户籍居民家庭的概率大于未婚;户主在国有/国有控股或集体/集体控股单位任职成为城镇户籍居民家庭的概率大于在其他单位类型任职;户主职称越高,成为城镇户籍居民家庭的概率越大;其他条件不变时,东部和中部地区的居民成为城镇户籍居民家庭的概率低于西部地区。在回归结果中,Logit 模型的似然比达到了−2 046.76,虚拟 R^2 也达到了 0.2022。

表 6-2 各变量的回归系数估计值表明,人力资本越高、经济条件越好的农业转移人口家庭成为城镇户籍居民家庭的概率越大,这一结果与表 6-1 中两类家庭主要变量差异相一致,也与我国城镇化的实践相吻合。由于农业转移人口市民化的成本较高(杜海峰等,2015),因此,我国在城镇化过程中实行的是农业转移人口有序市民化的政策——让有条件的农业转移人口首先市民化。从我国各区域城镇化水平以及资源环境的承载能力视角分析,相同条件下,东部和中部地区农业转移人口市民化的概率低于西部地区也符合我国现实情况。综上所

述,该模型的各变量比较显著地预测了农业转移人口是否能够被市民化,模型结果能够用于倾向得分匹配估计。

接下来采用 PSM 方法对两类家庭消费水平的自然对数进行匹配。常用的匹配方法有 k 近邻匹配、半径匹配、卡尺内最近邻匹配以及核匹配等。与其他匹配方法相比,核匹配在构造反事实结果时采用了全部控制组的信息,从而匹配结果更趋准确(简必希等,2013)。因此,本章节采用了核匹配方法以便更好地控制样本选择偏差的影响。匹配结果如表 6-3 所示。

表 6-3 倾向得分匹配估计结果

匹配前后	城镇户籍居民家庭	农业转移人口家庭	ATT	t 值
匹配前	10.2169	9.9566	0.2603	10.44***
匹配后	10.2169	10.0464	0.1705	2.63***

分析表 6-3 的匹配估计结果之前,需要检验其匹配质量(Caliendo 等,2008)。本章节首先将匹配前后各控制变量的均值进行了对比,如表 6-4 所示。

表 6-4 倾向得分匹配前后协变量均值变化情况

变量	匹配前后	城镇户籍居民家庭	农业转移人口家庭	均值差异	t 值
年龄	匹配前	51.51	46.91	4.6	6.77***
	匹配后	51.51	51.23	0.28	0.31
婚姻	匹配前	0.154	0.182	−0.028	−1.77*
	匹配后	0.154	0.158	−0.004	−0.65
教育年限	匹配前	10.83	7.9754	2.8546	17.49***
	匹配后	10.83	10.51	0.32	0.55
单位性质	匹配前	0.4938	0.1164	0.3774	22.11***
	匹配后	0.4938	0.4813	0.0125	0.28

6 市民化的消费效应:以农业转移人口为例

续表

变量	匹配前后	城镇户籍居民家庭	农业转移人口家庭	均值差异	t 值
任职年限	匹配前	13.9634	7.4513	6.5121	16.59***
	匹配后	13.9634	13.8821	0.0813	0.79
职称	匹配前	0.3171	0.0598	0.2573	17.70***
	匹配后	0.3171	0.3155	0.0016	0.69
工作时间	匹配前	22.2881	20.0213	2.2668	10.57***
	匹配后	22.2881	22.2788	0.0093	0.85
东部	匹配前	0.5526	0.5919	−0.0393	−1.82*
	匹配后	0.5526	0.5538	−0.0012	−0.66
中部	匹配前	0.3529	0.2969	0.056	2.80***
	匹配后	0.3529	0.3518	0.0011	0.87

表6-4的结果显示,各控制变量在匹配之前存在显著差异,匹配之后则不存在明显差异。

其次,本章节比较了城镇户籍居民家庭与农业转移人口家庭匹配前后的倾向得分值,如图6-1所示。

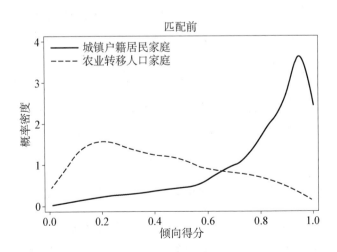

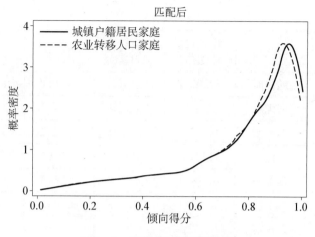

图 6-1 匹配前后倾向得分图

图 6-1 的结果显示,倾向得分匹配之前,城镇户籍居民家庭与农业转移人口家庭的倾向得分值分布存在明显差异,匹配之后两条倾向得分曲线几乎重叠了,不存在显著差异。

表 6-4 和图 6-1 的结果说明,本章节采用的 PSM 方法通过了数据平衡性假定,因此,表 6-3 所示的倾向得分匹配估计结果是稳健的,可以用于统计分析及推断。

从表 6-3 的匹配估计结果可以得出,如果不考虑农业转移人口家庭与城镇户籍居民家庭在人力资本积累、工作单位性质以及工作经验等方面的差异,农业转移人口家庭市民化之后,他们的消费需求平均将扩大 26.03%。如果控制上述差异,则他们的消费需求平均将扩大 17.05%,两者相差 8.98 个百分点。此结果说明,忽视样本选择偏差将导致农业转移人口市民化的消费促进效应被高估 52.67%。因此,平均来讲,农业转移人口市民化之后,他们的消费需求与已有城镇户籍居民家庭相比,仍然存在较大差距。

6.3.3 农业转移人口市民化扩大其消费需求潜力的分解

由经典消费理论可知,居民消费需求主要受经济、人口以及制度等变量的影响。然而,由表 6-1 可知,农业转移人口家庭与城镇户籍居民家庭在负担系数方面并没有显著差异,因此,就农业转移人口家庭总体而言,市民化并不能通过负担系数的改变影响其消费需求。故本章节仅研究市民化通过经济和制度变量的变化对农业转移人口家庭消费需求潜力的影响。采用模型(6-1)的分解结果如表6-5所示。

表6-5的分解结果显示,平均来讲,农业转移人口市民化之后,收入和财富增加分别能够扩大其5.75%及4.70%的消费需求,社会保障程度增加能够扩大其2.88%的消费需求,它们总的贡献率为78.12%。从各变量促进消费需求扩大的贡献率排名来看,家庭收入是影响农业转移人口市民化消费需求扩大最重要的变量,其贡献率为33.72%;其次为家庭财富,其贡献度率27.54%;经济因素总的贡献率为61.26%。社会保障各变量的贡献率却仅为16.87%。因此,农业转移人口转变为真正的城镇市民之后,尽管社会保障程度增加了,缓解了他们消费的后顾之忧,但并不是有效扩大其消费需求的主要方式。农业转移人口市民化扩大其消费需求最重要的渠道是它促进了宏观经济的增长、农业转移人口的就业以及在"以人为本"发展理念之下的收入分配公平,从而增加了农业转移人口的收入和财富。具体来讲,主要路径是:首先,市民化促使农业转移人口在职业与权利上与城镇户籍人口相同;其次,政府在公共服务、基础设施等方面进行投资,市民化之后的农业转移人口在住房、公共服务等方面进行投资或消费;再次,政府投资以及农业转移人口的投资或消费促进了经济增长;最后,农业转移人口的收入和财富增加了,并因此扩大了他们的消费需求。

6.3.4 农业转移人口市民化扩大其消费需求的无条件分位数分解

上文估算了农业转移人口市民化扩大其消费需求的平均效应及其分解。然而,我国在新型城镇化过程中实行有条件的农业转移人口优先市民化的政策,因此,有必要分析市民化对不同消费水平农业转移人口的消费促进效应。本章节采用模型(6-4)分析了市民化对10、25、50、75以及90分位数消费水平农业转移人口的消费促进效应,结果如表6-6所示。

表6-5 农业转移人口市民化消费促进效应潜力的分解结果

ATT	收入		财富		社会保障		解释总和	未被解释总和
	绝对值	贡献率	绝对值	贡献率	绝对值	贡献率		
0.1705***	0.05749***	33.72%	0.04695***	27.54%	0.02876***	16.87%	0.13319***	0.03731***

注：结果变量为消费水平的自然对数。

表6-6 不同分位数下农业转移人口市民的消费效应及其分解

分位数	ATT	收入		财富		社会保障		解释总和	未被解释总和
		绝对值	贡献率	绝对值	贡献率	绝对值	贡献率		
P10	0.300454**	0.054344*	18.09%	0.068817**	22.90%	0.069821***	23.24%	0.192981**	0.107472*
P25	0.230333***	0.056964**	24.73%	0.057368**	24.91%	0.047223***	20.50%	0.161556***	0.068777***
P50	0.213598**	0.063594**	29.77%	0.060039***	28.11%	0.039428**	18.46%	0.163061***	0.050537
P75	0.090689**	0.038553**	42.51%	0.023769*	26.21%	0.011563*	12.75%	0.073884***	0.016805***
P90	0.067551***	0.034447**	50.99%	0.01722*	25.49%	0.006589*	9.75%	0.058256***	0.009295

注：结果变量为居民家庭消费水平的自然对数。

从表 6-6 可以得到以下结论。首先,随着农业转移人口家庭消费水平的提高,市民化促进其消费需求扩大的效应依次递减。消费水平为 90 分位数的农业转移人口家庭,市民化促进其消费需求扩大的效应仅为 6.76%,远低于农业转移人口家庭平均水平的 17.05%;而消费水平为 10 分位数的农业转移人口家庭,市民化促进其消费需求扩大的效应则高达 30.01%。其次,随着农业转移人口家庭消费水平的提高,市民化通过提升社会保障程度促进其消费需求扩大的贡献依次递减。在消费水平的 10、25、50、75 和 90 分位数上,社会保障程度提升的贡献分别为 23.24%、20.50%、18.46%、12.75% 以及 9.75%。再次,随着农业转移人口家庭消费水平的提高,市民化通过收入增加促进其消费需求扩大的贡献依次递增。在消费水平的 10、25、50、75 以及 90 分位数上,收入增加的贡献分别为 18.09%、24.73%、29.77%、42.51% 以及 50.99%。最后,高消费水平的农业转移人口家庭,市民化扩大其消费需求的主要途径是收入及财富增加;而对于低消费水平的农业转移人口家庭来说,家庭收入和财富增加,以及社会保障程度的提升均对扩大其消费需求起到了非常重要的作用。

上述结论表明,不同消费水平的农业转移人口家庭,市民化通过收入增加和社会保障程度提升促进其消费需求扩大的贡献率存在较大差别。其原因可能是,消费水平较高农业转移人口家庭的社会保障程度也较高,因此,市民化扩大其消费需求的主要途径是,农业转移人口市民化促进了宏观经济发展,提高了他们的收入。然而,对于消费水平较低的农业转移人口家庭,市民化之后,一方面他们的社会保障程度大幅提升,从而增加他们在医疗、教育等方面的消费支出;另一方面,农业转移人口市民化促进宏观经济的发展也能够扩大他们的就业并增加其收入和财富,提升其消费水平,优化其消费结构。

6.4 研究结论与政策建议

本章节基于 CHFS 数据集采用倾向得分匹配及无条件分位数分解

的研究方法,实证研究了农业转移人口市民化扩大其消费需求的效应,得到的主要结论包括:(1)控制样本选择偏差后,平均来讲,市民化能够扩大农业转移人口家庭17.05%的消费需求;农业转移人口市民化后,其社会保障程度将提升,并因此扩大其2.88%的消费需求;但市民化扩大他们消费需求的主要路径是,农业转移人口市民化促进了宏观经济发展,提高了他们的收入和财富;收入和财富增加分别能够扩大其5.75%和4.70%的消费需求。(2)市民化对不同消费水平农业转移人口的消费促进效应存在差别——消费水平越高,市民化扩大其消费需求的效应越弱。(3)市民化主要通过增加高消费水平农业转移人口的收入和财富扩大其消费需求;对于低消费水平农业转移人口来说,市民化后社会保障程度的提升、收入和财富的增加均对扩大其消费需求具有重要作用。

针对以上研究结论,本章节提出以下政策建议:(1)由于农业转移人口市民化能够大幅度扩大其消费需求,因此,国家应大力推动农业转移人口市民化,这对促进我国转变经济发展方式以及夯实经济内生增长动力具有重要意义。(2)有序推进农业转移人口市民化。由于我国各地区经济发展水平以及资源、环境承载能力存在较大差异,因此,农业转移人口市民化实施的重点应该定位于中小城镇以及中西部地区;只有这样才能使更多的农业转移人口转变为城镇市民,充分发挥市民化的消费促进效应。(3)确实给予农业转移人口城镇市民的权利。农业转移人口市民化之后,为了给予他们市民权利,国家需要大量基础设施及公共服务投资,从而促进经济发展;而根据本章节的研究结论,只有经济发展促进农业转移人口的收入和财富增加,才能更好地扩大其消费需求。与此同时,消费需求扩大又能进一步推动经济发展,从而形成良性循环,最终实现消费导向的经济发展方式转变。

7 供给侧结构性改革的消费效应：
以农村居民为例

　　推进农业供给侧结构性改革和提振农村居民消费是中国全面推进乡村振兴的两大重要任务。通过构建农业供给侧结构性改革评价体系，运用2009—2018年分省数据进行的实证检验结果显示：农业供给侧结构性改革促进了农民消费水平提升和消费结构升级；改革的内容构成影响农民消费的效应亦具有区域差异性，但也存在共性；农业供给侧结构性改革主要通过提高农民经营性收入、缩小城乡收入差距促进农民消费水平增长，而通过降低不确定性、改善消费环境渠道提升农民消费的效应较弱。提振农民消费，需要更好地推进农业供给侧结构性改革。

7.1 问题的提出与已有研究述评

7.1.1 问题的提出

2021年中央一号文件明确提出,要"全面促进农村消费,畅通城乡经济循环"。当前,农村居民人口较多,占全国居民的40%左右,农村市场是较为广阔的消费市场。而受制于收入水平不高、收入缺乏稳定性、消费环境较差、消费环节繁多等因素的影响,我国农村居民消费水平明显不足,消费亟待升级。统计数据显示,在2010—2019年间,农村居民人均实际消费水平约为7 465.9元(2010年=100),仅相当于城镇居民人均实际消费水平的40.7%,从消费结构来看,十年间农民发展与享受消费占总消费比重仅为38.9%,比城镇居民低3个百分点左右,可见,农民消费水平和消费结构仍然有较高的上升(升级)空间。对于人口众多的农村而言,若能继续深挖农村消费大市场,激活农民消费潜力,实现农村居民消费水平较快提升和消费结构持续升级,将对扩大中国消费需求、促进经济增长具有至关重要的意义。

经典消费理论认为,收入是影响消费的最主要因素。自2016年起,中国全面推进了农业供给侧结构性改革,其主旨在于通过逐渐优化农业生产、经营体系,提升土地和劳动生产率,不断提高农业综合效益和农产品竞争力,最终实现农民收入较快、稳定的增长。当实现收入增长的目标时,改革也因此提振了农民消费,因此,农业供给侧结构性改革能够促进农民消费水平提升、消费结构升级这一观点在逻辑上是合理的。

相关数据表明,改革进程与农民消费存在着较强的正向相关关系。图7-1分别给出了2009—2018年农业供给侧结构性改革指数与农村居民人均实际消费对数、农民发展与享受型消费占比的变动情况。由图可以发现,农业供给侧结构性改革指数表现为渐进式上升的特征,2009年改革指数值约为22.4,2018年上升到34.3,而农村居民人均实际消费的对数在2009年约为8.1,2018年增长至9.0;农民发展与享受型消费占总消费比重则由2009年的31.9%上升到2018年的41.7%。因此,从总体上来看,农业供给侧结构性改革进程的推进与农村居民消费水平上升、消费结构升级并行存在,且这种关系在2015年及以后的年份表现得尤为明显,几乎为严格正向相关关系。

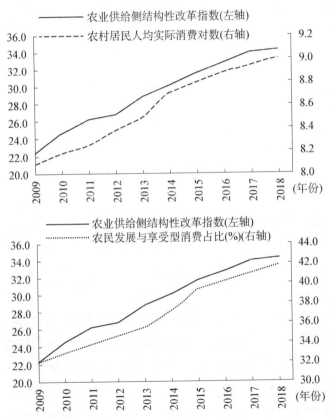

图7-1 农业供给侧结构性改革指数与农村居民消费(2008年=100)

根据上述分析,本章节将探讨农业供给侧结构性改革促进农民消费水平提升、消费结构升级的机制,对此进行实证检验,并进一步分析和检验改革影响农民消费的中介效应。

7.1.2 已有研究述评

2016年,中央"一号文件"明确提出了农业供给侧结构性改革的重大举措,随着时间的推移,改革对农村经济的影响逐渐凸显,越来越多的学者亦因此将研究的着力点放在对改革所产生的影响效应上。郭天宝等(2017)基于农业供给侧结构性改革的背景,理论分析农业结构优化对农民收入的影响机制,并在此基础上进行实证检验,认为农业资源的重组或优化配置与农民收入之间存在着长期协整关系;郭涛等(2018)测度了现代农业经营发展水平,经实证检验后认为现代农业经营体系发展水平对农村居民可支配收入有着正向的影响,分项指数中除了社会化服务指数对农民收入影响方向不定,其他指数(生产指数、产出指数、市场化指数)均能增加农民收入。张伟等(2018)认为,现有的农业保险供给水平下,专业农户得到有效保障的收入只有约57.72%,应创新农业保险供给侧结构性改革,开发多种方式的农业保障组合产品,加大农业保险供给力度,以增强生产经营主体抵御农业风险的能力。

农业供给侧结构性改革是关于主体、产品、资金、技术、制度、信息等多方面要素的综合化改革与创新(张蓓,2016),其主要目标之一在于促进农民收入增加,而收入需要最终转化为消费才能使家庭获益,因为消费是居民获得效用和改善福利的源泉(Hasset 和 Mathur)。基于此逻辑,测度农业供给侧结构性改革对农民消费影响效应是有必要的:消费增长所代表的家庭获益度大小亦是衡量农业供给侧结构性改革成果的标尺之一。而目前关于这方面的研究相对较少,且大多是从农业供给侧的单个维度出发探讨其对消费的影响,例如,周晓时等(2017)分析了农业机械化对农村居民食物消费的影响,认为农业机械化通过降低农民繁重的体力劳动实现了对粮食消费的节约,同时,农业机械化也加快了农民对食物结构的调整速度;杨琦(2018)通过实证分析,认为农业基础设施投资存量对农民消费的挤出效应大于挤入效应。齐红倩等(2018)分析了农村金融发展对农民消费影响的时变效应,认为在短期内农村贷款对农民消费的刺激作用最强,长期内农村保险和农村贷款共同促进农民消费水平提升。

由于改革是针对多个要素进行的改革,是多维度、全方位的改革,若仅以农业供给侧结构性改革的单一组成要素考察其对消费的影响,将难以描述改革作为一个综合体影响居民消费的效应。因此,本章节拟从以下几个方面对现有研究进行拓展:(1)在理论上分析农业供给侧结构性改革影响农村居民消费的机制,提出假说;(2)选取适当的指标,以熵值法量化农业供给侧结构性改革发展水平,评估改革实现农民消费水平提升和消费结构升级效应的大小,检验改革及各组成成分提振消费的区域异质性;(3)考察农业供给侧结构性改革影响农村居民消费的中介效应及其大小,分析改革影响农民消费的主要途径,完成对假说的检验;(4)在所得结论的基础上,从提振农民消费的视角,为更好地推进农业供给侧结构性改革提供新的思路。

7.2 农业供给侧结构性改革提振消费的理论分析

根据中央"一号文件"的精神,农业供给侧结构性改革,是"从生产端、供给侧入手",不断优化农业的"要素、产品、技术……主体等方面的结构"的改革,是逐步合理化农业资源配置、完善农业结构调整的顶层设计,提升农业发展的质量和效益、增强农产品市场竞争力,实现农民增收的改革。因此,根据文件精神,并参考张蓓(2016)等学者的研究成果,我们认为农业供给侧结构性改革是农业主体生产能力不断提升、中高端农产品供给能力不断增强、农业资金保障力度逐渐加大、信息共享更加有效、产品流通环节效益不断提升、制度保障能力逐渐增强的过程。

作为全面、系统、综合化的改革过程,农业供给侧结构性改革通过不断优化其组成成分,从多渠道实现农民消费水平提升和消费结构升级。图7-2描述了农业供给侧结构性改革的目标、组成成分及影响农村居民消费的机制,结合该图,本章节认为,改革可以从以下几个渠道影响农民消费。

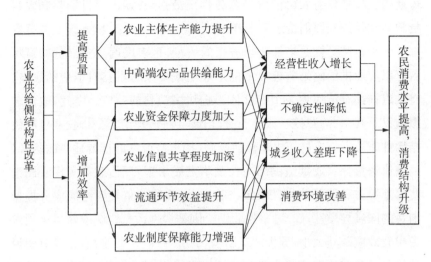

图7-2 农业供给侧结构性改革影响农村居民消费的机制

可支配收入渠道和城乡收入差距渠道。农业供给侧结构性改革一方面通过优化要素配置效率、培育新型农业经营主体、发展适度规模经营、加大研发投入、发展绿色生产等提升农业主体生产能力和中高端农产品供给能力,实现农业生产效益提高;另一方面,改革通过完善农田水利建设、自然灾害预警机制、仓储物流设施、农业融资体系、农业保险制度等硬性、软性基础设施配套降低农业生产成本和交易成本,最终实现农业利润和农民经营性收入提升。改革提升农村居民可支配收入的过程,也是降低城乡收入差距的过程,这都是促进农民消费水平提升、消费结构升级的重要动力。

不确定性渠道。农业供给侧结构性改革通过创新财政支农机制、推动农村金融创新、延长农产品价值链、构建更完善的物流体系、提升农业气象灾害监测水平、推进互联网+等一系列措施,逐步完善农业生产性服务业,降低农业在生产、销售过程中面临的不确定性,提升农业经营性收入的稳定性,从而实现农民消费水平提高和消费升级。

消费环境渠道。作为影响农村居民消费的外部因素,消费环境的改善既包括养老、医疗、就业等社会保障制度的健全化,也包括交通、通讯、电力等基础设施配套的完善化。良好的消费环境可以缓解消费约束,提升农村居民的消费质量(耿晔强,2012)。以硬件基础设施为例,若农村电网、道路和农民用水设施等发展较为充分,则意味着农民日常生活所依托的物质条件相对完备,良好的硬件配套将作为新消费热点的催化剂,促进计算机、有线电视、小汽车、文化娱乐服务等消费需求增加,实现农民消费结构升级(马志敏,2016;胡雪萍,2003)。推进农业供给侧结构性改革的过程,也是通过加大对农村软件、硬件基础设施的投资,完善农村消费环境的过程。消费环境的完善化促进了城镇优质产品有效对接农村居民消费,有利于摆脱农民消费的"瓶颈",实现农民消费结构升级。

因此,根据上述分析,本章节提出假说1。

H_1:农业供给侧结构性改革能显著提升农村居民消费水平,实现农民消费结构升级。

由于东部、中部和西部在气候条件、地理特征、种植作物、农业基础设施、政策倾斜力度等方面存在显著的差异,改革各组成成分的发展水平可能存在一定程度的区域非平衡性,农业供给侧结构性改革发展水平的高低也可能因此存在区域差异性。例如,有文献已证实,西部地区的改革进程明显慢于中部和东部。农业供给侧结构性改革发展水平推进速度的区域差异性,将可能最终导致改革提升农民消费水平的效应也存在区域异质性,这种异质性应表现为各地区通过农业供给侧结构性改革提升消费所依托的比较优势有所差异。因此,本章节提出假说2。

H_2:区域间通过农业供给侧结构性改革提振农民消费所依托的比较优势有所不同。

就农业供给侧结构性改革影响农民消费的"媒介"而言,一方面,由于改革的主要目标在于"促进农民增收",因此改革的进程也将是实现农村居民可支配收入较快增长、城乡收入差距不断缩小化的过程,持续增长的收入和不断降低的城乡收入差距必然将在较大程度上有利于农村居民消费水平的提升;另一方面,在农业生产过程中由于较多依赖自然条件,如气候、光照、降水量等,农产量大小将面临着较高的"天然的"不确定性,同时,对于目前的改革进程来看,农业保险体系、自然灾害监测体系、物流运输体系、市场价格和产品质量监管体系等尚未健全,农产品在生产、流通等方面仍然面临着因基础设施不健全带来的不确定性,因此,农业供给侧结构性改革通过不确定性渠道提升农民消费的效应可能相对较小。此外,对于消费环境而言,目前我国农村居民受教育水平普遍偏低,医疗、养老等社会保障制度有待进一步健全,交通、电力和电信网络等农村生活性基础设施尚未健全,这些影响消费的外部因素普遍存在不完善性,并将可能导致消费环境带来的中介效应相对较弱。因此,本章节提出假说3。

H_3:经营性收入、不确定性、城乡收入差距、消费环境在农业供给侧结构性改革提升农民消费的过程中具有中介效应,其中,经营性收入和城乡收入差距的中介效应较强,不确定性和消费环境的中介效应较弱。

7.3 指标构建、变量选取及模型设定

7.3.1 农业供给侧结构性改革评价体系的构建

本章节首先建立合适的指标体系量化农业供给侧结构性改革的发展水平,根据农业供给侧结构性改革内涵,结合指标构建的全面性、科学性、统计可行性、数据可获得性等原则,以 30 个省、市、自治区(由于西藏相关数据不足,因此剔除)为研究单位,建立 2009—2018 年农业供给侧结构性改革综合评价体系。以改革评价体系作为目标层,以农业主体生产能力、中高端农产品供给能力、农业资金保障能力、农业信息共享能力、流通环节效益提升能力、制度保障能力作为准则层,下设 22 个指标反映该 6 个准则层的发展情况,指标层所选取的指标如表 7-1 所示。在改革评价体系所用核算方法的选择上,为了更加客观、准确地评价指标差异性,避免主观因素的干扰,本章节采用了改进熵权法作为农业供给侧结构性改革发展水平的评价方法,具体步骤如下:第一,对

7 供给侧结构性改革的消费效应:以农村居民为例

原始数据进行标准化处理,以消除各指标的量纲和量级差异。并将标准化后的数据平移2个单位,消除部分数据零值的影响,以进行接下来的计算。第二,采用熵值法确定农业供给侧结构性改革发展水平评价体系中各个指标的权重。第三,通过多目标线性加权函数法对各个指标进行加权计算,得到农业供给侧结构性改革发展综合指数及各个准则层的指数。

表7-1 农业供给侧结构性改革指标评价体系的构建

目标层	准则层	指标层	指标核算方法	权重
农业供给侧结构性改革发展水平评价体系	农业主体生产能力(Ae)	农业劳动生产率	地区农林牧渔业总产值/地区乡村人口	0.0404
		农村人均受教育水平	经赋值法计算农村人均受教育水平	0.0279
		农业机械化程度	地区农机总动力/地区耕地总面积	0.0664
		农业劳动力	地区农村人口总数*(1-人口抚养比)	0.0676
		人均耕地面积	地区耕地总面积/地区农村人口	0.0569
	中高端农产品供给能力(Mh)	R&D投入强度	R&D经费支出/地区GDP*100%	0.0443
		节水灌溉面积比重	地区节水灌溉面积/有效灌溉面积*100%	0.0394
		当年认证绿色食品个数	当年地区认证绿色食品个数	0.0436
		产品质量优等品率	地区产品抽检优等品率	0.0501
		自动气象站个数	地区自动气象观测站个数	0.0506
	农业资金保障能力(Af)	财政支农力度	农业财政支出/地方财政支出*100%	0.0419
		财政资金融通率	农户固定资产投资来自"国内贷款"的部分/地区农户固定资产投资*100%	0.0405
		人均实际财产性收入	地区农民人均实际财产收入	0.0353
		农业保险赔付比	地区农业保险赔付支出/农业保费收入	0.0247

续表

目标层	准则层	指标层	指标核算方法	权重
	农业信息共享能力（Is）	人均实际交通通信支出	农民人均实际交通通信支出	0.0490
		农民家庭每百户计算机	每百户农民家庭拥有计算机数量	0.0592
	流通环节效益提升能力（Ce）	公路密度	省公路里程/省国土面积	0.0678
		铁路密度	地区铁路营业里程/地区土地面积	0.0480
		货物周转量	地区货物周转量	0.0404
	制度保障能力（Ig）	抽检产品合格率	地区抽检产品合格批次/地区抽检产品批次	0.0069
		村委会个数	地区村委会个数	0.0598
		农村低保标准	地区实际农村低保标准	0.0393

注：受教育水平采用赋值方法：识字很少＝1；小学＝6；初中＝9；高中＝12；中专＝12；大专及以上＝16。

表7-1具体列出了农业供给侧结构性改革评价体系中准则层、指标层、指标核算方法及经熵权法计算所得各个指标的权重，表7-2列出了经计算整理得到的各个省、市、自治区的农业供给侧结构性改革综合指数。改革评价体系所用的基础数据来自历年《中国统计年鉴》《中国农村统计年鉴》《中国固定资产投资统计年鉴》《中国环境统计年鉴》《中国粮食年鉴》《中国科技统计年鉴》和绿色食品网等。

表7-2 2009—2018年各省份农业供给侧结构性改革综合指数

省份	2009年	2010年	2011年	2012年	2013年	2014年	2015年	2016年	2017年	2018年
北京	37.130	39.216	40.528	40.844	41.748	42.649	41.735	42.697	42.872	44.431
天津	27.146	28.595	30.136	33.662	35.163	36.496	36.687	36.620	39.764	39.331
河北	29.721	29.541	34.740	35.224	38.425	41.342	43.368	44.221	41.938	41.256
山西	18.689	22.896	23.946	23.800	26.408	29.072	29.615	29.326	30.521	29.993
内蒙古	20.038	22.098	22.724	23.296	26.377	28.153	29.166	31.853	33.536	36.055
辽宁	20.646	23.010	25.305	24.438	27.235	27.860	29.491	31.387	31.704	33.941

续表

省份	2009年	2010年	2011年	2012年	2013年	2014年	2015年	2016年	2017年	2018年
吉林	16.926	20.165	19.498	20.757	21.593	23.782	24.316	28.167	28.728	28.430
黑龙江	19.292	22.387	23.791	24.743	28.158	26.855	28.013	33.239	36.279	35.527
上海	28.966	33.547	35.958	36.122	38.434	36.117	38.411	39.257	41.222	41.826
江苏	28.381	31.223	33.205	34.566	37.413	39.241	41.405	42.868	43.758	44.497
浙江	28.802	31.477	34.976	34.505	38.812	39.016	41.630	41.385	42.935	43.592
安徽	22.466	24.589	27.715	27.386	30.490	32.705	36.432	35.128	36.930	38.030
福建	21.119	23.953	26.356	27.278	27.629	28.377	30.527	32.724	34.958	33.252
江西	25.381	24.082	25.275	26.065	27.927	28.792	29.813	28.692	28.389	29.414
山东	37.332	39.485	44.099	43.802	46.228	50.342	48.632	49.690	49.182	50.110
河南	31.435	33.577	35.939	35.374	38.097	38.496	38.765	39.756	40.896	41.451
湖北	23.655	25.559	28.762	27.689	30.584	31.136	32.607	35.039	37.124	36.318
湖南	27.023	28.375	30.964	31.050	33.447	35.218	36.278	36.764	36.806	38.391
广东	22.488	24.784	24.332	26.621	26.971	33.684	34.042	35.992	37.092	38.988
广西	17.600	20.982	21.831	20.001	22.378	22.314	25.123	28.161	28.673	29.477
海南	18.283	20.062	20.474	21.983	21.952	21.307	24.758	24.912	24.892	26.142
重庆	13.893	14.954	18.102	20.197	22.562	24.946	26.007	25.918	29.283	29.597
四川	23.649	27.058	26.068	28.125	29.337	31.894	34.780	35.583	35.610	35.117
贵州	18.308	20.306	23.769	22.333	23.901	24.930	25.431	24.622	26.879	26.666
云南	16.915	17.829	19.380	19.261	22.193	23.681	24.762	25.712	27.302	26.977
陕西	19.362	23.777	25.173	24.603	25.471	26.774	30.412	29.223	29.154	29.214
甘肃	17.021	18.911	16.723	18.078	19.640	20.634	22.000	25.806	24.633	25.438
青海	10.590	13.275	11.331	13.008	13.599	15.043	17.401	20.220	22.009	22.587
宁夏	12.850	14.846	19.415	17.936	19.495	19.685	24.785	23.849	26.625	25.982
新疆	16.448	19.665	18.109	21.306	22.804	22.996	24.149	24.536	26.682	25.962

7.3.2 变量选取和说明

在量化核心解释变量后,接下来对模型涉及的相关变量选取进行说明,变量整理、计算所用数据来自历年《中国统计年鉴》、《中国人口和就业统计年鉴》《中国农村统计年鉴》、中经网统计数据库等。

被解释变量。本章节将农村居民人均消费作为被解释变量。根据前文所进行的理论分析,还将进一步考察农业供给侧结构性改革对农民消费结构升级的影响,因此将被解释变量再具体细分为农村居民人均生存型消费支出、农村居民人均发展与享受型消费、农民生存型消费占总消费支出比重、农民发展与享受型消费占总支出比重。参照马斯洛需求层次理论,本章节将消费支出的食品烟酒、衣着和居住支出划分为生存型消费,将生活用品及服务、交通通信、教育文化娱乐、医疗保健及其他支出归纳为发展与享受型消费。为剔除价格变动的影响,使用农村居民消费价格指数(2008年=100)将被解释变量进行平减,并取对数以消除异方差的影响。

核心解释变量。本章节将农村居民消费的影响因素划分为核心解释变量和控制变量。核心解释变量为农业供给侧结构性改革发展指数,具体还将该指数细分为农业主体生产能力指数、中高端农产品供给能力指数、农业资金保障能力指数、农业信息共享能力指数、流通环节效益提升能力指数、制度保障能力指数。同时,考虑到农业供给侧结构性改革与农民消费可能存在双向因果关系:一方面,农业供给侧结构性改革通过提升可支配收入、降低城乡收入差距和不确定性、改善消费环境等渠道实现农民消费水平提升和消费结构升级,另一方面,农村居民消费水平提升和消费结构升级意味着消费者也将对农产品品质、种类、结构有更高的要求,以此使农业供给侧结构性改革不断推进,以适应对需求结构的调整,因此,为避免可能产生的内生性问题,将所有核心解释变量取滞后一期。

控制变量。(1)农村居民人均可支配收入的对数。经典消费理论认为,个人可支配收入的增长是实现居民消费水平提升和消费结构升级的主要影响因素。(2)城乡一体化程度。当前城乡二元结构的背景下,城镇农产品价格并不低,但由于价格包含了较高的城乡间农产品的流通成本,农民因此获得的利润并不高。当城乡一体化进程加快时,分割化的二元市场状况将逐渐被打破,因信息不对称、较高的流通成本导致的城乡差别价格现象将逐渐消失。因此,城乡一体化将有助于减少流通成本,使农民收入增加,实现农民消费水平提升和消费结构升级。本章节参照杨义武(2016)的做法,以城乡相对价格的差分来度量城乡一体化程度,即 $int\ eg_{it} = \ln(RPI^u_{it}/RPI^u_{it-1}) - \ln(RPI^c_{it}/RPI^c_{it-1})$, RPI^u、RPI^c 分别表示城镇和农村商品零售价格环比指数。(3)农业在国民经济中的地位。以第一产业增加值占地区 GDP 的百分比来表示。(4)农村少儿抚养比和老人抚养比。分别采用0—14岁、65岁及以上人口占农村总人口比重表示。

中介变量。(1)农民实际经营性收入。为剔除价格变动的影响,使用农村居民消费价格指数(2008年=100)对该变量进行平减,并取对数。(2)城乡收入差距。本章节以泰尔指数作为衡量城乡收入差距的标准,该指标可以较为精准地反映目前我国城乡收入差距主要体现在高收入和低收入两个组别的变化这一事实(王少平等,2007)。泰尔指数的公式为: $thil_{it} = \sum_{j=1}^{2} I_{ji,t}/I_{i,t} \cdot [\ln(I_{ji,t}/I_{i,t}) - \ln(N_{ji,t}/N_{i,t})]$,其中 $j=1$、$j=2$ 分别代表农村和城镇。$I_{ji,t}$ 代表 i 地区 t 年农村(城镇)居民总收入,$I_{i,t}$ 代表居民总收入;$N_{ji,t}$ 代表 i 地区 t 年农村(城镇)居民人口数,$N_{i,t}$ 表示居民总人口数。(3)不确定性。本章节采用以往文献常用到的对数农民收入增长率的平方(杜海韬等,2005;田青等,2009)作为衡量不确定性指标。(4)消费环境。作为影响农村居民消费的外部因素,消费环境内涵较为广泛,既包括交通、通讯、电力等硬件基础设施,也包括医疗、教育等软制度建设。2021年中央"一号文件"明确提出,要"加快完善县乡村三级农村物流体系,改造提升农村寄递物流基础设施……满足农村居民消费升级需要"。根据消费环境的内涵及"一号文件"的精神,本章节拟采用农村邮政投递里程占比的变动情况(drl)作为消费环境改善状况的狭义化指标,该指标的计算方法为:drl=(当年农村邮递公里数/当年城乡邮递公里总数—上一年农村邮递公里数/上一年城乡邮递公里总数)*100,若 drl 为正,则说明农村邮政投递发展较快,反之亦然;以该指标可以考察推进农业供给侧结构性改革的过程是否也推进了农村物流业的发展,进而实现了消费环境的改善和农民消费水平的提高。

主要变量的描述性统计如表7-3所示。

表7-3 模型中主要变量的描述性统计

	变量	变量释义	均值	标准差	最小值	最大值
被解释变量	ln C	农村居民人均实际消费对数	8.563	0.423	7.564	9.523
	ln basic	对数农村居民人均实际基本生活消费支出	8.267	0.406	7.390	9.236
	ln dec	对数农村居民人均实际发展与享受消费支出	7.101	0.515	5.630	8.116
	pbasic	农村居民基本生活支出占总消费比重(%)	0.744	0.038	0.659	0.839
	pdec	农村居民发展与享受支出占总消费比重(%)	0.234	0.039	0.144	0.319
核心解释变量	ln Ar	农业供给侧结构性改革指数对数	3.332	0.290	2.359	3.918
	ln Ae	农业主体生产能力指数取对数	2.049	0.342	1.054	2.728
	ln Mh	中高端农产品供给能力指数取对数	1.880	0.366	0.468	2.586
	ln Af	农业资金保障能力指数取对数	1.333	0.288	0.601	2.085
	ln Is	农业信息共享能力指数取对数	0.690	0.956	-3.732	2.316
	ln Ce	流通环节效益提升能力指数取对数	1.186	0.967	-3.456	2.628
	ln Ig	制度保障能力指数取对数	0.690	0.956	-3.732	2.316
控制变量	ln y	农村居民人均实际可支配收入对数	8.798	0.432	7.794	9.914
	integ	城乡一体化程度	0.001	0.008	-0.039	0.043
	imp	农业在国民经济中的地位(%)	10.477	5.408	0.400	30.000
	od	农村老人抚养比(%)	15.206	4.578	7.050	32.570
	cd	农村幼儿抚养比(%)	26.091	7.667	9.330	44.160

续表

变量		变量释义	均值	标准差	最小值	最大值
中介变量	lnOI	农村居民人均实际经营性收入对数	8.642	0.417	7.618	9.783
	thil	泰尔指数	0.114	0.053	0.021	0.264
	gyy	对数农民收入增长率平方	0.009	0.007	0.001	0.052
	drl	农村邮政投递里程占比的变动情况	0.593	3.433	−20.758	31.418

7.3.3 计量模型设定

根据前文所进行的理论分析,为考查农业供给侧结构性改革及各个组成要素对农民消费水平提升的效应,建立模型(7-1),同时,为考察改革影响农民消费结构升级的效应,建立模型(7-2):

$$\ln C_{it} = \beta_0 + \beta_1 \ln C_{it-1} + \beta_2 X_{it-1} + \beta_3 T_{it} + u_i + \omega_{it} \quad (7-1)$$

$$CS_{it} = \alpha_0 + \alpha_1 CS_{it-1} + \alpha_2 \ln Ar_{it-1} + \alpha_3 T + v_i + \varepsilon_{it} \quad (7-2)$$

在上式,i 表示省(市、自治区),t 表示年份;模型(7-1)中,$\ln C$ 为农村居民人均实际消费的对数,考虑到农民消费的习惯形成特征,解释变量中包含被解释变量的滞后一期项,X 是核心解释变量,为农业供给侧结构性改革及其各组成要素发展指数向量,即:$X = \{\ln Ar, \ln Ae, \ln Mh, \ln Af, \ln Is, \ln Ce, \ln Ig\}'$。在模型(7-2)中,$CS$ 为关于农村居民消费结构升级的一组被解释变量向量,即 $CS = \{\ln basic, \ln dec, pbasic, pedc\}'$,由于农民的消费习惯形成特征,该模型的解释变量中同样包含被解释变量的滞后一期项;在这两个模型中,T 为控制变量向量,u_i 和 v_i 为不可观测的地区效应,ω_{it} 和 ε_{it} 为随机误差项。

此外,根据机制分析,农业供给侧结构性改革可能会通过可支配收入效应、不确定性效应、城乡收入差距效应、消费环境应影响农村居民消费,为了识别这一系列中介效应是否存在,参照 Barron、Kenny 和温忠麟等学者检验中介效应的方法,利用依次检验法对以下递归方程进行检验：

$$\ln C_{it} = a_0 \ln C_{it-1} + a_1 \ln Ar_{it-1} + a_2 Z_{it} + \phi_i + \varepsilon_{it} \quad (7-3)$$

$$M_{it} = b_1 \ln Ar_{it-1} + b_2 Z_{it} + \theta_i + \omega_{it} \quad (7-4)$$

$$\ln C_{it} = c_0 \ln C_{it-1} + c_1 \ln Ar_{it-1} + c_2 M_{it} + c_3 Z_{it} + \psi_i + \sigma_{it}$$
$$(7-5)$$

在上式中，M 表示中介变量，Z 为一组控制变量，包括城乡一体化、农业在国民经济中的地位、农村老人抚养比和农村幼儿抚养比，ϕ_i、θ_i、ψ_i 为固定的地区效应，ε_{it}、ω_{it}、σ_{it} 为随机误差项。按照中介效应的检验方法，具体过程如下。第一，对模型(7-3)进行回归，考察农业供给侧结构性改革提升农民消费的效应是否存在，若参数 a_1 显著且为正，则说明农业供给侧结构性改革对农民消费确实有正向的影响，可以进一步研究中介效应。第二，对方程(7-4)进行估计以考察农业供给侧结构性改革与中介变量之间的关系，若系数 b_1 统计显著，此时又具体分为两种情况：当中介变量为经营性收入、消费环境时，预期改革的影响系数估计值 b_1 为正；当中介变量为不确定性、城乡收入差距时，预期农业供给侧结构性改革的影响系数估计值 b_1 为负。第三，估计方程(7-5)，若参数 c_1、c_2 均统计显著，则农业供给侧结构性改革通过中介变量 M_{it} 的中介效应影响农村居民消费，且 $a_1 = c_1 + b_1 c_2$。

7.4 农业供给侧结构性改革影响农民消费的实证检验

7.4.1 改革的农民消费提升效应检验

首先对假说1进行检验，即考察农业供给侧结构性改革能否实现农民消费水平提升和消费结构升级。在对模型(7-1)和(7-2)进行回归时，考虑到两个模型中解释变量均包含了被解释变量的滞后一阶项，因此作为动态面板模型，本章节将采用系统 GMM 两步法进行估计，这样一方面可以尽量减少遗漏变量偏差问题，另一方面还可以有效地解决模型中潜在的内生性问题。农业供给侧及各组成成分影响农民消费水平的估计结果见表7-4。

表7-4 农业供给结构性改革提升农民消费水平的效应

解释变量	被解释变量:lnC						
	(1)	(2)	(3)	(4)	(5)	(6)	(7)
L.lnC	0.408*** (13.31)	0.416*** (12.66)	0.418*** (12.09)	0.394*** (16.10)	0.351*** (8.84)	0.430*** (10.02)	0.515*** (16.73)
L.lnAr	0.250*** (5.05)						
L.lnAe		0.167*** (8.21)					
L.lnMh			0.050*** (3.14)				
L.lnAf				0.023** (2.41)			
L.lnIs					0.080*** (4.51)		
L.lnCe						0.072* (1.81)	
L.lnIg							0.182*** (3.97)
L.lny	0.374*** (7.00)	0.464*** (9.38)	0.443*** (8.52)	0.525*** (12.28)	0.525*** (8.39)	0.524*** (8.57)	0.388*** (8.40)
integ	−0.385* (−1.82)	−0.277 (−1.07)	−0.372* (−1.65)	−0.273 (−0.94)	−0.091 (−0.52)	0.013 (0.07)	−0.301 (−0.92)
imp	0.010*** (5.99)	0.008*** (3.25)	0.011*** (6.24)	0.013*** (6.51)	0.008*** (3.80)	0.008*** (4.39)	0.017*** (6.83)
od	0.002*** (2.78)	0.003** (2.26)	0.003*** (4.91)	0.003*** (3.38)	0.003** (2.53)	0.003*** (3.04)	0.001 (0.61)
cd	0.001 (0.07)	0.001 (0.49)	−0.001 (−1.05)	0.001 (0.67)	−0.005*** (−4.00)	−0.005*** (−3.15)	−0.002* (−1.82)
constant	0.904*** (4.77)	0.502** (2.13)	0.953*** (5.01)	0.409* (1.85)	0.923** (2.35)	0.241 (0.95)	0.517** (2.42)

续表

解释变量	被解释变量:lnC						
	(1)	(2)	(3)	(4)	(5)	(6)	(7)
AR(2)检验 P 值	0.4641	0.5937	0.7556	0.8044	0.5270	0.8777	0.3723
Wald 检验	8234.93 (0.0000)	12779.14 (0.0000)	21378.68 (0.0000)	5006.48 (0.0000)	38615.55 (0.0000)	34500.40 (0.0000)	34534.47 (0.0000)
Sargan 检验 P 值	0.8544	0.8464	0.8229	0.8669	0.7132	0.6967	0.9175

注:***、**、*分别表示在1%、5%、10%水平下统计显著,括号内为 Z 统计量值,L.表示滞后一阶变量。

根据表7-4的估计结果,农业供给侧结构性改革能显著提升农村居民的消费水平,其系数大小为0.25,即说明在其他条件不变的情况下,农业供给侧结构性改革指数增长1个百分点,农村居际消费水平将提高0.25个百分点。

从表7-4中(2)—(7)的估计结果可以发现,改革各个组成要素均能显著提高农民消费水平,但提升效应大小存在差异:制度保障能力指数影响消费的系数最大,为0.182,其次是农业主体生产能力指数,系数值大小为0.167,说明就全国范围而言,农业供给侧结构性改革主要通过农业主体生产能力的提升和农业相关支持制度实现农民消费增长;而改革的其他组成要素影响消费的效应则相对较弱,各指数的影响系数值按递减次序排列分别为:农业信息共享能力指数(0.080)、流通环节效益提升能力指数(0.072)、中高端农产品供给能力指数(0.050)、农业资金保障能力指数(0.023),因此,就影响系数值大小来看,依托农业信息共享能力指数、流通环节效益提升指数、中高端农产品供给能力指数、农业资金保障指数实现农民消费增长的效应有待提升。

在其他控制变量中,可支配收入对农民消费增长有正向促进作用;城乡一体化在模型(7-1)、(7-3)中对农民消费的影响系数显著为负,说明在二元结构下,城乡农产品价差越高,意味着产品流通环节成本越高,越不利于农民收入、消费水平的提升;农业重要程度的消费系数值为正,意味着农业在国民经济中的地位越高,农民收入增加、消费增长也相对较快;农村老人抚养比影响消费的系数值显著为正,说明农村老年人占比越高,医疗、养老等相关支出越高,而幼儿抚养比对农村居民消费影响并不显著。

为进一步考察农业供给侧结构性改革对农民消费结构的影响,基于模型(7-2)进行实证检验,所得结果如表7-5所示。

表7-5 改革的消费结构升级效应

被解释变量	ln basic	ln dec	pbasic	pdec
L. 被解释变量	0.630*** (5.12)	0.260*** (4.37)	0.283*** (4.76)	0.150** (3.15)
L. ln Ar	0.096*** (2.92)	0.194** (2.42)	−0.078*** (−5.77)	0.060*** (5.29)
控制变量	控制	控制	控制	控制
AR(2)检验 P 值	0.8024	0.9147	0.9360	0.5016
Wald 检验	37017.16 (0.0000)	28190.86 (0.0000)	1020.18 (0.0000)	746.82 (0.0000)
Sargan 检验 P 值	0.9696	0.9384	0.6913	0.7716

注:***、**、*分别表示在1%、5%、10%的水平下统计显著;估计的系数值下方括号内为 Z 统计量;采用的估计方法为两步 GMM 估计法。

从表7-5中可以看出,农业供给侧结构性改革影响农村居民生存型消费、发展与享受型消费增长的系数值大小分别为0.096、0.194,这说明随着农业供给侧结构性改革的不断推进,农民生存型消费、发展与享受型消费均在增长,但前者增长速度慢于后者;而改革影响农村居民生存型消费占比的系数值为−0.078,影响发展与享受型消费占比的系数值0.060,说明改革指数每增长10个百分点,农民生存型消费占比将下降0.78个百分点,发展与消费型消费将上涨0.6个百分点,这意味着农业供给侧结构性改革的推进,带来了农村居民消费结构的逐渐升级。

因此,通过以上分析可见,农业供给侧结构性改革显著实现了农村居民消费水平提高和消费结构升级,假说1得以验证。

7.4.2 农业供给侧结构性改革提振消费的异质性检验

考虑到农业供给侧及各要素促进农村居民消费的效应可能存在地域差异性,接下来再次根据模型(7-1)进一步对东部、中部、西部地区进行估计,结果如表7-6所示。

表7-6 农业供给侧结构性改革提升消费的区域差异性

解释变量	东部	中部	西部	解释变量	东部	中部	西部
L.lnAr	0.392* (1.75)	0.445* (1.93)	0.216* (1.87)	L.lnIs	0.095*** (5.74)	0.150*** (7.18)	0.104*** (10.84)
L.lnAe	0.161** (2.32)	0.180* (1.68)	0.163*** (2.78)	L.lnCe	0.119** (2.03)	0.089 (0.62)	0.068 (0.74)
L.lnMh	0.071*** (2.69)	0.098** (2.45)	0.031** (2.05)	L.lnIg	0.126* (1.94)	0.272* (1.62)	0.048 (0.56)
L.lnAf	0.003 (0.05)	0.061* (1.98)	0.026 (0.69)	样本数	120	80	110

注:***、**、*分别表示在1%、5%、10%的水平下统计显著;模型估计方法是两步GMM法;L.表示滞后一阶变量,括号内的统计量为Z统计量。表中结果是根据模型(7-1)依次对各个变量进行回归所得,回归时也控制了相关变量和地区固定效应。

根据表7-6可以发现,东部、中部、西部地区农业供给侧结构性改革均可显著提升农村居民消费水平;其中,中部地区改革提升农民消费的效应最高,为0.445,其次是东部,系数值为0.392,西部最低,为0.216。

从农业供给侧各个组成成分提升农民消费的效应来看,东部地区依托农业主体生产能力、流通环节效益提升能力和制度保障能力实现农民消费提升的效果较好(各指数影响消费的系数值大小分别为0.161、0.119、0.126),而农业资金保障能力提升农村居民消费的效应并不明显。由此看来,东部地区较快的科技进步推动了农业生产效率稳步提升,农业产业化、组织化水平也相对较高,更容易充分利用政策红利,发展高质量、高附加值、高标准的现代化农业(龙冬平等,2014),而四通八达的交通网络也极大降低了农产品的流通成本,这些都是东部地区农业供给侧结构性改革较快发展、实现农民增收和降低城乡收入差距进而推动农民消费增长的有利因素。中部地区通过农业主体生产能力、农业信息共享能力、制度保障能力提升农民消费水平的效应较强,各指数影响消费的系数分别为 0.180、0.150、0.272,而流通环节效益提升能力不能显著影响中部地区农民消费,可见,中部地区依托丰富的农业资源、良好的气候条件、优越的地理位置等"天然"优势更有利于实现规模化经营、提升农业主体生产能力,实现农民增收进而促进消费增长。同时,由于中部地区种植规模、种植结构、农机耕作方式等均较为相似,农户之间交流农业生产经验、产品销售信息等更加频繁,较强的信息共享能力将有助于改善农业生产经营过程中的信息不对称现象。此外,产粮大省多数位于中部,在国家粮食安全的战略背景下,政策支持中部农业发展力度较大,这些都是有利于推动农民收入增长、进而实现中部地区农民消费水平提升的因素。西部地区主要依靠托农业主体生产能力、农业信息共享能力提升农民消费,这两个要素影响消费的效应系数值分别为 0.163 和 0.104,而农业资金保障能力、流通环节效益提升能力、制度保障能力并不能显著提高西部地区农民的消费水平。

结合上述分析,由于自然资源禀赋、经济发展水平等原因,农业供给侧结构性改革及其各组成成分提振农民消费的效应存在显著的区域差异,这种差异导致区域间通过改革提升农民消费所依托的比较优势也有所不同,假说 2 成立。

然而,改革的各组成成分促进农民消费水平提升效应也存在共性,结合表 7-4 和表 7-6 可以发现,即无论是从全国范围来看,还是具体将区域细分为东、中、西部,农业主体生产能力指数实现农村居民消费水平提升的效应均较强,因此,在农业供给侧结构性改革过程中若能不断提升劳动者自身素质和专业技能,并培育农民合作社、专业大户、家庭农场、龙头企业等新型农业经营主体,推动农业规模化、机械化经营,则改革将以较高幅度提升农民的消费水平;相比之下,依靠农业资金保障能力指数提升农民消费水平效应均较弱,其原因可能在于,涉农资金保障供给结构性不足,或资金保障水平不高,或资金渠道不畅通,导致改革通过中介效应促进农民消费效应较小。以农业保险为例,2017年中国主要农作物承保面积约为1.4亿公顷,已覆盖农作物播种面积的84%,该水平与发达国家的农业保险覆盖率较为接近,而就保险高质量发展而言,我国还有较长的路要走:截至2018年,中国农业保险渗透率约为0.5%,而在2014年全球平均水平已达到1.2%,同年美国更是高达5.6%(许梦博等,2016),这意味着我国农业保险市场可能位于低水平平衡状态,较低的保险水平对于降低农产品市场的不确定性风险、合理化农产品供给侧价格等效力有限,这在一定程度上不利于农业资金保障能力提升及其通过降低不确定性、促进经营性收入增长来实现农民消费水平的提高。

7.4.3 中介效应检验

为进一步判断农业供给侧结构性改革促进农民消费增长的中介效应及其强弱,根据模型(7-3)—(7-5)进行回归,所得结果如表7-7所示,在表7-7的基础上,经计算出各中介变量的直接效应、间接效应和总效应体现在表7-8中。

通过表7-7中对农民经营性收入、城乡收入差距、不确定性、消费环境四个变量采取依次检验法可以发现,在控制了相关变量和地区固定效应后,得到农业供给侧影响农村居民消费系数为0.374,且在1%的水平上统计显著,接下来,对于表7-7中(3)、(5)、(7)、(9)的估计发现,在模型中逐渐加入中介变量后,回归所得解释变量影响农民消费的估计系数值均显著为正,各个中间变量对农民消费的影响系数亦统计显著。最后,通过表7-7的(2)、(4)、(6)、(8)回归得到改革影响各个中介变量的系数均显著,且对农民经营性收入、消费环境有着正向影响,估计得到改革影响系数值大小分别为0.693和7.363;而改革影响城乡收入差距、不确定性的系数估计值为负,分别为-0.072和

7 供给侧结构性改革的消费效应:以农村居民为例

表 7-7 中介效应检验

解释变量	被解释变量								
	lnC (1)	lnOI (2)	lnC (3)	thil (4)	lnC (5)	gyy (6)	lnC (7)	drl (8)	lnC (9)
L.lnC	0.608*** (6.36)		0.408*** (13.31)		0.459*** (15.02)		0.647*** (7.68)		0.640*** (39.05)
L.lnAr	0.374*** (8.29)	0.693*** (8.45)	0.250*** (5.05)	−0.072*** (−6.30)	0.241*** (7.07)	−0.027*** (−17.72)	0.265*** (7.02)	7.363*** (4.84)	0.299*** (6.35)
lnOI			0.373*** (7.00)						
thil					−3.829*** (−5.19)				
gyy							−1.046*** (−5.18)		
drl									0.004*** (8.01)

注:***、**、*分别表示在1%、5%、10%的水平下统计显著;L.表示相应的滞后一阶变量,估计的系数值下方括号内为Z统计量,基于理论模型进行回归时,均控制了相关变量和地区固定效应;在表7-7中,(2)、(4)、(6)、(8)均采用二阶最小二乘法,其余回归则采用系统矩差分GMM法。

表 7-8 中介效应大小

中介变量	系数 b_1	系数 c_2	间接效应(b_1*c_2)	直接效应(c_1)	总效应	中介程度
lnOI	0.693	0.373	0.259	0.250	0.374	69.3%
thil	−0.072	−3.829	0.276	0.241	0.374	73.7%
gyy	−0.027	−1.046	0.029	0.265	0.374	7.83%
drl	7.363	0.003	0.022	0.299	0.374	5.91%

−0.027。所以农民经营性收入、城乡收入差距、不确定性、消费环境是农业供给侧结构性改革影响农民消费水平的中介变量。采用依次检验法已证实了中介效应的存在。其他常用的检验方法包括 Sobel 检验法和 Bootstrap 检验法,由于依次检验法的结果强于该两种方法(温忠麟等,2014),因此,本章节无需再继续采用这两种方法进行再验证。

结合表 7-8 整理计算出的结果可以发现,农业供给侧结构性改革显著提高了农民经营性收入,经营性收入显著提高了农村居民消费水平,即,改革通过增加经营性收入提高了农民消费水平;农业供给侧结构性改革显著降低了城乡收入差距,城乡收入差距的扩大化降低了农村居民消费水平,即改革通过降低城乡收入差距增加农民消费;农业供给侧结构性改革降低了农民面临的不确定性,不确定性的存在拉低了农民消费,即改革通过降低不确定性提高农民的消费水平;农业供给侧结构性改革有效改善了消费环境,消费环境的改善有利于提升农民消费水平,即改革将通过改善消费环境实现农民消费水平的提升。

此外,通过表 7-8 可以看出,城乡收入差距、农民经营性收入、不确定性、消费环境的中介程度依次减弱,城乡收入差距和经营性收入的中介程度较强,分别为 73.7% 和 69.3%,不确定性和消费环境的中介程度较弱,分别为 7.83% 和 5.91%。假说 3 得以验证。

7.5 研究结论与政策建议

7.5.1 研究结论

本章节基于农业供给侧结构性改革影响农村居民消费的机制,构造包含农业主体生产能力、中高端农产品供给能力、农业资金保障能力、农业信息共享能力、流通环节效益提升能力、制度保障能力的农业供给侧结构性改革综合评价指标体系,接着利用 2009—2018 年中国 30 个省(市、自治区)的相关数据实证检验农业供给侧结构性改革影响农民消费水平提升、消费结构升级的效应,并进一步考察改革提升农村居

民消费的中介效应,最终得出以下主要结论:

第一,农业供给侧结构性改革显著促进了农村居民的消费水平提升和消费结构升级。在其他条件不变的情况下,农业供给侧结构性改革指数每增长1个百分点,农村居际消费水平将提高0.25个百分点;就消费结构而言,改革指数每增长10个百分点,农民生存型消费占比将下降0.78个百分点,发展与消费型消费将上涨0.6个百分点。

第二,改革影响农民消费的效应存在显著的地区差异性,中部地区农业供给侧结构性改革提升农民消费的效应最高,为0.445,其次是东部,系数值为0.392,西部最低,为0.216;此外,农业供给侧结构性改革各组成成分促进农民消费提升的效应亦具有区域异质性:东部地区依托农业主体生产能力、流通环节效益提升能力和制度保障能力实现农民消费提升的效果较好,中部地区农业主体生产能力、农业信息共享能力、制度保障能力提升农民消费水平的效应较强,西部地区则主要依靠托农业主体生产能力、农业信息共享能力提升农民消费。

第三,农业供给侧结构性改革各组成成分实现农民消费水平提升的效应也存在共性,即无论是从全国范围来看,还是将区域具体区分为东部、中部和西部,依托农业主体生产能力指数实现农村居民消费水平提升的效应均较强,相比之下,依靠农业资金保障能力指数影响农民消费水平效应均较弱。

第四,城乡收入差距、农民经营性收入、不确定性、消费环境是农业供给侧结构性改革影响农民消费水平的中介变量,且各变量的中介程度依次减弱;城乡收入差距和农民经营性收入的中介程度较强,分别为73.7%和69.3%,不确定性和消费环境的中介程度较弱,分别为7.83%和5.91%。

7.5.2 政策建议

2021年中央"一号文件"指出"构建新发展格局,迫切需要扩大农村需求,畅通城乡经济循环",同时还要"稳住农业基本盘""深入推进农业供给侧结构性改革"。本章节厘清了农业供给侧结构性改革影响农民消费的逻辑思路,结合前文实证检验得出的结论,拟从实现农民消费水平提升、消费结构升级和畅通城乡消费双循环的视角提出农业供给侧结构性改革政策调整的重点,概括来说为"补短板、强优势、提动力"。

第一,"补短板"。要补齐农民消费水平提升效应较低的改革"短板"(主要为农业资金保障能力指数),以及增强中介效应较弱的不确定性渠道和消费环境渠道,具体建议为如下几点:其一,完善金融支农制度,为农业发展提供良好的融资环境。政府要创新农村金融体制改革,改善农业经营者融资困难的问题,应大力开展农民小额信用贷款,发展多种农业抵押贷款业务,开发支持农业生态化、绿色化发展的专属金融产品,加强对涉农融资的中长期信贷支持。其二,完善农业基础设施建设,降低农业生产经营活动中面临的不确定性。应不断完善基础设施建设,包括农田水利建设、农业气象灾害预警建设、物流仓储建设、农田林网建设等(黄季焜,2018),降低农产品生产、仓储、运输、销售等过程中面临的不确定性以及农业经营性收入的波动。其三,改善农村消费环境,畅通城乡消费双循环。要增加农村生活性服务业的供给,完善农村寄递物流体系和基础设施建设,推动电子商务、物流快递下乡进村,改善农民消费体验,推动农民消费品质化、精细化、便利化等需求。

第二,"强优势"。即要因地制宜,合理发挥区域内改革提升消费所依托的比较优势。例如,中部地区在农业主体生产能力、农业信息共享能力、制度保障能力提升农民消费水平的效应较强,因此,对于中部地区而言,应充分利用有利的地形地貌优势,通过土地有序流转较快实现规模化、机械化生产,通过大力培育新型农业经营主体,实现科学化、效率化、集约化生产;同时,还应加快中部地区农村千兆网、5G 和移动物联网建设等,使信息共享化程度进一步加深,还应积极利用粮食最低收购政策、生产者补贴政策、产粮大县支持政策等相关政策红利,提高农作物单产水平,稳定农产品供给。

第三,"提动力"。要完善农业供给侧结构性改革的内容构成提升农民消费水平的动力不足的现状。这些组成要素主要包括流通环节效益提升能力指数、农业信息共享能力指数和中高端农产品供给能力指数。一方面,应充分发挥市场在资源配置中的基础性作用,加快推进市场化导向的质优价高的农产品价格形成机制,带动农业生产经营主体生产附加值较高、绿色化、无公害的高质量农产品;另一方面,应发挥政府的规划引领作用(魏后凯,2017),强化涉农基础设施协调配套,逐步建立农业农村大数据体系,推动农业信息共享,强化农产品市场监管(李周等,2021),逐步建立完善、统一的农产品质量标准体系、安全监管体系和产品可追溯体系。

扩大消费:三重逻辑与推进路径

　　需求收缩、供给冲击、预期转弱是当前我国经济发展面临的三重压力。扩大内需是提升经济发展的内生动力和推动经济高质量发展的重要途径。我国坚定实施扩大内需战略,培育完整内需体系,加快构建以国内大循环为主体、国内国际双循环相互促进的新发展格局。扩大内需战略具有理论逻辑、历史逻辑和实践逻辑。发放消费券和建设国际消费中心城市是我国扩大内需和促进消费的两个重要政策方案。如何推进扩大内需战略?如何有效优化消费券发放策略?如果在建设国际消费中心城市的过程中提升居民消费和更好满足人民美好生活需要?这一部分专门讨论扩大内需的三重逻辑、发放消费券的优化策略和国际消费中心城市建设。

8 扩大消费:三重逻辑与推进路径

8.1 扩大内需的三重逻辑

面对国内外不断变化的经济形势,我国需要通过扩大内需提升经济发展的内生动力,推动经济高质量发展。2022年12月,中共中央、国务院印发《扩大内需战略规划纲要(2022—2035年)》,国家发展改革委印发《"十四五"扩大内需战略实施方案》,再次部署坚定实施扩大内需战略,培育完整内需体系,加快构建以国内大循环为主体、国内国际双循环相互促进的新发展格局。2023年召开的中央经济工作会议也强调着力扩大国内需求,提出要把恢复和扩大消费摆在优先位置,明确要增强消费能力,改善消费条件,创新消费场景。2021年我国最终消费支出对经济增长贡献率达到65.4%,是经济增长的主要拉动力。扩大内需,特别是扩大消费需求,并非一时性的新政策,而是我国长期坚持的发展战略。在新发展阶段推动经济高质量发展,重提扩大内需,具有新涵义,需要新路径。

8.1.1 扩大内需的理论逻辑

当前实施扩大内需战略的新涵义,主要体现在以下五个方面:形成消费主导型经济发展模式,发挥超大规模性比较优势,应对国际环境波动,构建双循环新发展格局,满足人民美好生活需要。

扩大内需战略有助于形成消费主导型经济发展模式。消费主导型经济增长模式是各国经济增长模式演进的共同方向。从需求动力视角看,经济增长模式一般会经历从投资主导型向内需主导型再向消费主导型转变的过程。在经济发展初期,供给不足是制约经济增长的主要因素,提高技术和增加投资是推动经济增长的主要方式,即投资主导型增长。随着居民收入和消费水平提升,消费对经济增长的拉动作用和贡献率越来越大,投资和消费共同推动经济增长,即内需主导型增长。

在经济社会的成熟阶段,居民消费需求是国内需求的主体,居民追求高额消费和生活质量,消费成为拉动经济增长的主要动力,即消费主导型增长。这种经济增长动力转变,是各国经济发展的普遍规律,中国也在经历这种经济增长动力的转变。扩大内需战略,即促进有效投资增长和重视扩大居民消费需求,促进经济增长动力从内需主导型转向消费主导型。

扩大内需战略有助于发挥超大规模性比较优势。充分发挥比较优势推动经济增长,是经济发展的基本规律,也是党领导经济发展的宝贵经验。市场化深入推进和人口老龄化不断加深,改变了我国相对比较优势的结构,使资源配置的市场优势和劳动力成本的比较优势逐渐减弱,因此,推动我国新发展阶段的经济增长需要挖掘和发挥新的比较优势。随着我国居民消费能力提升和市场规模扩大,门类齐全的现代工业体系、14亿多的消费群体和规模巨大的市场需求形成超大规模性优势,成为经济发展的新型比较优势。当前的扩大内需战略,需要在国内建立完整产业体系,增强集聚发展,促进产业升级,实现技术突破,进而通过发挥国内市场的超大规模性优势推动经济高质量发展。

扩大内需战略有助于应对国际环境波动。在世界百年未有之大变局下,世界经济政治波动加剧,世界经济增长不平衡不确定性增大,单边主义、保护主义、霸权主义对世界和平与发展构成威胁。当前的扩大内需战略,需要增强国内大循环的主体地位,提升投资的有效性和匹配度,强化消费对经济增长的基础性作用,维持经济和产业链安全,增强经济增长内生动力,减弱国外经济金融冲击,提升我国应对外部风险的能力。

扩大内需战略有助于构建双循环新发展格局。扩大内需不但是增强国内大循环的动力,还是推进更高水平对外开放和促进国内循环和国际循环相互协调发展的基础。我国一直都是国内和国际两大循环,随着我国经济发展阶段演进和国际贸易秩序变化,国际经贸摩擦增多,推动经济高质量发展需要构建统筹发展和安全的双循环新发展格局。当前的扩大内需战略,需要提升国内技术进步,实现关键技术突破,促

8 扩大消费:三重逻辑与推进路径

进形成强大国内市场,进而提升我国在国际贸易规则和秩序中的话语影响,促进形成更高水平的双循环发展格局。

扩大内需战略有助于满足人民美好生活需要。经济发展的目的是提高人民生活水平。我国社会主要矛盾已经转化为人民日益增长的美好生活需要和不平衡不充分的发展之间的矛盾。这意味着,破解社会主要矛盾需要供给侧和需求侧同时发力:在供给侧,深化供给侧结构性改革,增加有效投资,提升产品质量,塑造国货品牌,用国货产品更好地满足人民美好生活需要;在需求侧,居民更加追求消费品质,提高消费水平和促进消费结构升级。当前的扩大内需战略,需要更高水平的供求均衡,更好地满足人民美好生活需要。

8.1.2 扩大内需的历史逻辑

我国已经实施了较长时期的扩大内需战略,每个时期扩大内需的涵义是不一样的。扩大内需是我国长期坚持的发展战略,该战略的主要作用从调整需求结构逐渐转向推动经济高质量发展。

1998年亚洲金融危机时,外部需求大幅收缩,对我国当时采取的出口导向型发展战略带来巨大冲击,党中央提出"立足扩大国内需求,加强基础设施建设",即通过积极的财政政策扩大内需,改善需求结构,增加国内投资和消费,减少外部经济和金融冲击。然而,在接下来的经济发展过程中,特别是加入WTO之后,我国外贸经济高速增长,经济发展依然表现为"两头在外、大进大出"的循环发展模式。为应对2008年国际金融危机,党中央提出"把扩大内需作为保增长的根本途径",经济对外贸的依赖在一定程度上有所减缓,投资和消费对经济增长的贡献率逐渐提升。

党的十八大以来,特别是社会主要矛盾转化之后,我国政府致力于推动经济高质量发展。增强消费对经济增长的基础性作用,以及构建以国内大循环为主体、国内国际双循环相互促进的新发展格局,是推动经济高质量发展的重要途径。习近平总书记指出"要围绕扩大内需深化改革,加快培育完整内需体系"。坚持实施扩大内需战略,坚持统筹发展和安全,充分利用好"两种资源、两个市场",通过经济结构调整和资源优化配置,发挥新型比较优势,推动经济高质量发展。在长时期的历史视野,扩大内需战略的主要作用从应对金融危机转向推动经济高质量发展。

8.1.3 扩大内需的现实逻辑

强调扩大内需战略的重要性,并把恢复和扩大消费摆在优先位置,既有短期上恢复经济的考虑,也有长期上推动经济高质量发展和构建新发展格局的谋划。综合扩大内需在短期和长期中的战略地位,可实施以下政策措施扩大内需。

多渠道增加城乡居民收入,多维度扩大消费需求。收入是消费的基础,在新冠肺炎疫情冲击和外部经济波动影响下,我国居民收入脆弱性增大。在短期,需要加大财政和货币支持力度,保障和增加居民就业,创造良好的营商环境,支持中小微企业、个体工商户发展,活跃市场主体,稳定居民收入渠道,保障民生改善和促进经济发展。对脆弱群体的保障性支持,以及发放消费券,都是财政支持的可行方向。在长期,需要通过推动农地确权和流转、增加居民财产性收入、完善财富积累机制、探索税收减免方式、完善征税机制等制度创新,增加城乡居民收入。在扩大消费方面,需要统筹提升传统消费和培育新型消费,包括支持住房改善、新能源汽车、养老服务等消费,多维度扩大消费需求。

发挥中心城市消费的辐射带动作用,挖掘县乡消费潜力。随着城镇化进程不断推进,我国逐渐形成不同层级的城市体系,进而形成不同消费层级的格局体系。发挥中心城市消费对周边地区的辐射带动作用,以及挖掘县乡消费潜力,成为当前我国扩大消费的两个重要内容。对于中心城市,有条件的城市可以推动国际消费中心城市培育,加速消费集聚,发挥引领和带动作用。对于县乡消费,要加快县乡物流体系建设,完善城乡融合消费网络,扩大电子商务进农村覆盖面,改善县域消费环境,推动以县城为重要载体的城镇化建设,推动农村消费梯次升级。

增加有效投资,加快新型基础设施建设。投资是国内需求的重要组成。面对消费外流和供需错配等问题,增加投资需要深化供给侧结构性改革,提高国内创新和研发水平,提升供给体系对国内需求的适配性,提升投资的有效性。相对于传统的基础设施建设,以5G基站、大数据中心、人工智能、工业互联网等为代表的新型基础设施,是未来技术创新和增加投资的重要方向。在加大新型基础设施建设和提升产业链供应链安全方面,需要消除投资障碍,放宽市场准入,聚焦关键领域和薄弱环节,着力提高投资效率。

重塑国货品牌,提升供给质量。构建高水平的双循环新发展格局,需要把实施扩大内需战略同深化供给侧结构性改革有机结合起来。我国居民消费结构不断升级,但国内产品供给质量未能很好地满足人民美好生活需要,导致消费外流现象和供需错配问题。在构建双循环新发展格局中扩大内需,需要推进高水平的供需均衡。在供给方面,要通过供给侧结构性改革,加快建设现代化产业体系,优化资源配置,强化创新引领,不断实现关键核心技术突破,重塑国货品牌,让更多国货产品和国货品牌满足国内消费升级需求,实现国内大循环的高水平均衡。

完善分配格局,释放消费潜能。推动全体人民共同富裕的中国式现代化,对于扩大内需至关重要。中国已经迈入高收入国家行列,具备了相当强的消费能力,但收入差距较大,制约扩大内需成效。当前国家正在深度推进共同富裕建设,不断优化收入分配格局,这对于释放消费潜能具有重要作用。一般而言,低收入群体的消费倾向较高,收入水平是制约其消费的主要因素,高收入群体的消费能力较强,但消费倾向较低,限制消费规模扩大。因此,通过"提低"和"扩中"完善分配格局,有助于释放整体居民消费。

提升社会保障水平,改善居民消费行为。从宏观视角看,居民消费倾向是最重要的消费行为之一。消费倾向高低直接决定着消费潜力的释放程度。整体上,我国居民的储蓄动机较强,消费倾向偏低,这主要是社会保障水平不足导致的。尽管我国社会保障发展迅速,但整体上仍处于较低水平,教育、医疗、养老、住房等方面的制约,抑制了居民消费倾向提升。完善社会保障体系,有助于改善居民消费行为,提升居民消费倾向。提高社会保障水平很难一蹴而就,最重要的是优化财政支出结构和提升教育、医疗、养老、住房等供给质量。

8.2 发放消费券扩大消费的策略与建议

当前我国经济恢复的基础尚不牢固,需求收缩、供给冲击、预期转弱三重压力仍然较大。党的二十大报告提出,"把实施扩大内需战略同深化供给侧结构性改革有机结合起来"。中央经济工作会议把扩大内需放在五项重点工作之首,提出要把恢复和扩大消费摆在优先位置,增强消费能力,改善消费条件,创新消费场景。消费是最终需求,扩大消费是增强消费对经济发展的基础性作用的重要途径,也是提升经济发展内生稳定性的重要手段。受前期疫情冲击影响,消费条件和消费场景发生重要变化,居民消费能力和消费预期减弱,恢复和扩大消费成为当前和未来推动经济高质量发展的重要内容。

积极的财政政策是恢复和扩大消费的重要政策工具选择。近几年实施的大规模减税降费,使我国税收收入占 GDP 比重从 2018 年的 17% 左右下降至 2021 年的 15% 左右。在这种条件下,积极的财政政策要加力提效,把好钢用在刀刃上,把有限的财政资源用在最急迫、最重要的事情上,就需要更直接更有效地发挥积极财政政策作用。以积极的财政政策恢复和扩大消费,是当前促进经济高质量发展的重点工作。根据前期的经验实践,发放消费券是恢复和扩大消费重要且有效的财政政策手段。疫情防控放开以后,需要优化消费券发放策略,通过积极的财政政策要加力提效,有效恢复和扩大消费。

8.2.1 发放消费券是恢复和扩大消费的有效途径

我国的居民消费具有明显的价格敏感性特征。居民消费的需求价格弹性较大,收入和支付能力是消费增长的最大桎梏。当前我国就业和市场主体受到的疫情冲击较大,导致居民收入波动和收入增长放缓,进一步引致消费需求受到抑制,消费增长乏力:国家统计局数据显示,2022年全年社会消费品零售总额约44万亿元,同比下降0.2%。居民支付能力受限时,一般会表现出消费需求价格富有弹性。双十一购物狂欢节的销售数据体现了居民的消费特征:2022年双11全网交易额为5571亿元,每年双十一都会出现消费需求的大幅增长,这些消费需求增长是在折扣价格刺激下产生的,巨额的单日消费额体现了巨大的国内市场需求和消费潜力,更说明了中国有相当大规模的消费群体仍是需求价格富有弹性消费者。

发放消费券是恢复和扩大消费更好的积极财政政策选择。关于恢复和刺激消费增长,是发钱还是发消费券,一直存在争议。尽管发钱能给消费者提供更丰富的选择来优化消费决策,但相比发钱,发放消费券的促消费效果更好。原因有二:一是在收入冲击条件下,居民具有更高的储蓄动机,发放的钱并不一定用于消费,可能被挪作他用,或者储蓄起来;二是把钱发到最需要的人手中本身就是一项技术性较高的事情,能否准确识别最需要发钱的人群实现发放的精准性,具有一定的难度,但在发放消费券方面,通过"抢"消费券这种机制设计,能够有效地识别消费者对价格或收入的敏感程度,进而自动实现财政支持的精准性。因此,发钱更多地是实现了微观消费福利的最大化,而发放消费券才是宏观维度更好的促消费措施。根据发放消费券的经验实践,消费券是刺激消费有效的财政手段,消费券促进消费增长存在杠杆效应,即1元钱的政府补贴,能够拉动3~6元消费者计划外的新增消费,这也体现了居民消费方面的收入制约。因此,发放消费券是积极财政政策中非常紧要且有效的政策选择。

8.2.2 加力提效恢复和扩大消费的政策建议

稀缺的财政资源具有较高的机会成本,政府需要权衡财政支出优先次序,把好钢用在刀刃上,提升积极的财政政策效果。当前消费券发放存在发放精准性不高、财政力度不强、对弱势群体支持不够、财政效率偏低等问题。恢复和扩大消费是应对总需求不足突出矛盾的主要途径,也是当前恢复和促进经济高质量发展的重要突破点。优化消费券发放策略,能够提升恢复和扩大消费的政策效果。

第一,照顾农村居民和老年人群,尽量减弱消费券发放的数字鸿沟。 发放消费券需要遵循公平合理原则,体现差异性和公平性。在差异性方面,建议对不同群体试试产异化的消费券支持力度,对受影响较大的特定地区、特定行业、特定人群进行适当的倾斜,对受影响较大的餐饮、旅游、文娱、教育培训等行业,农村居民、城乡低保对象、城市失业者困难群体等,进行适当的照顾。比如,南京曾在发放的消费券中设置困难群众消费券和工会会员消费券,体现群体支持力度的差异性。在公平性方面,通过发放程序公平公正公开,确保消费券发放对象获得政策支持的机会均等。目前消费券发放主要通过智能手机终端支付宝、微信等APP进行,这就需要考虑数字鸿沟问题,即部分农村居民和老年人群等最需要财政支持的人群,可能不会使用智能手机或者不能准确了解消费券发放信息,导致不能享受消费券的财政福利。注重消费券政策在城乡之间、线上线下之间、不同收入层次群体之间的公平性问题。因此,建议政策制定者在消费券发放机制设计上要顾及部分特定人群,尽量减弱和缩小消费券发放过程中的数字鸿沟问题。

第二,保持必要的财政支持强度,充分发挥财政的弹性与张力。 通过发放消费券恢复和扩大消费,是当前促进经济恢复的重要途径。恢复和扩大消费,需要充分发挥财政的弹性与张力,保障积极的财政政策加力。尽管消费券促进消费有3—6倍的杠杆率,但"撒胡椒面式"的财政支持,对恢复和扩大消费的影响将是非常有限。因此,有必要通过优化组合赤字、专项债、贴息等工具,保持必要的财政支出强度,在有效支持高质量发展中保障财政可持续和地方政府债务风险可控的条件下,应用财政弹性和发挥财政张力,加大消费券发放力度。建议加大中央对地方的转移支付力度,推动财力下沉,做好基层"三保"工作;根据地方城市财政状况,因城施策,加大消费券支持力度。

第三,准确识别消费券发放的群体、时机和类别,提效消费券恢复和扩大消费的杠杆作用。 对于不同群体、不同时机发放不同类别的消费券,其扩大消费的杠杆效果是不一样的。为了发挥消费券在恢复和扩大消费上发挥更大作用,需要把握消费券发放的群体、时机和类别。在消费券发放群体方面,通过优化"抢"消费券中"抢"的规则,准确识别最有急迫需要的消费群体。建议继续保持对杠杆率较高的商品或者对需求价格弹性较高的低收入群体、大学生等发放通用消费券,提高消费券发放的精准性,有效刺激居民消费。比如,对大学生群体发放手机、平板等数码产品消费券;发放杠杆率较高的文旅消费券,拉动文旅消费增长;发放商超通用消费券,降低消费券使用门槛,确保消费券使用的便捷性,消除消费券在不同群体间的数字鸿沟;结合不同消费品类的价格和收入弹性,重点对价格弹性较高的消费品类发放消费券或消费补贴,以获取更大的政策效果。在消费券发放类别方面,一般文旅消费券拉动消费的杠杆率较大,而生活必需品消费券拉动消费的杠杆率较小。合理设置消费券类别,对拉动消费的杠杆率较大和急迫需要消费券支持的行业发放消费券,重点支持特定人群和特定行业,有助于在消费券总额确定的情况下实现经济效果最大化。在消费券发放时机方面,建议在节假日更多发放文旅消费券,在平时更多发放通用消费券。在使用范围上,消费券应针对价格敏感产品、民生关键领域和基本生活品,如餐饮、购物、旅游等,限制消费券在期限替代性强的消费场景使用,如消费券不能用于支付租金和教育费用等。

第四,拓展消费券形式,加力消费券恢复和扩大消费的效果。 消费券的本质是政府转移支付,因此,任何能够降低消费者消费成本的财政支持举措都类似于消费券的"变相"形式,都有助于恢复和扩大消费,促进经济恢复。建议拓展消费券形式,促进多种政策组合形成合力,促进消费回补和释放消费潜力。例如,加大"家电下乡""以旧换新""节能惠民"的支持力度,促进家电升级换代;延长汽车购置税减免期限和范围、增加汽车牌照配给、加大新能源汽车购车补贴等促进汽车消费等。同时,加强市场秩序监督检查,防止商家借消费券之机抬高价格。

8.3 国际消费中心城市建设：以杭州为例

培育建设国际消费中心城市，是扩大内需、促进消费升级、推动经济高质量发展、促进高水平对外开放的重要举措，对于促进形成强大国内市场、吸引境外消费回流、增强消费对经济发展的基础性作用、促进形成国内国际双循环发展新格局和满足人民美好生活需要具有重要意义。当前，我国正在有力有序推进国际消费中心城市培育建设工作。杭州作为浙江省最具国际消费中心特征的城市，具备培育建设国际消费中心城市的基础，正在积极争取纳入国际消费中心城市的国家级试点。2021年1月，杭州发布了《建设国际消费中心城市三年行动计划（2021—2023年）》，提出要加快将杭州建设为全球智慧消费体验中心、时尚消费资源集聚地、知名休闲目的地。在此基础上，杭州应积极发挥城市特色与优势，从城市、供给、开放、时间、空间、环境等方面加快推进国际消费中心城市建设。

8.3.1 杭州建设国际消费中心城市的基础

杭州在经济社会发展、消费市场、人口数量、开放程度、国际化水平等方面具备建设国际消费中心城市基础。 杭州经济基础良好，2020年，地区生产总值16 106亿元，居大陆城市第8位；杭州内需市场巨大，全年社会消费品零售总额5 973亿元，居大陆城市第10位；2019年，杭州人口基数首次突破1 000万，年末全市常住人口1 036万人，人口净流入55.4万，人口增量和增速均为大陆城市第1位；杭州对外开放程度较高，全年货物进出口总额5 934亿元，跨境电商进出口总额1 084亿元；杭州近年来国际化水平快速提升，2016年成功举办G20峰会，2022年将举办第19届亚运会。

杭州市在国际知名度、城市繁荣度、商业活跃度、到达便利度和消费舒适度等方面表现出色。依据仲量联行参考商务部关于《国际消费中心城市评价指标体系（试行）》的综合测评结果，杭州在国际消费中心城市发展指数位列全国第六位。

在国际知名度方面,依据全球化与世界城市研究网络(GaWC)编制的全球城市分级排名《世界城市名册 2019》,杭州城市级别为"Beta+",在大陆城市中仅次于北京、上海、广州和深圳。

在城市繁荣度方面,依据中国城市规划设计研究院和中国测绘科学研究院联合发布的《中国城市繁荣活力评估报告 2019》,在全国 108 个重点城市中,杭州城市繁荣活力评级为"繁荣 A 型",彰显"钱塘自古繁华",排名仅次于深圳、广州、上海和北京。

在商业活跃度方面,依据第一财经·新一线城市研究所发布的 2019 年《城市商业魅力排行榜》,杭州排名第 6 位,仅次于北京、上海、广州、深圳和成都。

在到达便利度方面,依据中国民用航空局发布的《2019 年民航机场生产统计公报》,杭州萧山机场旅客吞吐量 4010 万人次,在全国居第 10 位;货邮吞吐量 68 万吨,在全国居第 5 位;起降 29 万架次,居全国第 9 位。

在消费舒适度方面,依据中国消费者协会发布的《2020 年 100 个城市消费者满意度测评报告》,杭州以 86.67 排名全国第一位。

综上,杭州具备建设国际消费中心城市的坚实基础,是国家培育国际中心城市的优先城市选择。

8.3.2 比较视角下杭州建设国际消费中心城市的短板

尽管杭州具备建设国际消费中心城市的坚实基础,但在与公认的代表性国际消费中心城市和国内一线城市的比较中,杭州依然存在一些短板,这些短板也是"十四五"时期杭州建设国际消费中心城市的主要方向。

国际比较。对比以纽约、伦敦、东京、巴黎等为代表的传统国际消费中心城市和以曼谷、迪拜为代表的新兴国际消费中心城市,杭州存在城市国际知名度相对较低、国际游客数量偏低、服务业比重相对较低、基础设施及文化设施不够完善、消费特色不够突出等问题。

国内比较。北京、上海、成都、广州等国内城市的国际消费中心特征明显。北京在国际会展资源聚集度、高校人才储备量、世界500强企业入驻量、国际知名度、交通便利度方面优势明显。上海在城市经济基础、国际品牌入驻数量、国际人口吸引力等方面更有优势。成都拥有两个国际机场,在区位首位度、国际知名品牌入驻率、消费舒适度等方面表现良好,国际时尚、文化特色与新兴消费业态共存。广州具有较强的国际影响力,国际游客数量较多,城市经济基础良好,国内外贸易总量具有优势。

8.3.3 推进杭州建设国际消费中心城市的建议

国际消费中心城市是消费功能占主导地位的城市,能够从国内外集聚丰富优质的消费资源,能够从国内外吸引众多消费者前来消费。上述城市的多维评价中,与北京、上海、深圳等城市相比,杭州在城市级别、商业活跃度等方面还有一定的不足。结合自身城市特色,杭州可从城市、供给、开放、时间、空间、环境等方面推动国际消费中心城市建设。

(1) 城市方面,优化城市治理,提升城市声誉

国际消费中心城市需要具有较强的辐射力和影响力,确保能够集聚优质消费资源和吸引高端消费人群。塑造城市形象和提升城市国际化水平,是集聚优质消费资源和吸引高端消费人群的基础。对标纽约、伦敦、巴黎、东京等国际消费中心城市,借鉴其在休闲旅游、商务展会、影视娱乐、体育赛事、时尚文化等领域的消费引领发展经验,基于"以人为本"的商业消费逻辑,建设杭州城市核心商圈。在城市治理上贡献智慧城市"杭州样本",展示"重要窗口"建设的城市标杆,提升杭州城市形象和国际化水平。同时,特设城市宣传机构,运营城市形象,推广旅游文化,提升杭州城市国际影响力。

(2) 供给方面,提升城市制造,"在杭州购全球"

产业集聚能够促进消费集聚。杭州正在全面落实"新制造业计划",借助杭州在电子商务、数字经济、现代物流等方面的优势,大力实施"机器换人""企业上云"和"工厂物联网",通过"1+4+X"政策体系,

推动杭州制造业高质量发展。引进跨境电商品牌,打造杭州国际商品分拨中心,培育发展一批国际产品和服务消费新平台,促进杭州引领消费时尚风向标。

(3) 开放方面,发展首店经济,集聚消费资源

首店包括代表性品牌或新品牌在某一区域开的首家实体门店,也包括传统老店通过创新经营业态和模式形成的新店。第一,引进"国际首店",支持有国际影响力的一线品牌、新品来杭首发,为首店落地杭州给予房租减免、税收优惠等政策支持,组织企业到境外举办首店和国际品牌招引活动。第二,引进"特色首店",招引知名企业首店、各类品牌首店、老字号品牌首店等,为企业首店发布提供平台和宣传,促进杭州成为国内外新品首发地、高端品牌首选地、原创品牌集聚地。融入杭州元素,重塑杭州品牌,打造中国高端品牌产品矩阵面向海外的展销平台,形成杭州特色的消费体验。

(4) 时间方面,激发夜间经济,延长消费时间

夜间经济延伸了消费时间,更好地满足了城市居民消费需要。第一,建立"夜间区长"和"夜生活首席执行官"制度,将夜间经济发展纳入"夜间区长"政绩考核,实施包容审慎监管,促进夜间经济统筹协调发展,为夜间经济发展提供安全放心的消费环境。第二,推动夜间经济所依赖的城市基础设施建设,延长城市公共交通运行时间,提高夜生活集聚区照明亮度,做好街景打造、装饰照明、标识指引等工作。第三,丰富夜间经济业态,提升夜间经济产品供给质量。

(5) 空间方面,打造消费平台,拓展消费空间

高品质的消费平台和空间,有助于提升消费体验。注重消费中"人"的尺度,缩短人与商店的距离,创造舒适购物体验。第一,在西湖周边打造"国际消费示范区",促进国际品牌集聚发展,让消费示范区成为城市消费的名片、高质量发展的平台和对外开放的窗口。第二,推动杭州湖滨、清河坊、中国丝绸城等高品质步行街改造提升,推动智慧商圈建设。第三,加快推进5G技术、人工智能、物联网等新型基础设施建设进度,为消费新模式、新业态提供物质和技术支撑。

(6) 环境方面,优化消费环境,打响放心消费

加强消费维权,营造公平有序的市场环境和安全放心的消费环境,是建设国际消费中心城市的重要基础。通过"浙里来消费"活动,提升"放心消费在杭州"的城市声誉。第一,加强企业产品质量信用监管,加大对侵权行为的惩戒力度。第二,降低消费维权成本,创新消费纠纷受理、调解、处置"三位一体"工作机制,运用大数据、云计算、移动互联网等新技术,提升消费维权精准性和有效性。第三,破除促消费制度障碍,深化"放管服"改革,放宽服务消费领域市场准入,强化消费金融支撑,鼓励商业银行开发符合消费型经济特征的融资产品。

第二篇
消费升级：数量基础上的质量追求

生产力发展和人民生活水平提高,共同推动了社会主要矛盾转化。新中国成立特别是改革开放以来,我国经济社会发展取得重大成就和显著进步,中国特色社会主义进入新时代,我国社会主要矛盾已经转化为人民日益增长的美好生活需要和不平衡不充分的发展之间的矛盾。由此,在消费视角下,人民的消费需要从数量增长转变为质量提高,原来的社会主要矛盾更多关注人民物质文化需要的满足和消费水平的提升,新时代社会主要矛盾更加关注人民美好生活需要的实现和消费结构的升级。产品供给质量上升,居民收入水平提高,以及居民对消费品质的追求增加,共同推动了消费结构升级。2022年,全年全国居民人均可支配收入36883元;全年全国居民人均消费支出24538元,其中,人均服务性消费支出10590元;全国居民恩格尔系数为30.5%,其中城镇为29.5%,农村为33.0%。根据联合国对恩格尔系数的划分,我国居民恩格尔系数基本达到富足标准,但相比发达国家水平,居民消费结构仍有较大的升级空间。第二篇关注消费水平提高基础上的消费结构升级问题,从房价上涨、消费倾向、城乡差距、新型城镇化等多个维度,探索居民消费结构升级的机制和路径。

9

房价对消费结构升级的影响

促进居民消费结构升级,是满足人民美好生活需要的重要途径。房价上涨不仅影响居民消费水平,还可能冲击居民消费结构升级路径。利用中国35个大中城市面板数据,该部分实证检验了房价对居民消费结构升级的影响机制和效果。研究表明:总体上,房价抑制居民消费结构升级,这种抑制作用在不同消费结构升级阶段、不同级别城市、不同区域存在差异;边际消费倾向是房价影响消费结构升级的中介变量促进居民消费结构升级,需要关注房价上涨冲击对不同类别消费的边际消费倾向的异质性影响。

9.1　问题的提出与已有研究述评

9.1.1　问题的提出

长期以来,消费需求不足是困扰中国经济发展的重要需求结构问题。党的十九大报告指出,新时代中国社会主要矛盾已转化为人民日益增长的美好生活需要和不平衡不充分的发展之间的矛盾。随着社会主要矛盾转化,推动中国经济高质量发展,需要提升供需适配水平,即需要实现高质量供给和高质量需求的动态均衡。供给侧结构性改革是提升国内供给质量的主要途径,促进居民消费结构升级是提升居民需求质量的主要途径。因此,配合供给侧结构性改革,促进经济实现高水平供需动态均衡,需要进行需求管理。

当前,我国正在加快形成以国内大循环为主体、国内国际双循环相互促进的新发展格局,扩大内需是构建双循环新格局的战略基点。不同于以往关注消费需求数量增长,当前扩大内需更加强调消费结构升级,即追求高质量有效供给和居民消费结构升级的动态高水平均衡。中国政府高度重视消费结构升级问题。2018 年,国务院办公厅印发《完善促进消费体制机制实施方案(2018—2020 年)》,提出如何完善促进实物消费结构升级的政策体系。2019 年,国家发展改革委会同有关部门①共同研究制定了《进一步优化供给推动消费平稳增长促进形成强大国内市场的实施方案(2019 年)》,提出顺应居民消费升级大趋势,进一步优化供给,更好满足人民群众对美好生活需要,促进形成强大国内市场。2021 年,《中华人民共和国国民经济和社会发展第十四个五年规划

---

① 这些部门包括:工业和信息化部、民政部、财政部、住房城乡建设部、交通运输部、农业农村部、商务部、国家卫生健康委和市场监管总局。

9 房价对消费结构升级的影响

和 2035 年远景目标纲要》进一步指出,要顺应居民消费升级趋势,把扩大消费同改善人民生活品质结合起来。因此,在新时代社会主要矛盾下,构建双循环新发展格局和推动经济高质量发展,需要破除制约消费发展的体制机制障碍,提高居民消费水平和促进居民消费结构升级。

扩大消费需求,促进消费结构升级,是实现人民美好生活需要的重要途径。已有研究表明,房价上涨拉大了居民家庭财富差距,并通过"财富效应"或者"挤出效应"影响居民消费水平(Browning 等,2013;颜色和朱国钟,2013;Windsor 等,2015)。一般而言,居民消费水平提升与居民消费结构升级同时发生。城市房价上涨可能会冲击居民消费结构升级路径,导致居民消费分化风险(孙豪等,2020)。

中国城市房价上涨和家庭过高的住房资产配置,可能影响居民消费结构升级进程。一方面,中国大中城市房价呈现出普遍、持续的上涨趋势,房地产业对 GDP 的贡献率逐年递增,在 2020 年时高达 7.3%,远超欧美发达国家。1998—2017 年,商品房平均销售价格从 2 063 元/平方米上涨至 7 892 元/平方米,年均增长率高达 14%,住宅商品房平均销售价格年增长率高达 25%。另一方面,住房资产是中国家庭最重要的资产[①]。《2018 中国城市家庭财富健康报告》显示,中国住房资产占家庭总资产的比重为 77.7%[②],远高于美国等发达国家(Jäntti 和 Sierminska,2007)。房价上涨使中国住房资产占家庭总资产的比重从 1995 年的 35.4% 上升至 2002 年的 57.9% 和 2012 年的 74.7%(Li 和 Zhao,2008)。因此,房价上涨导致居住类消费比重提高,影响居民消费结构升级路径,对其他类别消费产生挤出效应,造成"低档品销量上升"的消费降级问题(石明明等,2019),甚至出现局部消费分化现象。

有鉴于此,在家庭住房资产比重较高和房价上涨的现实条件下,房价如何影响居民消费结构升级,成为新时代需要关注的重要课题。该部分基于中国 35 个大中城市面板数据,研究了房价对消费结构升级的

[①] 数据来源于国家统计局。
[②] 数据来源于广发银行与西南财经大学联合发布的《2018 年中国城市家庭财富健康报告》。

冲击机制与效果。该部分在阐释房价对居民消费结构升级的影响方面作出了边际贡献：其一，从居民消费倾向视角，揭示房价对居民消费结构升级的作用机制；其二，基于大中城市面板数据，识别房价对居民消费结构升级的影响机制和效果，包括房价对不同类别消费倾向的异质性影响效果，以及房价对居民消费结构升级的总体影响效果。

9.1.2 已有研究述评

随着居民收入提高，中国居民消费发展的重点从消费水平转移到消费结构，消费结构升级逐渐成为研究热点。关于房价上涨对消费结构升级的影响，主要分为两类：第一类是趋势估计。比如，王雪琪等(2016)利用动态面板 GMM 估计发现，在控制房价的条件下，我国城镇居民家庭消费结构有向享受型消费发展的趋势。汪伟等(2017)分区域估计结果显示，房价对我国东中西部城市的居民消费结构升级存在显著差异性。第二类是定量分析，即利用 ELES 模型、AIDS 模型等，通过对消费者各项消费的边际消费倾向及价格弹性等进行估计(石明明等，2019)，间接反映房价上涨所带来的影响。元惠连等(2016)利用 CHIPS1995 年、2002 年的数据研究发现，城镇居民消费结构中居住的比重呈明显上升趋势。唐琦等(2018)进一步加入了 CHIPS2013 年的数据研究发现，居住消费挤占了其他家庭消费。

一般而言，消费水平提高和消费结构升级在居民消费发展过程中同时发生。目前，关于房价与消费的研究，主要集中在房价与消费水平方面。住房是为人们提供居住功能的具有价值和使用价值的商品(魏杰和王韧，2007)，具有消费品和投资品双重属性(杨赞等，2014)，房价上涨可能通过财富效应促进消费，也可能通过挤出效应抑制消费。因此，现有关于房价与消费之间关系的研究结论并不统一(Chamon 和 Prasad，2010)。

房价上涨对居民消费的促进作用。房价上涨对居民消费的促进作用主要通过财富效应(Campbell 和 Cocco，2006)、抵押信贷效应(Iacoviello，2005)和绝望消费效应(杜莉和罗俊良，2017)实现。Ludwig 和 Slok(2002)进一步将财富效应细分为已实现的财富效应和未实现的财富效应。城镇居民财富主要由存款、有价证券和住房资产构成,当房产价格上涨时,房产所有者的财富存量上升,促进当期消费增加。杜莉和罗俊良(2017)的研究结果表明,房价上涨通过提升城镇居民平均消费发挥财富效应。Benjamin和Chinloy(2004)研究发现,住房增值对消费的财富效应远高于股票增值。由于发达国家的金融体系相对比较完善,使人们更加容易通过房产抵押、创新金融产品等方式实现对房产的套现。因此,房价上涨更有助于居民通过抵押等途径获取更多现金,进而扩大消费,即抵押信贷效应。抵押信贷效应还可能有逆向扩大消费的机制,即住房按揭贷款会刺激家庭收入增加,进而促进消费(周弘,2012)。在房价上涨至较高水平时,购房压力巨大,导致居民可能推迟甚至取消购房计划,进而增加当期消费,即"绝望消费效应"。

房价上涨对居民消费的抑制作用。房价上涨可能通过预防性储蓄、消费文化和财富重新分配等机制对居民消费产生挤出效应。况伟大(2011)在两期消费模型基础上,分别对房东和租客建立房价与消费关系模型,证明了房价上涨对非住房消费不存在财富效应。住房价格上涨对居民消费的影响在不同群体存在显著差异性(谢洁玉等,2012)。在动态生命周期模型分析框架下,相比于中老年家庭,无持续性的房价上涨会使存在首付和偿还房贷压力的青年增加储蓄和压缩消费(颜色和朱钟国,2013)。住房机会成本和使用成本在我国东中西部地区之间存在差异,是房价上涨对居民消费挤出效应异质性的重要原因(杨赞等,2014)。毛中根等(2017)研究发现,房价上涨对东部地区城镇居民家庭消费的影响高于中西部地区。

房价上涨对居民消费的影响,并非单一的促进或抑制作用,而是二者同时存在,最终影响效果取决于二者的大小。住房价格上涨对居民消费既能产生财富效应,也能产生挤出效应(田青等,2008;李春风等,2017)。房价上涨所表现的最终效应与房价上涨幅度有关,若上涨幅度低于门槛值则表现为财富效应,反之,则为挤出效应。周利等(2020)基于家庭追踪调查(CFPS)数据研究发现,住房价格通过家庭债务这一中介变量间接作用于居民消费。如果由住房贷款所构成的家庭债务在适度规模时,家庭债务对城镇有房家庭消费具有一定的推动作用,一旦超过适度规模,推动作用将转变为挤出效应。

房价上涨不仅影响居民消费水平提高,还影响居民消费结构升级。戴颖杰和周奎省(2012)运用 FAVAR 模型实证检验表明,房价上涨对居民耐用品消费支出产生明显的抑制作用。李剑和臧旭恒(2015)利用省级面板数据从强度和时间特征两个维度进行检验,实证研究表明,房价上涨促进了享受型消费增长。余华义等(2017)运用系统聚类分析方法将 35 个大城市的面板数据划分为高消费水平和低消费水平两个子样本,研究显示高消费水平城市房价上涨的财富效应主要体现在发展型和享受型消费上,低消费水平城市住房上涨主要表现为挤出效应。

已有研究丰富了房价上涨对居民消费的影响机制与效果,总体上房价上涨对消费规模和居民消费水平影响的研究成果较多,但房价上涨对居民消费结构升级的研究并不充分。满足人民美好生活需要,推动经济高质量发展,需要提升供需适配性,即通过供给侧结构性改革和需求管理,实现供需高水平动态均衡。也就是说,当前国内需求发展不仅关注需求数量,更加关注需求质量。具体到居民消费需求,人民对美好生活的需要从消费水平(需求数量)提高转向消费结构(需求质量)升级。相对于已有研究,该部分将研究重心从消费总量转移至消费结构,基于 35 个大中城市面板数据,实证检验了房价对居民消费结构升级的作用机制及影响效果,利用中介效应模型识别边际消费倾向作为房价影响消费结构升级的中介变量,利用分位数回归模型验证了房价对消费结构升级的影响在不同阶段存在差异。该部分研究结论对于构建双循环新发展格局和促进居民消费结构升级具有政策参考价值。

9.2 房价对居民消费结构的影响机制分析

9.2.1 房价对消费结构升级的影响机制

住房的双重属性使其价格波动对总体居民消费的最终影响方向具

9 房价对消费结构升级的影响

有不稳定性和时变特征。但总体影响可归纳为财富效应和挤出效应两种情况,上涨过程中可能带来挤出效应,也可能带来财富效应(杭斌和闫新华,2013),对于消费品属性的房产而言主要体现为挤出效应,对于投资品属性的房产而言主要体现为财富效应。从经验事实判断,社会群体可大致分为三类:一是已有住房群体,比如已拥有一套或者多套房的群体;二是刚需性购房群体,比如打算按揭购房的群体;三是租房群体,比如现阶段无购房计划,欲长期租房群体。三类群体面对不断上涨的房价表现不尽相同。已有住房群体的名义财富会随着不断攀升的房价而不断增加,但对于该群体的影响存在两面性。对于有房群体中的单一住房家庭,如果目前所拥有的住房无法满足住房需要,那么房价的上涨依然会降低家庭的消费需求(张浩等,2017)。对于有房群体的多套房群体,在住房需要满足的同时,有多余房产用于投资,房价上涨则会引起消费的增加。对于刚需性购房群体和租房群体而言,不断攀升的房价会加大意向购房居民的购房成本,使消费者预算约束收紧,抑或是加大租房者的购房压力,强化其在现阶段购房的需求,减少当期消费。因此,对于上述两类群体而言,房价上涨的影响效应为挤出效应。

财富效应或挤出效应是居民消费支出变动的根本原因。房价上涨对不同类别消费的消费倾向的异质性影响,是影响居民消费结构升级的作用机制。根据消费者选择理论,在确定的消费预算支出下,消费者通过购买不同的商品组合实现个人效用最大化。图9-1展示了房价波动对消费结构升级的影响。A为初始均衡点,即居民通过选择必需品和发展型消费品的组合以实现效用最大化。在消费者选择理论框架下,一方面,房价上涨通过财富效应或挤出效应改变预算约束,导致预算约束线的平行移动;另一方面,房价上涨对不同类别消费的消费倾向产生异质性影响,这种异质性影响将导致均衡点的移动和居民消费结构变化。

如果房价上涨产生的财富效应占主导地位,使消费者的最优选择从A点移至B点,消费总支出增加,居民消费束中发展型消费品的支出比重提高、高质量必需品的支出比重同样提高。在满足生活所需后,居

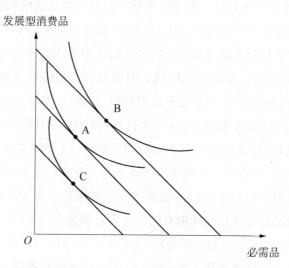

图 9-1 房价上涨对居民消费结构升级的影响机制

民享受到了更多样、更优质的商品与服务。此时,居民可能提高其发展型消费的边际消费倾向,进而消费结构升级得以实现。

如果房价上涨产生的挤出效应占主导地位,会使消费者的最优选择从 A 点移至 C 点。必需品的消费数量很难压缩,居民会尽可能压缩部分发展型消费品数量以应对不断上涨的房价。此时,居民可能降低其部分消费品的边际消费倾向,进而抑制消费结构升级。因此,房价上涨过程中,通过改变分项消费的边际消费倾向,既可能发挥财富效应促进消费结构升级,也可能发挥挤出效应抑制消费结构升级。房价对消费结构升级的最终影响效果需要比较财富效应与挤出效应的相对大小。

9.2.2 房价对消费结构升级影响的异质性

由于各地区经济发展程度的差异性,住房属性也相应地存在差异。对于经济发展好的地区或城市,生活成本负担较重,但基础设施完备,社会保障完善,就业机会多元,住房升值空间较高,加之当地居民思想前卫,有较早的购房意识,住房对消费结构升级的抑制作用在一定程度上被抵消。对于经济发展水平相对落后的地区或城市,房价增值空间有限,变现困难,居民的人均可支配收入较低,在必要生活开支保持恒定情况下,高额房价挤占当地居民其他服务型消费品的支出,无力进行更多的发展与享受型消费,所以房价的上涨对上述地区或城市居民的消费结构升级具有明显的抑制作用。因此,我们认为在经济发展相对落后的中西部地区与Ⅱ型大城市,住房的挤出效应会更加明显,消费结构升级会受到更多的抑制。

9.3 模型设定与数据来源

9.3.1 模型设定与变量说明

建立如下计量模型研究房价上涨对居民消费结构升级的影响:

$$\ln Index_{it} = \beta_0 + \beta_1 \ln Hprice_{it} + \beta_2 \ln X_{it} + \mu_{it} \quad (9-1)$$

其中,$Index_{it}$ 为第 i 个城市第 t 期的消费结构升级指数,$Hprice_{it}$ 为第 i 个城市第 t 期的房价,X_{it} 为控制变量组,包括人均可支配收入、产业结构升级指数、年贷款基准利率、城市化水平和居民消费习惯等因素,μ_{it} 是误差扰动项。为规避模型结果出现异方差性和共线性问题,模型中的变量作了对数化处理。

消费结构升级指数(Index)。目前衡量消费结构升级的指标主要有两种:恩格尔系数、发展和享受型消费支出占比。近年来,恩格尔系数的不断下降,降低了其对居民消费结构测度的敏感度(尹海洁和唐雨,2009)。一些学者开始倾向于使用第二种方法来衡量消费结构升级。依据国家统计局分类标准,把消费品分为食品、衣着、居住、家庭设备、医疗保健、交通通信、文教娱乐和其他八大类。然后,参考汪伟等(2017)、刘子兰和姚健(2018)将医疗保健、交通通信和文教娱乐这三项划分为发展和享受型消费,使用这三项消费支出之和占家庭消费总支出的比重度量消费结构升级。

房价(Hprice)。房价是核心解释变量,采用住宅平均销售价格数据度量。

控制变量。借鉴相关文献,引入如下控制变量:(1)人均可支配收入水平(Income),以城镇居民人均可支配收入水平来衡量。收入是影响消费最基础性的因素。(2)产业结构升级指标(Tertiaryindustry),以第三产业产值占 GDP 的比重来衡量。根据配第-克拉克定理,随着经济社会发展,第一产业的劳动力和国民收入比重逐渐减少,第二、三产业的比重逐渐提高,产业结构升级将推动消费结构升级。(3)年贷款基准利率(Interest),以 1—3 年的长期年贷款基准利率来衡量,在同一年多次调整的利率,需进行加权平均处理。袁冬梅等(2014)研究表明,实际利率均是影响我国城镇居民消费的重要因素。(4)城市化水平(Urbanlization),以城镇常住人口占年末总人口的比重衡量。城乡居民消费行为差异,决定城镇化与居民消费有着天然的内在联系(雷潇雨和龚六堂,2014)。(5)消费习惯(Habitat),以滞后一期的人均消费支出来衡量。杜森贝利的相对收入理论证实了棘轮效应的存在,即居民消费行为具有惯性,当期消费行为受上一期消费行为影响。

9.3.2 数据来源与描述性统计

该部分以《中国房地产统计年鉴》中所统计的我国 35 个大中城市[①]为研究对象,样本期选为 2005—2017 年。所有变量的数据来源情况如下:房价数据来源于历年《中国房地产统计年鉴》中各城市按用途分的房地产开发企业商品房平均销售价格,选取了其中的住宅价格数据;人均可支配收入、家庭人均消费支出(包括八大类消费)均来自《中国城市统计年鉴》;年贷款基准利率数据为中国人民银行年贷款基准利率;城市化水平和产业结构数据来源于各城市统计局历年的统计公报。各变量的描述性统计如表 9-1 所示。

---

① 该 35 个大中城市包括:26 个省会城市(未包含拉萨)、4 个直辖市和 5 个计划单列市(大连、青岛、宁波、厦门和深圳)。昆明市 2016 年的消费数据未收集到,故样本量为 35 * 13−1 = 454 个。

9 房价对消费结构升级的影响

表 9-1 变量描述性统计

变量	观测值	均值	标准差	最小值	最大值
Index	454	0.332	0.039	0.204	0.457
Hprice	454	7 264	5 378	1 541	47 936
Income	454	25 748	11 327	6 389	62 596
Habitat	454	17 181	6 967	5 040	42 049
Urbanlization	454	0.725	0.160	0.126	1.000
Interest	454	5.683	0.734	4.350	6.930
Tertiaryindustry	454	51.172	8.878	36.250	80.600

为更直观地反映出房价与消费结构升级指数之间的关系,我们绘制了 35 个大中城市 2005—2017 年房价与消费结构升级指数的散点图(见图 9-2)。图 9-2 表明,高房价对居民消费结构升级可能产生抑制作用。

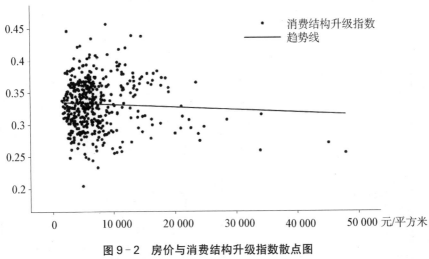

图 9-2 房价与消费结构升级指数散点图

9.4 房价对居民消费结构影响的实证检验

9.4.1 房价对居民消费结构的影响:基准模型

房价上涨对居民消费结构升级可能表现为抑制作用,也可能表现为促进作用。鉴于此,该部分首先运用多种模型明确当前国内房价上涨对居民消费结构影响的最终表现形式。

表9-2报告了房价及控制变量对居民消费结构升级的回归结果,模型(9-1)(9-2)(9-3)分别为混合估计、城市与年份双向固定效应和随机效应的估计结果。三种回归模型结果显示,房价的回归系数估计值均为负,表明房价上涨将会显著抑制居民消费结构升级。具体原因可以归结为:当房价上升时,刚需性购房群体需要将更多的收入用以支付购房费用,通过缩减当前消费,实现为购房增加储蓄;与必需型消费相比,缩减消费更容易作用于医疗保健、文化娱乐和交通通信等发展型消费开支上,进而抑制居民消费结构升级。

表9-2 基准回归结果

	(1) 混合估计	(2) 固定效应	(3) 随机效应
ln Hprice	−0.053*** (−2.70)	−0.059* (−1.70)	−0.049* (−1.92)
ln Tertiaryindustry	0.102*** (2.63)	−0.036 (0.42)	0.010 (0.17)
ln Interest	0.274*** (5.31)	0.189* (1.75)	0.151*** (3.24)
ln Urbanlization	0.088*** (3.02)	0.044 (0.96)	0.062 (1.53)
ln Income	−0.047 (−0.74)	0.491*** (4.73)	−0.087 (−1.25)
ln Habitat	0.135** (2.11)	0.147** (2.21)	0.122* (1.77)
Constant	−2.319*** (−7.91)	−6.779*** (−6.78)	−1.259*** (−3.73)
Observations	418	418	418
R-squared	0.105	0.090	0.071

注:括号内是 t 值,***、**、* 分别表示通过了显著性水平为1%、5%、10%检验;下同。

对于其他控制变量,产业结构升级指数的估计系数为正,表明产业结构升级会促进消费结构升级。消费结构升级需要与供给侧产业升级相互联动,供给侧结构性改革和产业结构升级推动了居民消费结构升级。年贷款基准利率对消费结构升级的影响显著为正,即提升年贷款基准利率有助于消费结构升级,与预期设想有差异,可能是因为利率变化所增加的利息负担远赶不上住房价值的增加量,贷款利率名义增加实则相对减少。城市化水平的估计系数为正,表明城镇化进程有助于促进居民消费结构升级。居民个人可支配收入对消费结构升级指数的回归系数有正有负,显著性并不统一。这表明,尽管收入是影响居民消费最基础性的因素,但影响居民消费结构升级的关键变量,可能是居民可支配收入之外的其他变量,而非可支配收入本身。消费习惯的回归系数为正,表明居民消费结构处于稳定的升级进程,增加发展和享受型消费是居民消费结构升级方向。

9.4.2 房价对居民消费结构的影响:分位数回归模型检验

处于不同的消费结构升级阶段,房价上涨对居民消费结构升级的影响可能存在差异性,居民消费结构升级进程也表现出丰富的层次性。该部分采用分位数回归法对面板数据进行估计。该计量方法在各变量服从不同分布的情形下仍旧有效,并对条件分布的刻画更加细致(Iacoviello,2005),能从多个角度(不同分位点)全面地刻画各变量间的相互影响关系,体现自变量对因变量的某个特定分位数的边际效果,弥补普通多元最小二乘法只能估计"平均影响"的缺陷,提供更加丰富的统计信息,能更多地揭示居民消费结构升级差异性信息。我们选择0.10、0.25、0.50、0.75这4个分位点,基于面板数据进行分位数回归,估计结果见表9-3。整体上看,除城镇化水平、人均可支配收入和消费习惯变量在个别分位点的估计值外,其余变量各分位点的回归系数正负性与基准回归结果保持一致。

表 9-3　分位数回归结果

	(1) QR_10	(2) QR_25	(3) QR_50	(4) QR_75
ln Hprice	−0.063* (−1.72)	−0.074** (−2.30)	−0.061** (−2.31)	−0.037* (−1.83)
ln Tertiaryindustry	0.224*** (3.12)	0.137** (2.13)	0.087* (1.67)	0.092** (2.26)
ln Interest	0.197** (2.06)	0.367*** (4.30)	0.290*** (4.16)	0.220*** (4.08)
ln Urbanlization	−0.010 (−0.18)	0.092* (1.91)	0.108*** (2.74)	0.065** (2.10)
ln Income	0.100 (0.85)	0.019 (0.18)	0.004 (0.04)	−0.077 (−1.16)
ln Habitat	−0.037 (−0.31)	0.094 (0.89)	0.106 (1.22)	0.179*** (2.67)
Constant	−2.597*** (−4.77)	−2.783*** (−5.73)	−2.430*** (−6.14)	−2.373*** (−7.72)
Observations	418	418	418	418

房价在分位数回归中的系数均为负,房价抑制了居民消费结构升级。回归系数的绝对值逐渐变小,表明房价对消费结构升级指数的抑制作用随着消费结构升级在逐渐减弱。在低阶段的消费结构升级过程中,囿于没有足额收入,居民在满足日常开支后已无力承担高额的发展型消费,此时住房的消费品属性凸显,挤出效应远远超过财富效应,房价上涨显著抑制消费结构升级。在高阶段的消费结构升级过程中,居民已享受到高品质的生活,具有高增长值的住房更多表现为投资品属性,多余的可支配收入尽可能地流入房地产市场以实现财富增加,财富效应相对变大,进而对消费结构升级的抑制程度有所减弱。

9.4.3　房价对居民消费结构的影响:城市规模异质性检验

我国处于快速城镇化进程,城镇人口从 2001 年的 4.8 亿增加至

9 房价对消费结构升级的影响

2019年的8.5亿,城镇化率从37.7%提高到60.6%。城镇化意味着有大量劳动力流入城市,他们不仅能在城市获得更高的工资水平和就业机会,而且还可以享受城市的基础教育和医疗服务等公共服务(夏怡然和陆铭,2015)。2019年3月,由国家发展和改革委员会印发的《2019年新型城镇化建设重点任务》,强调放松非户籍人口在城市落户限制的必要性,意味着户籍对人口迁入城市的限制逐步弱化。当前困扰每座城市的普遍问题在于,在高房价背景下,如何让有意愿留在城市的劳动力真正定居下来,这是城镇化进程中需要解决的问题。

尽管房价上涨是近些年的普遍现象,但不同级别城市的房价上涨表现出较大的差异性(见图9-3)。超大城市[①]平均房价[②]增幅在各类城市中涨幅最高,2005—2017年从5 440.06元/平方米增长到25 255.51元/平方米,名义总涨幅高达364.25%,名义年均涨幅约为30.35%。特大城市、Ⅰ型大城市与Ⅱ型大城市平均房价的增幅比较接近,名义总涨幅均在240%上下浮动,名义年均涨幅约为20%,但三者在2015—2017年间的名义年均涨幅出现分化,分别为11.25%、7.40%与8.24%。反观各级城市消费结构升级指数[③],超大城市消费结构升级指数在各级城市中变动幅度最大,从2005年0.377 5下降至2017年0.298 4,降幅为20.95%;特大城市消费结构升级指数降幅为

---

① 依据国务院印发的《关于调整城市规模划分标准的通知》和城区人口常住人口数据,本书超大城市为城区常住人口1 000万以上的城市,包括北京、天津、广州、深圳、重庆、上海;特大城市为城区常住人口500万以上1 000万以下的城市,包括沈阳、郑州、西安、青岛、济南、南京、武汉、成都、杭州;Ⅰ型大城市为城区常住人口300万以上500万以下的城市,包括大连、哈尔滨、长春、太原、石家庄、乌鲁木齐、西宁、昆明、南宁、福州、厦门、合肥、长沙、宁波;Ⅱ型大城市为城区常住人口100万以上300万以下的城市,包括呼和浩特、银川、兰州、海口、贵阳、南昌。

② 本部分第t年某等级城市房价P_t的计算公式为:$P_t = \sum w_{it} * p_{it}$,其中,权重$w_{it}$为第$t$年$i$城市GDP(以当年价格计算)在背景样本城市总GDP的占比,p_{it}第t年i城市的房价。下同。

③ 本部分第t年某等级城市消费价格指数I_t计算公式为:$I_t = \sum w_{it} * I_{it}$,其中,权重$w_{it}$为第$t$年$i$城市GDP(以当年价格计算)在背景样本区域总GDP中的占比,I_{it}第t年i城市的消费结构升级指数。下同。

12.73%；Ⅰ型大城市消费结构升级指数一直保持在平稳区间运行，围绕 0.3360 上下浮动；Ⅱ型大城市消费结构升级指数曾经历一段快速上涨后出现明显滑坡，并未有实质性地持续改观。

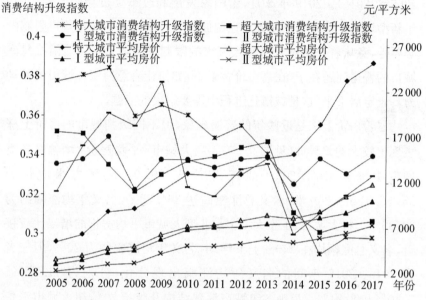

图 9-3　不同规模城市房价与消费结构升级指数变动

对于不同级别的城市，房价对居民消费结构升级的影响可能不同。我们将进一步将全样本分为超大城市、特大城市、Ⅰ型大城市与Ⅱ型大城市四个子样本，检验房价对消费结构的影响，具体估计结果见表 9-4。

表 9-4　不同等级城市消费结构升级影响因素的估计结果

	（1）超大城市	（2）特大城市	（3）Ⅰ型大城市	（4）Ⅱ型大城市
ln Hprice	−0.134*** (−2.83)	−0.061 (−1.18)	−0.067* (−1.82)	−0.319*** (−3.24)
ln Tertiaryindustry	0.488*** (6.71)	0.388*** (2.69)	0.007 (0.08)	0.175 (1.29)
ln Interest	0.194** (2.14)	0.389*** (3.86)	0.194** (2.16)	−0.258 (−0.89)

9 房价对消费结构升级的影响

续表

	（1） 超大城市	（2） 特大城市	（3） Ⅰ型大城市	（4） Ⅱ型大城市
ln Urbanlization	0.580*** (5.96)	0.359*** (3.04)	0.063 (1.56)	0.173 (1.46)
ln Income	−0.103 (−0.80)	−0.091 (−0.68)	−0.084 (−0.82)	−0.324 (−0.81)
ln Habitat	−0.097 (−0.82)	0.082 (0.61)	0.235** (2.48)	0.355 (0.79)
Constant	−0.020 (−0.04)	−2.530*** (−3.17)	−2.266*** (−3.79)	1.280 (0.91)
Observations	72	108	166	72
R-squared	0.671	0.319	0.097	0.188

表9-4表明,不同级别的城市房价系数均为负数,意味着房价上涨抑制居民消费结构升级。不同级别城市房价系数的正负虽然一致,但大小与显著性程度存在明显差异:房价上涨对超大城市与Ⅱ型大城市居民消费结构升级的抑制程度高于特大城市与Ⅰ型大城市。可能的原因是:对于超大城市,房价上涨快,居民购房压力较大,不利于消费结构升级;对于Ⅱ型大城市,居民消费行为变化相对较慢,房价上涨进一步抑制消费行为变化和消费结构升级。

9.4.4 房价对居民消费结构的影响:区域异质性检验

不平衡不充分的发展是当前中国社会主要矛盾的重要方面,其中,区域经济发展不平衡是中国经济发展不平衡的典型特征。总体上,中国房价上涨表现出明显的区域特征,即部分地区和城市表现出房地产投资增长快和房价上涨快等特点。房产的不可移动性和房产投资的地域性,使得房价变动具有更明显的地区特征(梁云芳和高铁梅,2007)。房产的区域特性会对区域经济发展产生较大的外部性,即通过房地产的产出、投资、消费和价格来影响区域经济活动。2003年以来,中国倾向于中西部地区的土地供应政策,导致东部地区土地供应相对受限和东部地区房价上涨快于中西部地区(陆铭等,2015)。房价上涨的区域差异,可能导致房价影响居民消费结构升级的区域异质性。

从图9-4中可看出,东部城市[①]平均房价在2005—2017年从4 979.53元/平方米上涨至22 142.15元/平方米,名义年均增幅约1 430.22元/平方米,同期,消费结构升级指数从0.366 8跌至0.304 6。中西部城市房价在2005—2017年从2 473.24元/平方米上涨至8 885.54元/平方米,名义年均增幅为534.36元/平方米,同期,消费结构升级指数从0.341 4降至0.305 6。

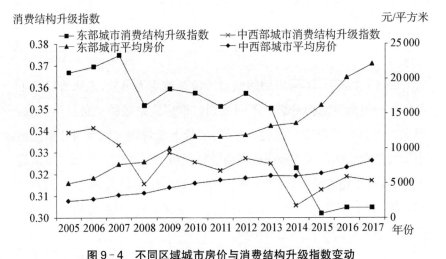

图9-4 不同区域城市房价与消费结构升级指数变动

对于不同地区的城市,房价对居民消费结构升级的影响可能不同。我们将进一步将35个大中城市划分为东部和中西部城市两个子样本进行检验,估计结果见表9-5。

---

① 根据国家对东部、中部、西部的划分标准,东部城市包括沈阳、大连、北京、天津、石家庄、济南、青岛、南京、上海、杭州、宁波、福州、厦门、广州、海口、深圳16个城市;中西部城市包括太原、呼和浩特、长春、哈尔滨、合肥、南昌、郑州、武汉、长沙、西安、兰州、银川、西宁、乌鲁木齐、成都、重庆、昆明、贵阳、南宁19个城市。

9 房价对消费结构升级的影响

表 9-5 不同区域消费结构升级影响因素的估计结果

	(1) 东部地区	(2) 中西部地区
ln Hprice	−0.068** (−2.26)	−0.108*** (−2.98)
ln Tertiaryindustry	0.099** (2.01)	0.144** (2.54)
ln Interest	0.307*** (4.01)	0.084 (1.23)
ln Urbanlization	0.317*** (5.73)	−0.003 (−0.09)
ln Income	0.054 (0.62)	−0.099 (−1.13)
ln Habitat	−0.059 (−0.63)	0.221*** (2.68)
Constant	−1.288*** (−2.72)	−2.033*** (−5.07)
Observations	192	226
R-squared	0.315	0.108

表9-5表明,东部和中西部地区房价对消费结构升级的影响方向一致,但系数大小上有着明显差异,房价上涨对中西部地区居民消费结构升级的抑制程度高于东部地区。可能的原因是:一方面,中西部地区的房产流动性相对较弱,使得房价上涨所带来的财富效应无法及时兑现;另一方面,东部地区房价抬高的同时,居民工资相应推升,一定程度上抵消了房价上涨对消费结构升级的抑制作用,而中西部地区居民工资增长相对缓慢,居民储蓄率相对较高,导致房价上涨的抑制作用更显著。

9.4.5 内生性和稳健性检验

为了缓减房价对消费结构升级影响中的内生性问题,借鉴佟家栋和刘竹青(2018),城市土地供给条件是房价较合适的工具变量,选择城市人均招拍挂土地转让面积作为房价的工具变量。采用工具变量法的估计结果如表9-6所示。

表9-6 工具变量估计结果

	第一阶段 ln Hprice	第二阶段 ln index
ln perland	−0.105*** (−10.79)	
ln Hprice		−0.129*** (−3.20)
ln tertiaryindustry	0.039 (0.47)	0.112*** (3.03)
ln interest	0.421 (1.39)	0.109 (0.83)
ln income	0.946*** (7.12)	0.163** (2.28)
ln urbanlization	0.113* (1.88)	0.068** (2.47)
ln expenditure1	0.426*** (3.28)	0.179*** (3.06)
Observations	416	416
R-squared	0.841	0.295
第一阶段F统计量	116.46	

表9-6第(1)列报告了工具变量第一阶段的估计结果。可以发现,城市人均招拍挂土地转让面积的估计系数均1%的水平上显著为负,说明人均招拍挂土地转让面积与房价水平显著负相关,且第一阶段回归的R^2达到0.841。在控制其他因素的影响后,弱工具变量F检验的统计量的值远大于10,说明选择的工具变量比较合理,不存在弱工具变量问题。第(2)列报告了第二阶段的结果。可以发现,房价对消费结构升级的估计系数在1%的水平上显著为负。这证实了研究结论的稳

9 房价对消费结构升级的影响

健性。

接下来,通过调整样本、变动指标等方法进行稳健性检验。直辖市有明显的区位优势和城市级别优势,为观察非直辖市城市样本的回归结果,在剔除直辖市样本后,重新进行多元回归分析,结果见表9-7第(1)列。对于非直辖市样本,房价对消费结构升级的影响结果依然稳健。

表9-7 稳健性检验

被解释变量	(1)消费结构升级指数	(2)消费结构升级指数	(3)消费结构升级指数	(4)恩格尔系数
ln Hprice	−0.074*** (−3.50)			0.116*** (5.15)
ln Lprice		−0.020** (−2.49)		
ln(Hprice/Income)			−0.053*** (−2.70)	
ln Tertiaryindustry	0.068 (1.55)	0.103*** (2.62)	0.102*** (2.63)	−0.041 (−0.92)
ln Interest	0.281*** (4.98)	0.251*** (4.96)	0.274*** (5.31)	0.347*** (5.86)
ln Urbanlization	0.071** (2.34)	0.074** (2.57)	0.088*** (3.02)	−0.059* (−1.76)
ln Income	−0.056 (−0.85)	−0.050 (−0.78)	−0.100 (−1.61)	−0.233*** (−3.20)
ln Habitat	0.182*** (2.73)	0.106* (1.66)	0.135** (2.11)	−0.002 (−0.03)
Constant	−2.381*** (−7.27)	−2.300*** (−7.82)	−2.319*** (−7.91)	−0.183 (−0.54)
Observations	370	416	418	418
R-squared	0.101	0.101	0.105	0.370

表9-7列(2)和列(3),以土地价格和房价工资比率分别替换房价成为新的核心解释变量。其中,土地价格的核算方法,参考赵凯和刘成坤(2018)研究,选取"招拍挂"出让地块的平均价格近似代替用地价格。估计结果显示:土地价格作为新的解释变量,其显著性以及符号与基准回归保持一致;房价工资比率作为新的解释变量,其显著性以及符号与基准回归相一致。进一步地,参考王辉龙和高波(2016)的研究方法,采用恩格尔系数作为新的被解释变量,并重新进行估计。列(4)的回归结果表明,核心变量房价的显著性和符号与预期保持一致,实证结果保持稳健。

9.5 边际消费倾向:房价对消费结构影响的中介效应

接下来,从边际消费倾向视角,进一步讨论房价影响消费结构升级的作用机制。房价可能通过影响边际消费倾向进而影响消费结构升级。参考刘子兰和姚健(2018)使用的扩展线性支出系统(ELES)模型,估计得到各年份居民的边际消费倾向。

ELES模型由Lluch和Williams(1975)在线性支出系统(LES模型)的基础之上改进后得出,其基本形式如下:

$$V_i = p_i r_i + b_i \left(X - \sum_{j=1}^{n} p_j r_j \right) \quad i,j=1,2,3\cdots\cdots,n; i \neq j \quad (9-2)$$

其中,V_i为对第i种商品的实际消费支出,X为可支配收入,p_i、p_j分别为第i、j种消费品的价格,r_i、r_j为对第i、j种商品的基本需求量,边际消费倾向b_i为待估参数。

令

$$k_i = p_i r_i - b_i \sum_{j=1}^{n} p_j r_j \quad (9-3)$$

则(9-2)式转化为:

$$V_i = k_i + b_i X \quad (9-4)$$

9 房价对消费结构升级的影响

最终,ELES 模型的计量形式为:

$$V_i = k_i + b_i X + \varepsilon_i \qquad (9-5)$$

其中,ε_i 为随机扰动项。对式(9-5)进行 OLS 估计即可得到边际消费倾向 b_i 的估计值,结果如表9-8所示。

表9-8　分项消费的边际消费倾向估计结果

年份	(1)食品	(2)衣着	(3)居住	(4)家庭设备	(5)医疗保健	(6)交通通信	(7)文教娱乐	(8)其他
2005	0.215	0.030	0.074	0.031	0.060	0.136	0.106	0.024
2006	0.216	0.036	0.068	0.041	0.060	0.133	0.126	0.028
2007	0.215	0.030	0.063	0.040	0.056	0.136	0.133	0.024
2008	0.219	0.037	0.049	0.037	0.057	0.122	0.120	0.029
2009	0.206	0.031	0.052	0.038	0.054	0.117	0.120	0.032
2010	0.217	0.039	0.063	0.046	0.061	0.096	0.117	0.028
2011	0.234	0.037	0.056	0.041	0.062	0.094	0.112	0.031
2012	0.193	0.030	0.032	0.031	0.068	0.091	0.112	0.030
2013	0.317	0.085	0.016	0.029	0.071	0.096	0.104	0.029
2014	0.181	0.025	0.112	0.028	0.039	0.083	0.084	0.036
2015	0.146	0.019	0.261	0.027	0.018	0.101	0.071	0.022
2016	0.139	0.020	0.244	0.028	0.017	0.088	0.077	0.020
2017	0.126	0.015	0.257	0.024	0.010	0.072	0.075	0.019

表9-8显示,总体而言,居民的边际消费倾向呈下降趋势。2013年以前,各项消费的边际倾向均呈现出稳中有降趋势。2013年以后,住房和医疗保健的边际消费倾向发生了较大变动(2013年国家统计局关于八大类消费的统计口径发生了较大变化),其他六项消费的边际倾向仍然呈下降趋势。

在估计居民边际消费倾向的基础上,采用温忠麟和叶宝娟(2014)改进后的中介效应分析方法,实证检验房价通过影响边际消费倾向进而影响消费结构升级的机制是否存在。构建如下中介效应模型：

$$Index_{it} = \alpha_{it} + \alpha_1 \ln Hprice_{it} + \alpha_2 X_{it} + \varepsilon_{it} \quad (9-6)$$

$$MPC_{it} = \gamma_{it} + \gamma_1 \ln Hprice_{it} + \gamma_2 X_{it} + \mu_{it} \quad (9-7)$$

$$Index_{it} = \delta_{it} + \delta_1 \ln Hprice_{it} + \delta_2 MPC_{it} + \delta_3 X_{it} + \varphi_{it} \quad (9-8)$$

检验步骤如下：首先，构建房价对消费结构升级的回归方程(9-6)，回归得到房价的估计系数 α_1。若 α_1 不显著，则房价对消费结构升级的影响不显著，便没有必要进行中介效应检验；若 α_1 显著，则进行下一步检验，即构建房价对中介变量边际消费倾向(MPC)的回归方程(9-7)，以及房价和中介变量边际消费倾向(MPC)对消费结构升级的回归方程(9-8)，以此来检验中介效应是否存在。如果方程(9-7)中房价的系数 γ_1 显著，且方程(9-8)的中介变量 MPC 的系数 δ_2 也显著，表明间接效应显著。然后，进一步检验方程(9-8)中房价的系数 δ_1。若 δ_1 不显著，即直接效应不显著，说明只有中介效应。若 δ_1 显著，即直接效应显著。此时，需要比较 $\gamma_1 * \delta_2$ 和 δ_1 的符号。如果同号，属于部分中介效应；如果异号，属于遮掩效应。然而，如果方程(9-7)中房价的系数 γ_1 和方程(9-8)的中介变量 MPC 的系数 δ_2 中至少有一个不显著，则需要使用 Bootstrap 法直接检验原假设 $H_0: \gamma_1 * \delta_2 = 0$，若显著，则间接效应显著。否则，停止分析。基于此，我们利用方程(9-6)(9-7)(9-8)进行影响机制的实证检验。表9-9报告了估计结果。

表9-9 中介机制检验

	(1) Index	(2) MPC	(3) Index
ln Hprice	−0.026*** (−2.60)	−0.015* (−1.87)	−0.024** (−2.36)
MPC			0.166** (2.58)
ln Tertiaryindustry	−0.052* (−1.80)	0.060*** (2.63)	−0.062** (−2.14)

9 房价对消费结构升级的影响

续表

	(1) Index	(2) MPC	(3) Index
ln Interest	0.027 (1.64)	−0.121*** (−9.35)	0.047*** (2.61)
ln Urbanlization	0.003 (0.19)	−0.000 (−0.00)	0.003 (0.19)
ln Income	−0.013 (−0.50)	−0.111*** (−5.60)	0.006 (0.23)
ln Expenditure1	0.034 (1.45)	−0.008 (−0.40)	0.036 (1.51)
Constant	0.512*** (3.84)	1.943*** (18.31)	0.190 (1.05)
Observations	418	418	418
R-squared	0.091	0.728	0.107

表 9-9 模型(1)显示,房价对消费结构升级的估计系数为 −0.026,在 1% 的水平下显著。模型(2)显示,房价对总边际消费倾向的估计系数为 −0.015,在 10% 的水平下显著。同时,模型(3)中,房价对消费结构升级的估计系数为 −0.024,在 5% 的水平下显著,其系数大小和显著性均有所减弱,而边际消费倾向对消费结构升级的估计系数 0.166,在 5% 的水平下显著为正。可以发现,$\gamma_1 * \delta_2$ 和 δ_1 同号。因此,边际消费倾向是房价影响消费结构升级的部分中介因子。

进一步地,为了分析房价究竟是通过抑制八大类消费中的哪类边际消费倾向而影响了消费结构升级,分别估计了房价对总消费的边际倾向和不同类别消费的边际倾向的影响,结果如表 9-10 所示。可以发现,房价上涨显著降低了居民的总边际消费倾向,但并没有对所有消费类别均产生负向影响。具体来看,房价上涨显著降低了居住、交通通信两类消费的边际消费倾向,反而显著促进了食品、家庭设备、医疗保健和文教娱乐的边际消费倾向,而对衣着和其他消费的边际倾向影响不显著。

表 9-10　房价对分项边际消费倾向的影响

	(1) 总消费	(2) 食品	(3) 衣着	(4) 居住	(5) 家庭设备
ln Hprice	−0.015* (−1.87)	0.023* (1.81)	0.007 (1.20)	−0.055*** (−3.24)	0.008*** (6.21)
控制变量	是	是	是	是	是
Observations	418	418	418	418	418
R-squared	0.728	0.479	0.232	0.720	0.722

	(6) 医疗保健	(7) 交通通信	(8) 文教娱乐	(9) 其他
ln Hprice	0.014*** (3.58)	−0.021*** (−7.19)	0.010*** (4.11)	0.001 (0.64)
控制变量	是	是	是	是
Observations	418	418	418	418
R-squared	0.726	0.833	0.891	0.349

首先，交通通信是发展享受型支出，房价抑制了交通通信边际消费倾向，进而抑制消费结构升级的逻辑是清晰的，即房价上涨对交通通信消费支出产生挤出效应。其次，实证分析的是边际消费倾向，而非消费支出本身。房价上涨，对于与住房相关的支出消费倾向下降是价格弹性的基本规律。这样的研究结果与现实基本也是相符的。可以说，房价上涨抑制的发展和享受型消费中的交通通信支出的边际消费倾向，进而抑制了消费结构升级。

9.6　研究结论与政策启示

当今世界处于百年未有之大变局，中国政府不断深化供给侧结构性改革，并提出要充分发挥我国超大规模市场优势和内需潜力，加快构建以国内大循环为主体、国内国际双循环相互促进的新发展格局。面对世界大变局和各种经济冲击，中国需要充分发挥消费对经济发展的

9 房价对消费结构升级的影响

基础性作用,将扩大内需作为构建双循环新发展格局的战略基点,促进居民消费结构升级,化解新时代社会主要矛盾,满足人民美好生活需要。然而,住房、教育、医疗等公共基本服务供给不足,成为抑制居民消费水平提高和消费结构升级的桎梏。特别地,中国家庭住房资产占家庭总资产比重偏高,房价较快上涨冲击居民消费结构升级路径。基于中国35个大中城市面板数据,实证研究了房价上涨对居民消费结构升级路径的冲击机制及效果,研究结论对于促进居民消费结构升级具有参考价值。

该部分使用面板分位数回归方法、ELES模型、中介效应模型进行实证检验,研究得出以下结论:(1)现阶段房价上涨显著抑制了总体居民消费结构升级,这种抑制作用对处于低消费结构阶段居民的影响程度大于处于高消费结构升级阶段居民。(2)房价上涨对居民消费结构升级的影响存在城市异质性和区域差异性,房价上涨对超大城市与Ⅱ型大城市居民消费结构升级的抑制程度高于特大城市与Ⅰ型大城市;房价上涨对中西部地区居民消费结构升级的抑制程度高于东部地区。(3)边际消费倾向是房价影响消费结构升级的中介变量,房价通过对不同类别消费的边际消费倾向的异质性影响,进而影响居民消费结构升级,即房价上涨显著降低居住、交通通信的边际消费倾向,且显著提升食品、家庭设备、医疗保健和文教娱乐的边际消费倾向。

提高人民生活水平和质量,是发展经济的根本目的。在构建双循环新发展格局的发展阶段,扩大居民消费和促进居民消费结构升级,是满足人民美好生活需要的重要途径,对于化解新时代社会主要矛盾和促进经济高质量发展具有重要意义。研究结论,对于促进居民消费结构升级具有以下政策启示。

第一,控制房价过快上涨。居民消费决策是在既定约束条件下追求效用最大化的结果。因此,房价过快上涨,将导致居民预期改变,进而增加住房投资和压缩生活性消费,特别是中高端消费。尽管房地产市场发展在一定程度上带动了经济发展,一旦房价过快增长和房价过高,将导致居民购房压力过大和住房成本过高,阻碍居民生活水平和质量的提高。坚持"房住不炒"定位,需要加快建立多主体供给、多渠道保障、租购并举的住房制度,完善住房市场体系和住房保障体系。控制房价上涨对居民预期的影响和对居民消费升级的约束。控制房价过快上涨,一方面,要提高保障性住房、租赁住房供给,因城施策,着力解决困难群体和新市民的住房问题;另一方面,要完善土地出让收入分配机制,加大财税、金融支持力度,借鉴长沙、重庆等城市对住房价格调控经验,支持合理自住需求,抑制投资投机性需求。东部地区房价上涨快于中西部地区,这与我国东部地区相对收紧的用地管控政策以及中西部地区相对宽松的用地管控政策有关。把握人口流动趋势,及时调整区域用地管控政策,使用地管控政策匹配人口流动趋势,有助于控制房价过快上涨和促进居民消费结构升级。

第二,提升基本公共服务供给水平。研究结论表明,房价上涨抑制居民消费结构升级。市场化改革和城镇化进程,改变了居民生活成本构成。住房成本,特别是对于城镇化进程中需要落户城市的新城市人而言,是居民生活成本中最主要的成本之一。提升基本公共服务供给,是缓解居民居住成本和促进居民消费升级的重要途径。事实上,除住房领域外,医疗、教育等基本公共服务领域都需要深化改革,即通过提升住房、医疗、教育等领域的公共服务供给水平,减轻居民消费顾虑和弱化居民预防性储蓄动机,有助于促进居民消费结构升级。2021年6月,教育部成立了校外教育培训监管司,深化校外教育培训改革,强化校外教育培训监管。2021年7月,中共中央办公厅、国务院办公厅印发了《关于进一步减轻义务教育阶段学生作业负担和校外培训负担的意见》,切实提升学校育人水平,持续规范校外培训,有效减轻义务教育阶段学生过重作业负担和校外培训负担。上述两项措施,除规范教育生态和矫正教育功能外,还将在一定程度上减轻家庭教育焦虑,进而促进居民消费结构升级。该部分关于消费倾向中介效应的研究表明,在消费行为意义上,类似于房价对居民消费结构升级的影响,提升住房、医疗、教育等基本公共服务水平有助于改善居民消费行为,进而促进居民消费结构升级。

9 房价对消费结构升级的影响

第三,改善居民消费倾向。扩大居民消费需求和促进居民消费结构升级,是中国构建双循环新发展格局的战略基点,也是改善需求结构的重点。消费率偏低的需求结构问题是一个宏观经济问题,也是一个微观经济问题,即提升居民消费率和促进居民消费结构升级的关键是改善微观居民消费行为,特别是提高居民消费倾向。研究表明,房价通过对分项消费倾向非均衡性的影响抑制居民消费结构升级,其政策启示在于,促进居民消费结构升级,需要提升居民社会保障水平和减轻居民消费焦虑,改善居民消费倾向。无论是节约的居民消费习惯还是收紧的消费约束,我国居民消费结构升级都具有被抑制的特征。我国居民消费倾向有较大的提升空间。居民消费倾向是微观居民消费行为特征,更是居民消费在宏观经济环境下的微观表达。改善居民消费倾向,不应局限于居民消费本身,更重要的是改善居民消费所处的整体宏观环境,特别是营造良好的消费环境。在居民收入水平既定的情况下,控制房价上涨和提供更高水平的社会保障,是改善居民消费环境的重要方面,有助于提升居民消费倾向和促进居民消费结构升级。

10 城乡收入差距对消费结构升级的影响

促进居民消费结构升级是需求侧管理的重要内容,也是提升供需适配性的重要途径。该部分在测度城乡收入差距和居民消费结构的基础上,从消费行为视角研究了城乡收入差距影响居民消费结构升级的机制与效果。研究表明:城乡收入差距呈现缩小趋势,恩格尔系数仍是测度居民消费结构的有效指标;缩小城乡收入差距有助于促进居民消费结构升级;消费倾向是城乡收入差距影响居民消费结构升级的中介因子。城乡收入差距和居民消费结构升级处在新时代社会主要矛盾的两端,本部分的研究结论对促进居民消费结构升级、化解社会主要矛盾和推动经济高质量发展具有政策参考价值。

10 城乡收入差距对消费结构升级的影响

10.1 问题的提出与已有研究述评

10.1.1 问题的提出

中国特色社会主义进入新时代,社会主要矛盾已转化为人民日益增长的美好生活需要和不平衡不充分的发展之间的矛盾。在新时代社会主要矛盾的两端:一端是不平衡不充分的发展,其中,城乡发展不平衡不充分是重要维度;另一端是人民美好生活需要,其中,居民消费结构升级是实现美好生活需要的重要途径。因此,城乡收入差距如何影响居民消费结构升级,成为化解新时代社会主要矛盾值得关注的重要议题。

与过去重视扩大消费相比,当前更加重视促进居民消费结构升级。居民消费结构升级,是经济高质量发展的需求侧动力。实现人民美好生活需要,是经济发展的最终目的。当前中国经济发展更加重视经济发展质量,即更高水平的供需均衡:在供给侧,通过供给侧结构性改革,提升产品供给质量,增加有效供给;在需求侧,通过需求管理,推动居民消费增长和消费结构升级。因此,国家通过供给侧结构性改革和需求侧管理,实现供需适配和更高水平的动态均衡,构建以国内大循环为主体、国内国际双循环相互促进的新发展格局,增强经济发展韧性和内生稳定性,推动经济高质量发展。

然而,城乡收入差距较大制约居民消费升级进程,甚至导致部分群体存在局部消费降级风险(孙豪等,2020)。中国决战脱贫攻坚取得全面胜利,5575万农村贫困人口实现脱贫,困扰中华民族几千年的绝对贫困问题得到历史性解决,创造了人类减贫史上的奇迹。但中国城乡收入差距依然较大,部分农村居民没有摆脱收入脆弱性。目前我国发展最大的不平衡是城乡发展不平衡。2020年,中国城乡居民可支配收入比为2.56,城乡居民收入差距作为社会主要矛盾中"不平衡"的主要体现,成为亟待解决的重大问题。2020年5月,李克强曾在十三届全国人大三次会议后的记者会上指出:"中国是一个人口众多的发展中国家,我们人均年可支配收入是3万元人民币,但是有6亿中低收入及以下人群,他们平均每个月的收入也就1000元左右。"城乡分割是中国二元经济结构的重要特征,也是导致中国城乡居民收入差距长期居高不下的主要原因(李实和罗楚亮,2014)。《中华人民共和国国民经济和社会发展第十四个五年规划和2035年远景目标纲要》指出,要"制定促进共同富裕行动纲要,自觉主动缩小地区、城乡和收入差距,让发展成果更多更公平惠及全体人民,不断增强人民群众获得感、幸福感、安全感"。城乡收入差距过大等问题,不利于居民消费结构升级,通过"相对剥夺效应"和"攀比效应"影响居民幸福感(Okulicz-kozaryn A. 和 Mazelis J. M., 2017),阻碍社会整体福利提升。

宏观经济问题是微观经济主体行为的外在反映。基于这一认识,本章节从新时代社会主要矛盾的两端出发,检验城乡收入差距对居民消费结构升级的影响,并从消费行为的角度解释了城乡收入差距对居民消费结构升级的影响机制。本部分的边际贡献主要体现在以下两个方面:其一,在详细测度城乡收入差距和消费结构升级并总结其特征事实的基础上,基于省级面板数据实证检验城乡收入差距对消费结构升级的影响效果;其二,从消费倾向视角揭示城乡收入差距影响消费结构升级的机制。

10.1.2 已有研究述评

收入差距问题一直备受关注。随着经济从高速增长转为中高速增长,我国更加重视经济高质量发展,当前我国政府正努力在高质量发展中推进共同富裕建设,因而分配问题也逐渐成为更加重要的问题。城乡收入差距是居民收入差距的重要维度,在长期趋势上,收入差距呈现出波动上升和高位徘徊(李实和朱梦冰,2018)。城乡收入差距表现出区域异质性,经济发达省份城乡收入差距相对较小,经济发展水平较低的省份城乡收入差距较大(苏素和宋云河,2011)。城乡内部的收入差距略大于城乡之间的收入差距,城市内部的收入差距大于农村内部的收入差距(杨灿明和孙群力,2011)。

已有研究较多地关注了收入差距对消费需求的影响。消费倾向是连通收入差距与消费需求的桥梁。依据边际消费倾向递减规律,高收入者的边际消费倾向低于低收入者,当社会中一部分财富从低收入者转移至高收入者,即出现收入差距扩大现象,则不利于社会总体消费增长(王宋涛和吴超林,2012;Koo J. 和 Song Y. ,2016)。相对收入假说表明,个人消费受过去消费习惯的影响,同时也会受到所处群体内部以及群体之间"示范效应"的影响。城乡之间、高收入地区与低收入地区之间、群体内部确实存在消费的"示范效应"(周建和杨秀祯,2009;郭亚帆和曹景林,2015),并通过结构性地改变居民消费倾向,进而影响消费需求增长。

消费需求增长重点关注消费增长的数量,消费结构升级重点关注消费发展的质量。随着居民收入提高和生活水平提升,研究重点逐渐从收入差距对消费水平的影响转向收入差距对消费结构升级的影响。中国城乡居民收入差距扩大会拉大城乡居民在食品、交通和通讯、文教、娱乐用品及服务四大类商品的消费差距(胡日东等,2014)。城乡收入差距挤出了农村家庭生存型和享受型商品消费,但促进了城市居民享受型商品消费(李江一和李涵,2016)。石明明等依据居民消费结构动态演变规律,从消费结构和消费习惯两个层面对消费升级内涵进行分析,并为部分存在的消费降级提供了解释(石明明等,2019)。收入差距对各地区消费升级影响效应的大小存在区域异质性,且与各地区发展阶段相关联(纪园园和宁磊,2020)。

在对消费结构升级问题的研究中,一个重要的问题是对消费结构的测度。恩格尔系数是测度消费结构最常用的方法。除此之外,国外学者构建了一些系统性的模型测度消费结构,包括:Working(1943)与 Leser(1964)构建的商品支出份额与总支出对数的线性模型;Stone(1954)提出的线性支出系统模型(LES),某类商品的需求将取决于总支出与价格;Liuch 为弥补线性支出系统模型易受自变量设定偏误的缺陷,以可支配收入替换了总支出,以边际消费倾向代替边际预算份额,得到了扩展线性支出系统模型(ELES)(Liuch C.,1973),该模型可着重分析不同消费品的边际消费倾向及各类弹性系数;Theil(1965)与Christensen等(1975)分别提出了鹿特丹模型(Rotterdam Model)与超对数转换模型(Translog Model),但因模型形式适用性不强等缺陷无法得到广泛应用。Deaton和Muellbauer(1980)基于PIGLOG函数形式提出了几近完美的需求系统模型(AIDS),该模型具有适配各类需求函数、选择公理等特征。Banks等(1997)为使AIDS模型更好拟合恩格尔曲线,在原有基础上加入消费支出的二次项,模型扩展为二次几近完美的需求系统模型(QUAIDS)。

国内大量学者使用上述测度研究了消费结构问题(郭晗和任保平,2012;元惠连等,2016;唐琦等,2018)。吴学品和李荣雪(2021)构建包含习惯形成理论的面板ELES模型,实证分析现阶段中国高中低收入地区农村居民支出中的习惯形成效应。一些学者也提出了新的消费结构测度方法,比如,汪伟等(2017)以医疗保健、交通和通信与教育文化三项支出总和在总消费支出中的占比作为消费结构升级指数;俞剑和方福前(2015)采用城乡居民工业品与农业品、服务品与工业品的支出比例作为消费结构升级指数。

现有文献为本章节开展进一步的研究提供了有益参考和良好借鉴。在已有研究的基础上,有如下三个问题需要进一步的深入研究:其一,已有研究的重点聚焦在收入差距对消费需求的影响上,关于消费结构升级的研究较少,在新时代社会主要矛盾下,需要加强对居民消费结构升级的研究;其二,宏观经济问题是微观经济主体行为的宏观表达,要想更好地理解宏观上的消费结构升级问题,需要从微观消费行为视角阐释消费结构升级问题;其三,关于消费结构的研究,较多文献采用了微观截面数据,但消费结构升级是一种连续的过程,考察面板数据可能会有更多发现。

10.2 城乡收入差距与居民消费结构的特征事实

"我国发展最大的不平衡是城乡发展不平衡,最大的不充分是农村发展不充分。"在检验城乡收入差距对居民消费结构升级的影响效果之前,本章节从多个维度测度了国内城乡收入差距和消费结构升级现状,并从理论上阐释了城乡收入差距对消费结构升级的影响机制。

10.2.1 城乡收入差距测度

中国经济从高速发展逐步转向高质量发展阶段,实现了发展阶段转变。长期以来,中国经济增长成果备受瞩目,但收入差距保持在高位徘徊。本部分采用基尼系数和泰尔指数多维度评估中国收入差距现状。基尼系数是度量某一区域内居民整体收入分配不平等程度最重要也是最为客观的指标,从相对意义刻画居民收入分配不平等程度。泰尔指数具备和基尼系数相似的变化趋势,同时泰尔指数具有以下优势:一是可测度不同维度下的收入不平等;二是能灵活地区分组间不平等和组内不平等。二者相辅相成,尽可能降低统计误差。

(1)基于基尼系数测度

2013年之前,受城乡二元体系与统计测定方式影响,城镇与农村居民收入统计存在差异,城镇居民可支配收入的测定依据城镇住户收支抽样调查,收入等级分为非等份的7组,农村居民纯收入的测定则依据农村住户收支抽样调查,收入等级分为等份的5组。由于数据格式差异,导致无法直接测算总体居民基尼系数。因此,借鉴陈建东(2010)与田卫民(2012)的测算方法,采用如下公式测算:

$$G = 1 - \frac{1}{PW} \sum_{i=1}^{n} (W_{i-1} + W_i) * P_i \qquad (10-1)$$

$$G = P_c^2 \frac{U_c}{U} G_c + P_r^2 \frac{U_r}{U} G_r + P_c P_r \frac{U_c - U_r}{U} \qquad (10-2)$$

$$G = \frac{P_c P_r (U_c - U_r)}{P_c U_c + P_r U_r} \qquad (10-3)$$

式(10-1)中，P 为总人口，W 为总收入，W_i 为累计到第 i 组的收入，P_i 表示第 i 组的人口占总人口的比重。本章节将国家统计局居民收支调查数据分别代入式(10-1)，计算得到城镇与农村居民收入基尼系数。式(10-2)与式(10-3)中，P_c 为城镇人口在总人口中的比重，P_r 为农村人口在总人口中的比重，U_c 为城镇居民人均收入，U_r 为农村居民人均收入，U 为全体居民人均收入，基于式(10-1)的测度结果，式(10-2)可计算出总体居民基尼系数，利用式(10-3)可测定城乡之间基尼系数，测定的具体结果见图10-1。①

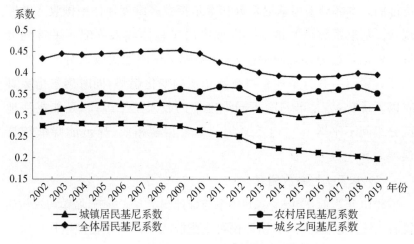

图10-1 2002—2019年各类基尼系数走势图

自2002年起，全体居民基尼系数保持一定速率缓慢上升，并在2009年达到峰值。而自2010年起，总体收入差距表现出逐年下降的态势，城乡间基尼系数同样呈现加速下降态势。总体居民基尼系数的下降趋势一直持续至2015年，随后总体居民基尼系数呈现高位徘徊的态势。这种趋势意味着收入差距扩大的势头有所放缓，但也意味着收入差距持续扩大的风险仍存。物质资本和人力资本代际传递的情况并未

---

① 全国居民基尼系数测定数值小于国家统计局公布的数值，主要原因以下两点：第一，对整体基尼系数进行分解，分为组间差距、组内差距和交互项，根据宏观分组数据进行测定将会忽略交互项；第二，中国的年度收支数据离散程度较低，导致基尼系数计算结果低估。

得到根本性改善,这成为居民收入差距保持在高位的重要原因(罗楚亮等,2021)。

特征事实 1:整体居民收入基尼系数保持在高位徘徊,城乡内部收入差距形势严峻,城乡之间收入差距持续改善。

城镇居民基尼系数始终在 0.3 上下浮动,农村居民基尼系数则始终在 0.35 上下浮动。城镇居民和农村居民内部的收入差距一直没有得到明显改善。2010 年后,农村内部基尼系数逐渐走高,收入差距逐渐拉大,而城镇内部基尼系数则恰恰相反。2015 年后,城镇内部基尼系数与农村内部基尼系数都经历着缓慢上升的过程,城镇内部收入差距扩大幅度高于农村。反观城乡之间基尼系数,样本期内自始至终呈现下降趋势,城乡之间收入差距明显改善。

(2)基于泰尔指数测度

本章节继续使用国家统计局居民收支调查数据,参照孙豪和毛中根(2017)对居民消费不平等的分解方程,利用公式(10-4)(10-5)(10-6),将居民收入城乡不平等分解为居民城乡之间不平等和城乡内部不平等。

$$T = T_{between} + T_{within} \qquad (10-4)$$

$$T_{between} = \sum_{i}^{2} U_i \ln \frac{U_i}{P_i} \qquad (10-5)$$

$$T_{within} = \sum_{i}^{2} U_i \sum_{j} U_{ij} \ln \frac{U_{ij}}{P_{ij}} \qquad (10-6)$$

式(10-4)中,T 为居民收入城乡群体不平等,$T_{between}$ 为居民收入城乡间不平等,T_{within} 为居民收入城乡内部群体不平等;式(10-5)中,i 代表城镇或者农村,U_i 代表收入份额,P_i 代表人口份额;式(10-6)中,j 代表城镇或者农村内部不同收入等级群体,U_{ij} 和 P_{ij} 分别为城乡内部群体收入份额和人口份额。具体测定结果见图 10-2。需要说明的是,在测定 2002—2012 年城镇居民内部泰尔指数时,$j=7$;实现城乡一体化后,即在 2013 年以后的泰尔指数计算过程中,$j=5$。

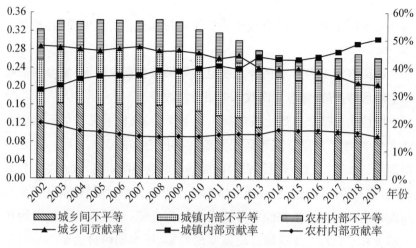

图 10-2 居民收入城乡群体不平等的分解

注:左坐标轴刻度对应泰尔指数,右坐标轴刻度对应贡献率,柱高代表泰尔指数大小。

特征事实 2:整体居民收入城乡群体不平等呈下降趋势,城乡内部群体不平等已成为城乡群体不平等的主因,城镇内部群体不平等贡献率始终高于农村居民。

根据图 10-2 的测度结果,城乡群体泰尔指数变化趋势与总体居民基尼系数保持一致,在经历一段下降过程之后维持相对稳定趋势。分解结果表明,居民收入城乡之间不平等贡献率的均值为 42.86%,城乡内部不平等贡献率的均值为 57.14%,进一步细化来看,城镇内部贡献率均值为 40.51%,农村内部贡献率均值为 16.63%。由此可见,城乡群体收入不平等主要来源于城乡内部的群体收入不平等,而城乡内部的群体收入不平等主要由城镇内部群体收入不平等引起。从变化趋势来看,居民收入城乡间不平等贡献率逐年降低,其贡献率从 2013 年的 39.99% 下降至 2019 年的 34.05%,降幅近六个百分点。相比于农村内部群体收入不平等贡献率平缓的走势,城镇内部群体收入不平等贡献率在数值上远超农村居民,并且呈现不断上升趋势。

10.2.2 居民消费结构测度

本部分构建如下指标测算居民消费结构变动情况,反映一定时期

10 城乡收入差距对消费结构升级的影响

内消费结构的变动量,其测算公式如下:

$$Variation_j = \sum_{j=1}^{8} |C_{j1} - C_{j0}| \quad (10-7)$$

$$Contribution_j = \frac{|C_{j1} - C_{j0}|}{\sum_{j=1}^{8} |C_{j1} - C_{j0}|} \quad (10-8)$$

其中,$Variation_j$ 表示第 j 类($j=1, 2\cdots 8$)消费支出结构变动量,$Contribution_j$ 表示各类消费支出结构贡献率;C_{j1} 和 C_{j0} 分别表示各类消费支出在期末和期初占总消费的比重,$\sum_{j=1}^{8} |C_{j1} - C_{j0}|$ 表示一定时期内的各项消费支出变动量的总和;将期初与期末间隔时间固定,便可比较不同时期的消费结构变动情况。选取 2001—2019 年城镇与农村居民消费支出数据,用以度量我国最近四个五年计划实施过程中居民消费结构变动情况。

特征事实 3:城镇居民居住支出增长较快,农村居民医疗保健支出增长较快。

城镇居民消费支出结构变动情况见表 10-1。从表 10-1 可以发现,我国城镇居民消费结构变动在"十五"到"十三五"期间内呈现先放缓后加快的趋势。从城镇居民消费支出结构变动贡献率中发现,居住支出在我国城镇居民消费结构变化过程中影响程度最大,食品烟酒支出次之。居住支出份额从不断缩小转向扩大,对居民消费和福利水平的提升有着举足轻重的影响。另外,交通通信支出份额不断萎缩,教育文化娱乐支出额有所增加,医疗保健支出份额开始逐渐扩大,影响程度逐步攀升,是未来消费结构升级关注的方向。

表 10-1 中国城镇居民消费支出结构变动

时间段	"十五"	"十一五"	"十二五"	"十三五"
食品烟酒	−1.25 (10.61)	−0.12 (1.93)	−6.59 (24.99)	−1.75 (24.35)
衣着	0.03 (0.24)	0.35 (5.79)	−3.10 (11.75)	−1.01 (14.04)

续表

居住	−0.14 (1.18)	−0.51 (8.36)	12.82 (48.65)	2.00 (27.92)
生活用品及服务	−2.65 (22.51)	1.01 (16.58)	−0.64 (2.43)	−0.16 (2.27)
交通通信	3.94 (33.47)	1.53 (25.23)	−0.65 (2.45)	−0.67 (9.34)
教育文化娱乐	0.82 (6.94)	−1.75 (28.79)	−1.08 (4.09)	0.43 (6.00)
医疗保健	1.09 (9.30)	−0.66 (10.92)	0.36 (1.35)	1.07 (14.89)
其他用品及服务	−1.85 (15.75)	0.15 (2.41)	−1.13 (4.30)	0.09 (1.20)
总体结构变动量	11.77	6.08	26.36	7.17

注：表中所有数字单位为%，括号内数字代表各项消费支出变动对总体消费支出变动的贡献率。表10-2同。

农村居民消费支出结构变动情况见表10-2。从表10-2可以发现，我国农村居民消费结构变动趋势在各时期内与城镇居民相似，但变动程度不及城镇居民。细分来看，食品烟酒支出对我国农村居民消费结构变化的影响程度最高，农村居民消费结构升级潜力更大。相比于城镇居民高额的居住支出，农村居民医疗保健支出份额逐渐提升。无论是城镇居民还是农村居民，衣着支出份额在缩减。

表10-2 中国农村居民消费支出结构变动

时间段	"十五"	"十一五"	"十二五"	"十三五"
食品烟酒	−2.23 (22.58)	−1.92 (21.74)	−7.35 (44.31)	−2.24 (40.87)
衣着	0.14 (1.46)	0.09 (0.97)	−0.53 (3.20)	−0.33 (5.98)
居住	−1.54 (15.63)	2.48 (28.07)	2.49 (14.98)	0.35 (6.34)

续表

生活用品及服务	−0.06 (0.60)	0.87 (9.81)	0.02 (0.10)	−0.15 (2.71)
交通通信	3.27 (33.06)	0.32 (3.57)	2.11 (12.73)	0.36 (6.50)
教育文化娱乐	0.50 (5.09)	−2.42 (27.31)	2.91 (17.54)	0.55 (10.06)
医疗保健	1.03 (10.40)	0.67 (7.59)	0.77 (4.66)	1.49 (27.10)
其他用品及服务	−1.11 (11.20)	−0.08 (0.95)	−0.41 (2.49)	−0.02 (0.44)
总体结构变动值	9.88	8.85	16.59	5.49

特征事实4：在当前城乡居民消费结构升级阶段，恩格尔系数依然是测度消费结构非常有效的指标。

近年来，随着居民消费结构升级，恩格尔系数不断降低，学界有学者提出恩格尔系数是否仍能有效测度居民消费结构的问题。根据本章节对各类消费支出结构贡献率的测度结果，食品烟酒贡献率依然保持在较高水平，因此，恩格尔系数依然是测度居民消费结构的有效指标。对于城镇居民，近20年食品烟酒消费支出对总体消费支出结构变动的贡献率在所有消费类别中位居次席，在所有份额下降的消费类别中位居首位。对于农村居民，食品烟酒的份额变化程度超过城镇居民。无论是对总体消费支出结构变动的贡献率，还是消费支出份额的下降幅度，食品烟酒支出在所有消费类别中始终占据首位。因此，食品烟酒消费支出变动在城镇与农村居民消费升级过程中占据重要地位，使用恩格尔系数度量居民消费结构升级仍具有较强的适用性。

10.3 城乡收入差距对消费结构的影响机制分析

所谓消费结构，即"人们在消费过程中所消费的各种不同类型的消费资料的比例关系就是消费结构"(尹世杰,2007:84)。消费资料分为生存资料、享受资料和发展资料,因此本章节认为消费结构升级的内涵可以归结为消费升级过程中,居民消费总量中各消费资料的比例发生变化,即生存资料的比重逐步下降,享受资料和发展资料的比重逐步上升。生存资料比重下降或者享受资料和发展资料比重上升,都是消费结构升级。

为分析城乡收入差距对居民消费结构升级的影响,本章节将全体居民分为城镇居民与农村居民两大群体。假设 I_1 与 I_2 分别代表城镇居民群体和农村居民群体的收入($I_1 > I_2$),为简化分析,假设经济体只有两类商品,分别是生存型消费品 x^s 与发展型消费品 x^d,价格分别为 P_1 与 P_2,消费支出分别为 C_1 与 C_2,在总消费支出中的占比为 R^s 与 R^d。

假设居民效用函数采用柯布-道格拉斯效用函数的对数形式,具体如下:

$$U_i(x_i^s, x_i^d) = a_i \ln(x_i^s) + b_i \ln(x_i^d) \qquad (10-9)$$

其中,a_1 与 b_1 分别代表城镇居民对生存型消费品和发展型消费品的相对偏好,a_2 与 b_2 分别代表农村居民对生存型消费品和发展型消费品的相对偏好,并与消费倾向相关联。每个群体效用最大化问题正规化表达为:

$$\max \{a_i \ln(x_i^s) + b_i \ln(x_i^d)\} \qquad (10-10)$$

$$s.t. \ P_1 x_i^s + P_2 x_i^d \leqslant I_i \qquad (10-11)$$

构建拉格朗日函数求解上述模型的最大化问题,即:

$$L = a_i \ln(x_i^s) + b_i \ln(x_i^d) + \lambda(I_i - P_1 x_i^s - P_2 x_i^d), \ i = 1, 2$$
$$(10-12)$$

该问题的最优化一阶条件如下:

$$\frac{\partial L}{\partial x_i^s} = \frac{a_i}{x_i^s} - \lambda P_1 = 0 \qquad (10-13)$$

$$\frac{\partial L}{\partial x_i^d} = \frac{b_i}{x_i^d} - \lambda P_2 = 0 \qquad (10-14)$$

$$\frac{\partial L}{\partial \lambda} = I_i - P_1 x_i^s - P_2 x_i^d = 0 \qquad (10-15)$$

联立上述三个方程,即可得到如下表达式:

$$x_i^s = \frac{a_i I_i}{P_1} \qquad (10-16)$$

$$x_i^d = \frac{b_i I_i}{P_2} \qquad (10-17)$$

联立式(10-16)和式(10-17)可得:

$$C_1 = P_1 x_1^s + P_1 x_2^s = a_1 I_1 + a_2 I_2 \qquad (10-18)$$

$$C_2 = P_2 x_1^d + P_2 x_2^d = b_1 I_1 + b_2 I_2 \qquad (10-19)$$

令 $\frac{I_1}{I_2} = \alpha$,因为 $I_1 > I_2$,故 $\alpha > 1$,则:

$$R^s = \frac{C_1}{C_1 + C_2} = \frac{a_1 I_1 + a_2 I_2}{I_1 + I_2} = \frac{a_1 \alpha + a_2}{1 + \alpha} \qquad (10-20)$$

$$R^d = \frac{C_2}{C_1 + C_2} = \frac{b_1 I_1 + b_2 I_2}{I_1 + I_2} = \frac{b_1 \alpha + b_2}{1 + \alpha} \qquad (10-21)$$

为进一步探究城乡居民收入差距对消费结构的影响,本文对式(10-20)与式(10-21)对 α 求导,从而可得:

$$\frac{dR^s}{d\alpha} = \frac{a_1 - a_2}{(1+\alpha)^2} \qquad (10-22)$$

$$\frac{dR^d}{d\alpha} = \frac{b_1 - b_2}{(1+\alpha)^2} \qquad (10-23)$$

从式(10-22)和式(10-23)中可以看出,城乡收入差距对消费结构的影响取决于 $(a_1 - a_2)$ 与 $(b_1 - b_2)$ 的绝对值大小与符号。
一般而言,城镇居民消费结构升级高于农村居民,即 $a_1 - a_2 < 0$,

$b_1 - b_2 > 0$,则城乡收入差距扩大（α 增大）会对生存型消费品支出比例有负向影响 $\left(\dfrac{\mathrm{d}R^s}{\mathrm{d}\alpha} < 0\right)$，对发展型消费品的支出有正向影响 $\left(\dfrac{\mathrm{d}R^d}{\mathrm{d}\alpha} > 0\right)$。因此，提出假设1：城乡收入差距扩大会抑制居民消费结构升级。

基于上文对城乡居民消费结构的测度，一般而言，$|a_1 - a_2| > |b_1 - b_2|$，并且认定 a_2 的变动率大于 a_1 的变动率。因此，提出假设2：收入差距扩大对生存型消费的影响程度大于发展型消费，尤其是农村居民生存型消费。

10.4 模型、变量与数据

10.4.1 模型设定

本章节重点检验城乡收入差距对居民消费结构升级的影响。主要从以下三个维度进行实证研究：一是检验分析城乡收入差距对居民消费结构升级总体影响效果；二是深入剖析城乡收入差距对不同类型居民消费结构升级的影响；三是分别测度城乡居民平均消费倾向和边际消费倾向，并揭示城乡居民收入差距影响消费结构升级的机制。针对前两个维度，基准计量模型设定如下：

$$Engels_{it} = \alpha_0 + \alpha_1 Tai_{it} + \beta X_{it} + \mu_i + \varepsilon_{it} \qquad (10-24)$$

其中，$Engels_{it}$ 为 i 省第 t 年的恩格尔系数，Tai_{it} 为 i 省第 t 年的泰尔指数，X_{it} 为控制变量组，包括产业结构升级指数、政府干预程度、住房价格以及老年抚养比，μ_i 为地区固定效应，ε_{it} 为随机干扰项。

测度食品的平均消费倾向时，使用如下计量模型：

$$APC_{it} = \alpha_0 + \alpha_1 Income_{it} + \beta X_{it} + \varepsilon_{it} \qquad (10-25)$$

其中，APC_{it} 为 i 省第 t 年的食品平均消费倾向（居民食品支出/居民可支配收入），$Income_{it}$ 为 i 省第 t 年的居民可支配收入，ε_{it} 为随机干扰项。α_1 是实证结果中需要关注的待估参数，度量居民收入对居民食品边际消费倾向的影响。同样,X_{it}为控制变量组,与计量模型(10-24)的控制变量保持一致。

测度食品的边际消费倾向时,借鉴陈斌开(2012)的研究,构建如下计量模型:

$$Expenditure_{it} = \alpha_0 + \alpha_1 Income_{it} + \alpha_2 Income_{it}^2 + \beta X_{it} + \mu_i + \varepsilon_{it} \tag{10-26}$$

其中,$Expenditure_{it}$为i省第t年的居民食品支出,$Income_{it}$为i省第t年的居民可支配收入,μ_i为地区固定效应,ε_{it}为随机干扰项。α_2是实证中需要关注的待估参数,度量居民收入对居民食品的边际消费倾向。同样,X_{it}为控制变量组,与计量模型(10-24)的控制变量保持一致。

10.4.2 变量说明

(1)恩格尔系数(Engles)。该指标是国际上旨在测度居民生活与福利水平的通用指标(Chai A. 和 Moneta A.,2010),通常以家庭食物开支占消费支出的比重来衡量。在统计年鉴中,并没有全体居民恩格尔系数的数据,因此本章节根据统计年鉴中现有的城镇、农村居民恩格尔系数、人口数据、食品消费支出以及可支配收入等数据进行估算。估算方法有两种:其一,全体居民恩格尔系数=(城镇人口/总人口)*城镇恩格尔系数+(农村人口/总人口)*农村恩格尔系数;其二,全体居民恩格尔系数=(城镇人口*城镇居民食品消费支出+农村人口*农村居民食品消费支出)/(城镇人口*城镇居民人均可支配收入+农村人口*农村居民人均可支配收入)。为减少系统误差的干扰,前一种方法作为基准回归的被解释变量进行回归分析,后一种度量作为一种稳健性检验方法。

(2)泰尔指数(Tai)。城乡收入差距的代理变量作为本章节的核心解释变量。该指标在一定程度上降低模型出现多重共线性的可能性,能更很好地反映国内收入分布两端(高收入群体和低收入群体)收入变动较大的基本国情(王少平和欧阳志刚,2007)。以 Tai_{it} 表示 i 地区 t 时期的泰尔指数,其计算公式为:

$$Tai_{it} = \sum_{j=1}^{2} \left(\frac{P_{ij,t}}{P_{i,t}}\right) Ln \left(\frac{P_{ij,t}}{P_{i,t}} \Big/ \frac{Z_{ij,t}}{Z_{i,t}}\right) \quad (10-27)$$

这里 i 代表 31 个省(直辖市或自治区,不包括香港、澳门、台湾,下同), j 代表城乡,取值 1 代表城镇,2 代表农村, P_{ij} 代表某地区所有居民的人均可支配总收入, P_i 表示该地区所有居民的总收入, Z_{ij} 代表该地区城镇或农村人口数量, Z_i 则代表该地区总人口数。

(3) 食品支出(Expenditure)。使用《中国统计年鉴》居民消费八大类支出中的食品烟酒支出进行度量。

(4) 居民可支配收入(Income)。城镇居民以家庭人均可支配收入进行度量,农村居民以家庭人均纯收入(2013 年后为农村人均可支配收入)进行度量。

(5) 控制变量 X。控制变量包括:老年抚养比(Old),以 64 岁以上人口数占 15 岁—64 岁工作人口比重进行衡量。生命周期理论强调了年龄结构对消费的重要性,故将宏观的年龄结构作为控制变量。产业结构升级指数(Tertiary),产业结构与消费结构具有较强的相关性,衡量产业结构升级程度的方法目前并不统一,本章节参考孙晶和李涵硕(2012)的做法,选取各省第二、三产业附加值之和与该地区 GDP 的比值,作为该省产业结构升级指数的代理变量。政府干预程度(Gov),本章节参考陈斌开和林毅夫(2013)的研究,以政府财政收入占 GDP 比重度量政府干预程度,政府干预对居民消费结构升级具有一定影响。住房价格(Hprice),采用商品房平均销售价格,并取自然对数处理,已有研究表明,住房价格过高会影响居民消费(况伟大,2011;颜色和朱国钟,2013)。

10.4.3 数据来源与描述性统计

因统计口径于 2005 年进行了较大的调整,为不影响实证结果的可靠性,本章节实证部分使用中国 31 个省 2006—2018 年的省级面板数据。所有变量数据主要来源于 2007—2019 年《中国统计年鉴》,部分缺失数据均从各省年度统计年鉴中予以补充。数据的描述性统计如表 10-3 所示。数据显示,城镇居民恩格尔系数的均值为 0.339,农村居民恩格尔系数的均值为 0.385,数值均小于 0.4,这表明中国居民家庭生活水平已达到相对富裕。

表 10-3 变量描述性统计

变量名称	变量内容	样本量	均值	标准差	最小值	最大值
Engels	总体恩格尔系数（方法一）	403	0.362	0.075	0.201	0.659
Engels1	总体恩格尔系数（方法二）	403	0.253	0.048	0.129	0.372
Tai	泰尔指数	403	0.115	0.055	0.020	0.281
Urban	城镇居民恩格尔系数	403	0.339	0.063	0.161	0.533
Rural	农村居民恩格尔系数	403	0.385	0.088	0.238	0.791
RAPC	农村居民食品平均消费倾向	403	0.295	0.060	0.181	0.478
UAPC	城镇居民食品平均消费倾向	403	0.239	0.045	0.106	0.348
Tertiary	产业结构升级指数	403	0.893	0.056	0.673	0.997
Gov	政府干预程度	403	0.079	0.030	0.030	0.200
Old	老年抚养比(%)	403	13.06	2.914	6.700	22.700
Hprice	住房价格	403	8.505	4 199.944	1 707.992	33 820
Rincome	农村居民人均纯收入(万元)	403	0.892	0.502	0.198	3.037
Uincome	城镇居民人均可支配收入(万元)	403	2.348	1.044	0.887	6.803
Rexpenditure	农村居民食品消费支出(万元)	403	0.245	0.115	0.081	0.743
Uexpenditure	城镇居民食品消费支出(万元)	403	0.529	0.175	0.222	1.110

10.5 城乡收入差距影响居民消费结构的实证检验

10.5.1 基准回归分析

表 10-4 报告了基于计量方程(10-24)的回归结果,第(1)列以固定效应模型作为基准模型。根据第(1)列回归结果,核心解释变量符号符合预期,泰尔指数的回归系数估计值为正,表明在 1% 的显著水平下,城乡收入差距扩大抑制居民消费结构升级。泰尔指数每扩大 0.1 个单位,全体居民恩格尔系数将上升 4.76 个百分点,收入不平等的加剧会产生一种"被甩开"的不安心理,加强居民的储蓄倾向(Eggertsson G. B. 等,2019),导致消费总支出减少,日常必需的食品消费支出在总支出中的比例上升,恩格尔系数变大,最终导致居民消费结构升级受到抑制。

表 10-4 基准回归结果

	(1)	(2)	(3)	(4)	(5)
	FE	RE	2SLS	GMM	Engles1
Tai	0.476*** (6.33)	0.456*** (6.09)	0.439*** (4.34)	0.580*** (6.31)	0.470*** (8.93)
Tertiary	−0.147*** (−2.77)	−0.160*** (−3.01)	−0.358*** (−5.22)	−0.398*** (−6.33)	−0.105*** (−2.84)
Old	−0.006*** (−7.56)	−0.006*** (−7.22)	−0.003** (−2.21)	−0.003*** (−2.69)	−0.003*** (−5.49)
Gov	0.410*** (2.66)	0.443*** (2.94)	0.091 (0.52)	−0.214 (−1.28)	0.209* (1.94)
LnHprice	−0.073*** (−10.63)	−0.073*** (−10.51)	−0.001 (−0.10)	0.052*** (3.71)	−0.049*** (−10.34)
常数项	1.107*** (15.59)	1.115*** (15.41)	0.668*** (5.35)	0.246** (2.07)	0.740*** (14.89)
样本量	403	403	372	310	403
R^2	0.782	0.756	0.295	0.246	0.806

注:括号内是 t 统计值,***、**、* 分别表示通过了 1%、5%、10% 的显著性检验。下同。

其他控制变量中,产业结构升级指数扩大对恩格尔系数的影响显著为负,说明实现产业结构升级,为居民提供多样化、高质量的商品与服务,有助于改善居民消费和生活,促进居民消费结构升级。老年抚养比对恩格尔系数的影响显著为负,但其系数的绝对值较小,说明老龄化对居民消费结构升级有一定的促进作用。这一结论与茅锐和徐建炜(2014)的研究结论一致,即人口老龄化导致食品和医疗的消费份额不断扩大,即生存型和发展型消费品的支出同时扩大,致使食品消费占比变化不明显。政府干预程度对恩格尔系数的影响显著为正,说明提高税收不利于居民消费结构升级。住房价格上涨并没有抑制消费结构升级,反而能使恩格尔系数显著地下降。

表10-4中第(2)列至第(5)列主要用于检验固定效应模型的稳健性。第(2)列报告了随机效应模型的回归结果[1],回归结果与基准回归模型并无明显差异。为减少收入分配和消费之间可能存在的内生性问题,第(3)列引入滞后一期的泰尔指数作为工具变量,在控制省份固定效应的同时采用2SLS估计,核心解释变量数值和显著性与基准回归模型基本一致。考虑到城乡收入差距对居民消费结构的影响存在滞后性,第(4)列引入滞后一期和滞后三期的泰尔指数作为工具变量,控制省份固定效应的同时采用GMM估计模型,该模型同时通过了弱工具变量检验与工具变量过度识别检验。模型结果显示,城乡收入差距对居民消费结构的影响方向并没有改变。第(5)列被解释变量采用总体居民恩格尔系数的另一种计算方法进行估计,即总体恩格尔系数(方法二),所有变量的显著性和符号均符合预期。稳健性检验结果表明,城乡收入差距对居民消费结构的影响稳定且显著,即城乡收入差距扩大抑制居民消费结构升级。实证结果证实假设1为真。

10.5.2 城乡异质性检验

表10-5报告了城乡收入差距对城乡居民消费结构的影响。第

---

[1] Hausman 检验的 p 值为 0.0000。

(1)列与第(4)列采用了固定效应模型,分别报告了城乡收入差距对城镇居民恩格尔系数与农村居民恩格尔系数的影响;第(2)列与第(5)列采用了随机效应模型;分别报告了城乡收入差距对城镇居民恩格尔系数与农村居民恩格尔系数的影响;第(3)列与第(6)列参考汪伟等(2017)对消费结构的测度,以医疗保健、交通和通信、教育文化支出总和在居民总消费中的比例度量消费结构升级指数,作为新的被解释变量进行估计。

表 10-5 异质性检验回归结果

被解释变量	城镇居民恩格尔系数			农村居民恩格尔系数		
	(1)	(2)	(3)	(4)	(5)	(6)
Tai	0.369*** (4.68)	0.340*** (4.41)	−0.262*** (−3.36)	0.581*** (5.63)	0.549*** (5.39)	−0.550*** (−5.32)
Tertiary	−0.085 (−1.53)	−0.104* (−1.90)	0.117** (2.13)	−0.208*** (−2.86)	−0.218*** (−3.01)	0.088 (1.20)
Old	−0.006*** (−6.89)	−0.006*** (−6.64)	0.002** (2.38)	−0.006*** (−5.59)	−0.006*** (−5.31)	0.009*** (7.98)
Gov	0.260 (1.61)	0.301* (1.95)	−0.564*** (−3.52)	0.571*** (2.69)	0.622*** (3.04)	−0.006 (−0.03)
LnHprice	−0.053*** (−7.36)	−0.053*** (−7.42)	−0.010 (−1.35)	−0.079*** (−8.44)	−0.079*** (−8.40)	0.013 (1.33)
常数项	0.880*** (11.81)	0.897*** (12.01)	0.342*** (4.64)	1.216*** (12.48)	1.222*** (12.40)	0.050 (0.52)
模型设定	固定效应	随机效应	固定效应	固定效应	随机效应	固定效应
样本量	403	403	403	403	403	403
R^2	0.664	0.663	0.106	0.702	0.702	0.489
Hausman-p 值	0.000	0.000	0.067	0.000	0.000	0.002

回归结果显示,泰尔指数与城乡居民恩格尔系数显著地呈正相关关系,即无论是城镇居民还是农村居民,城乡收入差距扩大均抑制消费结构升级。相对而言,城乡收入差距扩大对农村居民消费结构升级的抑制作用大于城镇居民。城乡收入差距对城乡居民消费结构升级的影

响存在显著异质性,这可能是由农副产品价格控制、不合理的税费负担、城乡劳动力市场分割、城市偏向性政策等因素导致的(王小华和温涛,2015)。在城乡收入差距扩大过程中,农村居民预防性储蓄高于城镇居民,从而抑制农村居民消费结构升级。城镇居民消费行为对农村居民具有示范作用,在城乡居民消费结构升级进程存在明显差异条件下,农村家庭消费效仿城镇家庭消费的动机不断加强,电商、直播带货等新型消费模型有助于弥合城乡消费结构升级鸿沟。对城乡收入差距的测度结果显示,近年来城乡收入差距不断缩小,这将有助于促进城乡居民消费结构升级。

10.5.3 影响机制检验

表 10-6 报告了计量模型(10-25)的回归结果。鉴于房贷偿还期限长和对居民消费影响的滞后性,第(1)列与第(2)列同时采用住房价格滞后一期替代住房价格,并采用 2SLS 估计方法分别测算城镇与农村居民食品平均消费倾向,所有解释变量符号符合预期。城镇居民与农村居民收入的回归系数显著为负,表明随着居民收入的提高,居民食品平均消费倾向降低。居民可支配收入水平决定消费支出水平,进而影响居民消费结构。居民收入变化对农村居民食品消费倾向的影响要高于城镇居民,由于农村居民收入偏低,其消费结构升级进程滞后于城镇居民(Klein L. 和 Rubin H.,1948)。提高农村居民可支配收入,缩小城乡收入差距,有助于促进居民消费结构升级。

表 10-6 居民收入与食品平均消费倾向

	城镇居民	农村居民
	(1)	(2)
Income	-0.048^{***} (-13.19)	-0.087^{***} (-7.35)
Tertiary	-0.144^{***} (-4.35)	-0.163^{***} (-3.31)

续表

	城镇居民	农村居民
	(1)	(2)
Old	0.000 (0.62)	0.002* (1.83)
Gov	0.261*** (3.04)	0.425*** (3.26)
LnHprice	0.040*** (4.78)	0.013 (0.97)
常数项	0.116* (1.77)	0.352*** (3.22)
样本量	372	372
R^2	0.540	0.394

表 10-7 报告了计量模型(10-26)的回归结果。其中,第(1)列与第(2)列分别用固定效应模型与随机效应模型检验城镇居民收入与消费之间的关系,第(3)列与第(4)列分别用固定效应模型与随机效应模型检验农村居民收入与消费之间的关系。回归结果与预期一致,即无论是城镇居民还是农村居民,收入水平越高,居民食品边际消费倾向越低。居民收入的提高对农村居民食品平均消费倾向的影响大于城镇居民,表明提高农村居民收入能够有效促进农村居民消费结构升级。

表 10-7 居民收入与食品边际消费倾向

被解释变量	城镇居民食品消费		农村居民食品消费	
	(1)	(2)	(3)	(4)
Income	0.223*** (14.72)	0.218*** (15.38)	0.314*** (19.93)	0.306*** (20.21)
$Income^2$	−0.014*** (−8.99)	−0.014*** (−9.27)	−0.029*** (−7.27)	−0.028*** (−7.17)

续表

被解释变量	城镇居民食品消费		农村居民食品消费	
	(1)	(2)	(3)	(4)
Old	−0.010*** (−6.69)	−0.009*** (−6.32)	−0.003*** (−3.63)	−0.003*** (−3.26)
Gov	1.256*** (4.64)	1.175*** (4.75)	0.367** (2.50)	0.388*** (2.89)
Tertiary	−0.154* (−1.66)	−0.164* (−1.87)	0.056 (1.10)	0.029 (0.60)
LnHprice	0.002 (0.09)	0.011 (0.60)	−0.038*** (−3.91)	−0.032*** (−3.39)
常数项	0.260 (1.60)	0.191 (1.24)	0.281*** (3.37)	0.255*** (3.16)
模型设定	固定效应	随机效应	固定效应	随机效应
样本量	403	403	403	403
R^2	0.916	0.916	0.943	0.943
Hausman-p 值	0.1063		0.0906	

10.5.4 居民消费倾向的中介效应检验

接下来,本章节基于扩展线性支出系统(ELES)模型从边际消费倾向视角,进一步讨论城乡收入差距影响消费结构升级的作用机制。城乡收入差距可能通过对不同类别消费支出边际消费倾向的异质性作用效果进而影响消费结构升级。本章节采用扩展线性支出系统(ELES)模型,估计得到 31 个省各年份的居民边际消费倾向。ELES 模型源于 Klein 和 Rubin(1948)提出的直接效用函数:

$$U = \sum_{i=1}^{n} u_i(q_i) = \sum_{i=1}^{n} b_i \ln(q_i - r_i) \quad (10-28)$$

式(10-28)中,第 i 种商品的基本需求量和消费总量分别用 r_i、q_i 表示,b_i 为边际预算份额。Stone 以该效用函数为基础,提出的线性支出系统需求函数如下:

$$q_i = r_i + \frac{b_i}{p_i}\Big(V - \sum_{j=1}^{n} p_j r_j\Big) \quad i,j = 1,2,3\cdots\cdots,n;\ i \neq j$$

(10-29)

式(10-29)中,第 i、j 种消费品的价格分别用 p_i、p_j 表示,总预算 V 是所有商品的需求支出之和,待估参数为基本需求量 r_i 和边际预算份额 b_i。由于线性支出系统模型(LES)中的总预算 V 难以准确估计,Linch 提出了 ELES 模型,该模型以收入 I 代替预算 V,将边际预算份额 b_i 视为边际消费倾向,于是有:

$$V_i = p_i r_i + b_i\Big(I - \sum_{j=1}^{n} p_j r_j\Big) \quad i,j = 1,2,3\cdots\cdots n;\ i \neq j$$

(10-30)

令:

$$k_i = p_i r_i - b_i \sum_{j=1}^{n} p_j r_j \qquad (10-31)$$

V_i 为对第 i 种商品的实际消费支出,则(10-30)式转化为:

$$V_i = k_i + b_i I \qquad (10-32)$$

于是,最终模型的计量形式为:

$$V_i = k_i + b_i I + \varepsilon_i \qquad (10-33)$$

式(10-33)中,边际消费倾向 b_i 为本文待估参数,ε_i 为随机扰动项,对式(10-33)进行 OLS 估计可得边际消费倾向 b_i 的估计值。表10-8报告了估计结果。

表 10-8 居民边际消费倾向估计结果

年份	全体居民 MPC	城镇居民 MPC	农村居民 MPC
2006	0.715	0.715	0.731
2007	0.705	0.692	0.720
2008	0.682	0.665	0.684
2009	0.682	0.668	0.693
2010	0.685	0.668	0.648
2011	0.661	0.644	0.638
2012	0.631	0.609	0.610
2013	0.701	0.719	0.659
2014	0.692	0.662	0.668
2015	0.677	0.731	0.666
2016	0.657	0.685	0.651
2017	0.634	0.654	0.618
2018	0.620	0.615	0.628

表 10-8 显示,由于国家统计局住户收支调查在 2013 年前后发生统计口径变化,导致居民边际消费倾向在 2013 年前后呈现出两个下降趋势:居民边际消费倾向在 2006—2012 年呈现下降趋势,在 2013—2018 年也呈现下降趋势。2006—2018 年,城镇居民和农村居民的边际消费倾向的大小不断交替,最初农村居民的边际消费倾向大于城镇居民,之后城镇居民大于农村居民。

在估计居民边际消费倾向的基础上,采用温忠麟和叶宝娟(2014)改进后的中介效应分析方法,实证检验城乡收入差距是否通过影响边际消费倾向进而影响消费结构升级。构建中介效应模型如下:

$$Engels_{it} = \alpha_{it} + \alpha_1 Tai_{it} + \alpha_2 X_{it} + \varepsilon_{it} \quad (10-34)$$

$$MPC_{it} = \gamma_{it} + \gamma_1 Tai_{it} + \gamma_2 X_{it} + \mu_{it} \quad (10-35)$$

$$Engels_{it} = \delta_{it} + \delta_1 Tai_{it} + \delta_2 MPC_{it} + \delta_3 X_{it} + \varphi_{it} \quad (10-36)$$

上式中，MPC 表示各年份不同省份居民的边际消费倾向，其他变量的含义与前文一致。中介效应检验步骤如下：首先，构建城乡收入差距对恩格尔系数的回归方程(10-34)，回归得到收入差距的估计系数 α_1。若 α_1 不显著，则收入差距对恩格尔系数的影响不显著，便没有必要进行中介效应检验；若 α_1 显著，则进行下一步检验，即构建收入差距对中介变量边际消费倾向的回归方程(10-35)，以及收入差距和中介变量边际消费倾向对恩格尔系数的回归方程(10-36)，以此来检验中介效应是否存在。如果方程(10-35)中收入差距的系数 γ_1 显著，且方程(10-36)的中介变量边际消费倾向的系数 δ_2 也显著，表明间接效应显著。然后，进一步检验方程(10-36)中收入差距的系数 δ_1。若 δ_1 不显著，即直接效应不显著，说明只有中介效应。若 δ_1 显著，即直接效应显著。此时，需要比较 $\gamma_1 * \delta_2$ 和 δ_1 的符号。如果同号，属于部分中介效应；如果异号，属于遮掩效应。然而，如果方程(10-35)中收入差距的系数 γ_1 和方程(10-36)的中介变量边际消费倾向的系数 δ_2 中至少有一个不显著，则需要使用 Bootstrap 法直接检验原假设 $H_0: \gamma_1 * \delta_2 = 0$，若显著，则间接效应显著。否则，停止分析。基于此，我们利用模型(10-34)、模型(10-35)和模型(10-36)进行影响机制的实证检验。表10-9 报告了估计结果。

表10-9 第(1)—(3)列是考察居民边际消费倾向的中介效应。第(1)列结果显示，城乡收入差距对恩格尔系数的估计系数为 0.476，在 1% 的水平下显著。第(2)列显示，城乡收入差距对居民边际消费倾向的估计系数为 -0.281，在 1% 的水平下显著，同时，第(3)列中，城乡收入差距对恩格尔系数的估计系数为 0.418，在 1% 的水平下显著，其系数大小有所减弱，而居民边际消费倾向对恩格尔系数的估计系数为 -0.205，在 1% 的水平下显著为正。可以发现，$\gamma_1 * \delta_2$ 和 δ_1 是同号的，也就是说，居民边际消费倾向是城乡收入差距影响恩格尔系数的部分中介因子，即城乡收入差距降低居民边际消费倾向，进而抑制居民消费结构升级。

表10-9 的第(4)—(6)列是考察城镇居民边际消费倾向的中介效应。第(4)列显示，城乡收入差距对城镇居民恩格尔系数的估计系数为

表10-9 中介效应检验结果

	(1) Engels1	(2) MPC	(3) Engels1	(4) Urban	(5) UMPC	(6) Urban	(7) Rural	(8) RMPC	(9) Rural
Tai	0.476*** (6.33)	−0.281*** (−4.22)	0.418*** (5.52)	0.369*** (4.68)	−0.657*** (−5.99)	0.238*** (2.99)	0.581*** (5.63)	−0.214*** (−3.08)	0.521*** (5.07)
MPC			−0.205*** (−3.54)						
UMPC						−0.199*** (−5.52)			
RMPC									−0.280*** (−3.67)
Tertiary	−0.147*** (−2.77)	−0.149*** (−3.16)	−0.177*** (−3.35)	−0.085 (−1.53)	−0.216*** (−2.79)	−0.128** (−2.37)	−0.208*** (−2.86)	−0.077 (−1.57)	−0.229*** (−3.20)
Old	−0.006*** (−7.56)	−0.002** (−2.08)	−0.007*** (−8.02)	−0.006*** (−6.89)	0.002 (1.51)	−0.006*** (−6.71)	−0.006*** (−5.59)	0.004*** (5.79)	−0.005*** (−4.38)
Gov	0.410*** (2.66)	0.537*** (3.92)	0.520*** (3.35)	0.260 (1.61)	0.723*** (3.21)	0.405** (2.56)	0.571*** (2.69)	0.207 (1.45)	0.629*** (3.01)
LnHprice	−0.073*** (−10.63)	−0.079*** (−13.03)	−0.089*** (−10.92)	−0.053*** (−7.36)	−0.087*** (−8.73)	−0.070*** (−9.25)	−0.079*** (−8.44)	−0.107*** (−16.86)	−0.109*** (−8.87)
常数项	1.107*** (15.59)	1.489*** (23.62)	1.411*** (12.72)	0.880*** (11.81)	1.600*** (15.44)	1.199*** (13.03)	1.216*** (12.48)	1.588*** (24.22)	1.661*** (10.75)
样本量	403	403	403	403	403	403	403	403	403
R^2	0.782	0.552	0.790	0.664	0.216	0.690	0.702	0.680	0.712

0.369,在1%的水平下显著。第(5)列显示,城乡收入差距对城镇居民边际消费倾向的估计系数为-0.657,在1%的水平下显著,同时,第(6)列中,城乡收入差距对城镇恩格尔系数的估计系数为0.238,在1%的水平下显著,其系数大小有所减弱,而城镇居民边际消费倾向对恩格尔系数的估计系数为-0.199,在1%的水平下显著为正。同样,$\gamma_1 * \delta_2$和δ_1是同号的,也就是说,城镇居民边际消费倾向是城乡收入差距影响城镇居民恩格尔系数的部分中介因子。表10-9的第(7)—(9)列是考察农村居民边际消费倾向的中介效应。可以发现,其作用机制与第(1)—(3)列和第(4)—(6)列表达了相似的统计结果,即无论城镇还是农村居民,边际消费倾向都是收入差距影响恩格尔系数的中介因子。

10.6 研究结论与政策启示

10.6.1 研究结论

当前中国推动经济高质量发展,需要提升供需适配性,推进供需高水平动态均衡。所谓供需高水平动态均衡,一方面是在供给侧推进供给侧结构性改革,加大创新投入,聚力"专精特新",提升供给有效性和研发自主性;另一方面是在需求侧实施需求侧管理,充分利用国内国际两个市场两种资源,抓住扩大内需这一战略基点,扩大居民消费,促进居民消费结构升级,发挥国内市场超大规模性优势。通过供给侧改革和需求侧管理,提升供需适配性,推动经济高水平动态均衡。在新时代社会主要矛盾背景下,通过改善城乡收入差距促进居民消费结构升级,成为促进供需适配和经济高质量发展的重要议题。

在测度城乡收入差距和居民消费结构的基础上,本章节研究了城乡收入差距对居民消费结构升级影响机制与效果,主要得到以下研究结论:中国整体收入差距现状有所改善但处于高位,城乡收入差距呈缩小趋势,城乡内部收入差距仍旧较大;恩格尔系数依然是当前测度居民消费结构非常有效的指标,居住支出与医疗保健支出分别对城镇与农村居民消费结构有较大影响;城乡收入差距扩大显著抑制居民消费结构升级,相对而言,城乡收入差距扩大对农村居民消费结构升级的抑制作用大于城镇居民;边际消费倾向是居民城乡收入差距影响恩格尔系数的中介因子,即城乡收入差距通过影响居民边际消费倾向,进而影响居民消费结构升级。

10.6.2 政策启示

保障和改善民生,提升人民福利水平,是经济发展的根本目的。随着中国经济发展阶段转换,政府更加重视经济发展质量,经济发展逐渐从"重效率"向"重公平"转变。2021年6月发布的《中共中央国务院关于支持浙江高质量发展建设共同富裕示范区的意见》指出,支持浙江建设共同富裕示范区,推动共同富裕实现实质性进展。2021年8月17日,习近平总书记主持召开的中央财经委员会第十次会议强调,适应我国社会主要矛盾的变化,更好满足人民日益增长的美好生活需要,必须把促进全体人民共同富裕作为为人民谋幸福的着力点。本章节的研究表明,提升居民消费倾向,促进居民消费结构升级,有助于推动共同富裕建设和缩小城乡收入差距。

从当前中国城乡收入差距和居民消费结构升级实际情况来看,缩小城乡收入差距促进居民消费结构升级,是需求侧管理的重要内容,也是提升供需适配性和促进经济高质量发展的重要途径。本章节研究结论的政策启示在于:其一,完善收入分配制度,缩小城乡收入差距,提升居民消费意愿。城乡居民的不同收入群体,在消费习惯、消费结构、消费品质等方面存在较大差异。通过推进共同富裕建设,丰富低收入群体收入渠道,加强低收入群体职业技能培训,提高低收入群体收入水平,扩大中等收入群体比重,加快形成"橄榄型"社会的收入分配格局,有助于促进整体居民消费结构升级。其二,完善社会保障制度,改善居民消费倾向。居民消费行为是导致宏观消费现象的微观基础,改善居民消费行为,特别是提升居民消费倾向,有助于促进居民消费结构升级。当前国内居民储蓄动机偏高,消费的约束条件较强。提升社会保障水平,有助于放松消费约束,提升居民消费倾向,促进居民消费结构升级。其三,高质量推动基本公共服务均等化。基本公共服务水平及均等化程度,对于城乡居民消费具有重要影响。当前城乡在住房、教育、医疗、养老等基本公共服务方面存在较大差异,在城乡居民收入差距既定条件下,需要提升托育养老、教育文体、医疗卫生、劳动就业、社会保障等领域的城乡基本公共服务均等化,改善居民消费行为,促进居民消费结构升级。

11 新型城镇化对服务消费的影响

新型城镇化建设是促进居民消费的重要动力。服务消费是居民消费结构升级的重要方向之一。该部分基于中国31个省(市、自治区)2007—2020年的面板数据,运用熵值法构建了新型城镇化综合指标,通过动态面板GMM估计方法,考察了我国新型城镇化对居民服务消费的影响。研究表明:新型城镇化对居民服务消费的增长具有显著促进作用,并且地区的交通通达性、政府财政支出的增加有利于居民服务消费需求的增加,而老龄人口比重增加会抑制居民服务消费。因此,持续推进新型城镇化建设有助于激发居民服务消费需求,释放居民服务消费潜力。

11.1 问题的提出与已有研究述评

11.1.1 问题的提出

改革开放以来,我国城镇化率迅速提升。1997年,我国的城镇化率为31.91%,2021年,城镇化率增加至64.72%,仅二十余年的时间就提高了32.81%。但城镇常住人口的城镇化率仅代表了城镇化的量,近年来,我国更加注重城镇化质的建设。2007年,国家明确了新型城镇化指导思想与建设路径,自2014年起,发改委每年都根据实际发展情况出台新型城镇化规划。新型城镇化强调以人为核心,注重空间布局与形态的优化、治理水平的提高、城乡融合的发展,新型城镇化的建设与推进将有助于人口素质的提高、资源配置效率的提高、区域差异的缩小,这一重大结构调整对进一步挖掘消费增长潜力,促进消费升级具有关键性作用(桂河清,2018)。

在国外需求疲软及国内经济发展进入新常态背景下,实现由外需拉动经济增长转为内需拉动经济增长越来越重要。新发展格局下,畅通内循环,消费是重要着力点。据国家统计局的相关测算显示,我国消费形态正在由物质型消费向服务型消费升级。从规模上看,2013年至2019年,我国居民服务性消费年人均支出由5245.9元增长到9886.0元,年均增长11.14%;从比重上看,2013年至2019年,我国居民人均服务性消费支出占总消费支出比重由39.68%提升至45.86%,年均提升约2.44%。尽管2020年受新冠疫情的影响,居民消费支出与服务性消费支出双双下滑,但疫情形势好转后,2021年居民人均消费支出同比增长13.63%,人均服务性消费增长了17.79%,增速高于总消费支出,说明消费规模扩大和消费升级的趋势没有改变。在人民日益追求美好生活的需求背景下,人们越来越注重发展与享受型消费,如果我国服务消费发展潜力能够在新型城镇化建设的促进作用下得到有效释放,必将成为提振我国内需的重要动力。

11.1.2 已有研究述评

对服务消费内涵的精准把握是对其深入研究的前提。卢嘉瑞(2004)分析服务消费具有双重含义:消费者获得的是提供这种服务的劳动者的劳动力的支配权和使用权与服务劳动成果的享受权,例如,美容美发服务,可以满足消费者审美享受的需要;诊断治疗,可以满足消费者健康的需要。夏杰长(2012)认为服务消费是指居民全部消费支出中用于支付社会提供的各种非实物性的服务费用总和。刘涛(2019)把服务消费看作是人们利用社会提供的多样化、多层次服务来满足个人生活和精神文化需要的活动,与商品消费相对应,是最终需求的一部分。

城镇化水平与居民消费需求密切相关。城镇化伴随着产业和人口集聚,能有效促进分工、专业化与生产率提升(Henderson,2005),通过丰富消费品及公共服务的多样化(John,1971)改善消费市场,通过"收入效应"改善消费者消费能力(柯忠义,2017),通过"示范效应"提升居民消费欲望(韦淼,2020),通过"规模效应"对消费需求的增长形成持久拉力(刘艺容,2005)。但是我国的城乡二元现象制约了居民消费需求的增长(胡若痴,2014),国家大力推进的新型城镇化建设注重城乡协调发展,有助于打破城乡二元现象,缩小城乡差距,促进区域协调发展(赵纲,2021),对居民消费有更强劲的刺激作用。

新型城镇化从多方面作用于居民消费规模的增长。王平和王琴梅(2016)梳理了新型城镇化促进消费增长的机理,认为新型城镇化在收入、环境、示范、价格、财富效应下驱动居民消费需求增长,上创利和李兆鑫(2021)通过静态面板实证研究也得出相似结论。孙常辉(2021)通过理论分析得出,新型城镇化通过促进城市产业更新升级、促进城市间协同发展及增大城市包容性促进居民消费;李红艳(2020)和钟万玲(2022)分别建立了含有交互项的面板模型,分析新型城镇化对居民消费的中介效应,实证得出新型城镇化通过促进多元化就业、优化居民收入结构、缩小城乡收入差距扩大居民消费。

新型城镇化除了有助于消费规模的增长,也能促进居民消费结构的升级。张杨波(2017)认为消费升级是新型城镇化的直接后果,而且认为两者是双向促进的良性循环过程。张颖熙(2021)更直接地提出促进居民消费升级需积极有序推进新型城镇化建设。马慧芳等(2020)利用 LA - AIDS 模型实证得出在新型城镇化背景下,新疆农村居民的消费类型逐步从生存型趋向于发展型与享受型。

综上所述,现有研究大多停留在静态或局部分析层面,缺乏综合性的动态分析,且少有文献直接分析新型城镇化与居民服务消费两者之间的关系。本章节使用我国省级面板数据建立动态分析模型,整体把握新型城镇化与居民服务消费之间的关系,为激发我国居民消费潜力及有效促进消费升级有一定的参考借鉴意义。

11.2 模型构建与指标选取

本章节研究的是新型城镇化水平对居民服务消费支出的影响,消费具有"惯性",居民当期服务消费可能受到过去一期的影响,为了避免模型设定的偏误,本章节引入消费的滞后一期值,建立了动态面板计量模型:

$$lservice_{it} = \alpha_i + \beta_0 lservice_{i,t-1} + \beta_1 lnu_{it} + \beta_2 X_{it} + \varepsilon_{it}$$

其中,$lservice_{it}$ 表示我国居民人均服务消费,$lservice_{i,t-1}$ 代表其一阶滞后项,lnu_{it} 表示新型城镇化水平,X_{it} 为影响居民人均服务消费的相关控制变量,ε_{it} 为随机扰动项,β_0、β_1、β_2 为一系列待估计参数,i 代表省份,t 为年份。

(1) 被解释变量——服务消费(lservice)

服务消费是消费升级的方向,是人们日益追求高品质生活的体现。本章节参考张颖熙(2014)的做法,把国家统计局划分的居民消费项目中交通通信、教育文化娱乐、医疗保健以及其他的总和记为服务消费。

(2) 解释变量——新型城镇化(lnu)

城镇化指标的选择主要有以下几种：人口比重指标法、城镇利用土地指标法、农村程序化指标法、社会学城镇化指标法和综合性城镇化指标法。高质量发展背景下新型城镇化更加强调城镇发展质量、动力和效率变革，是人口集聚、经济效率提升、空间协调发展、生态环境优化和社会保障改善于一体的城镇化。因此，本章节参照国家标准①及黄敦平(2021)的做法，采用复合指标综合评价法建立新型城镇化评价指标体系(见表11-1)。

表 11-1 新型城镇化评价指标体系

一级指标	二级指标	指标公式	指标权重	指标方向
人口	城镇化率(%)	城镇常住人口/总人口	0.0576	+
	城镇高等教育人口比例(%)	城镇大专及以上学历人口/城镇总人口	0.0589	+
经济	二、三产业就业人数占比(%)	二、三产业就业人口/总就业人口	0.0494	+
	每万人拥有专利数(件)	专利授权数/城镇人口	0.3467	+
空间	每万人拥有公共汽车数(标台)	公共交通运营车标台数/城镇人口	0.1187	+
	人均城市道路面积(平方米)	道路面积/城镇人口	0.0678	+
环境	建成区绿化覆盖率(%)	建成区绿地面积/建成区面积	0.0172	+
	人均公园绿地面积(平方米)	公园绿地面积/城镇人口	0.0737	+
社会	医疗保险覆盖率(%)	医疗保险/总人口	0.1652	+
	养老保险覆盖率(%)	养老保险/总人口	0.0746	+

---

① 国家标准《新型城镇化品质城市评价指标体系》(GB/T 39497—2020)。该标准由泰州市市场监督管理局、中国标准化研究院、清华大学、中国城市和小城镇改革发展中心、国家市场监督管理总局发展研究中心、《中国城市报》社等联合研制，是我国首个品质城市领域国家标准。

(3) 控制变量

为降低遗漏变量可能造成的估计偏差,本章节将影响服务消费的几个关键指标纳入控制变量中:人均可支配收入(ldincome)、公路里程(lroad)、人均政府支出(lpexp)、老年抚养比(dep)。其中选取人均可支配收入是考虑到在经济学理论中收入是影响消费的首要因素,公路里程数代表地区交通通达性,也在一定程度上反映了地区的基础设施普及程度;政府财政支出会"挤入"或"挤出"居民消费(蒙昱竹等,2021),当然也会对服务消费产生一定程度的影响;老年抚养比即大于65岁人口数占总人口的比例表示,代表区域老龄化程度。

11.3 新型城镇化影响服务消费的实证检验

11.3.1 数据来源与变量描述统计

所有数据均来自《中国统计年鉴》与《中国人口与就业统计年鉴》,为了消除价格因素可能存在的影响,将相应指标以 2007 年为基期,根据消费者价格指数进行了平减,对服务消费、人均可支配收入、公路里程及政府财政支出指标进行了对数变换,以尽量避免单位不统一和异方差问题对参数估计的影响。31 个省(市、自治区)服务消费面板数据的变量描述性统计结果见表 11-2。

表 11-2 变量描述性统计

变量	名称	个数	均值	p50	标准差	最小值	最大值
lservice	服务消费	434	8.109	8.195	0.612	5.547	10.21
lnu	新型城镇化	434	3.240	3.219	0.448	2.021	4.175
ldincome	人均可支配收入	434	9.511	9.550	0.558	7.135	10.85
lroad	公路里程	434	11.61	11.88	0.848	9.320	12.89
lpexp	政府支出	434	8.963	8.997	0.694	6.380	11.46
olddep	老年抚养比	434	13.57	13.23	3.746	5.093	25.48

11.3.2 实证结果分析

本章节使用了混合 OLS 回归、固定效应模型及差分与系统 GMM 模型,总体分析了新型城镇化对居民服务消费的影响,如表 11-3 所示。通过混合回归发现,新型城镇化水平对居民服务消费确是显著正相关关系。随后由 Hausman 检验结果可知,本模型适合固定效应静态面板模型。结果发现,二者显著正相关,且新型城镇化水平每提升一个单位,服务消费就上升 0.239 个单位;政府支出对服务消费的促进作用较为显著,每 1% 政府支出的变化能引起服务消费 0.026 4% 的变动。

表 11-3 总体回归结果

VARIABLES	OLS lservice	FE lservice	FD-GMM lservice	SYS-GMM lservice
lnu	0.144 3*** (4.21)	0.239 0*** (2.88)	0.296 0*** (3.53)	0.042 5 (0.75)
ldincome	1.012 3*** (38.51)	1.006 8*** (45.45)	1.002 1*** (9.92)	0.193 5* (1.95)
lroad	0.011 4 (1.39)	0.042 4 (1.13)	0.049 8 (1.25)	0.023 4* (1.82)
lpexp	−0.032 6 (−1.57)	0.026 4* (1.90)	0.019 8 (0.89)	0.039 4 (1.52)
olddep	−0.003 2 (−1.13)	−0.000 3 (−0.05)	−0.000 5 (−0.10)	−0.001 5 (−0.45)
L.lservice			0.039 7 (0.36)	0.770 3*** (9.71)
时间固定效应	否	是	是	是
Observations	434	434	434	372
Sargan(P 值)			0.968	0.788
ar1(P 值)			0.000	0.000
ar2(P 值)			0.324	0.750

分别采用 FD-GMM 和 SYS-GMM 模型研究新型城镇化对服务消费的影响,由表 11-4 可知,两个 GMM 模型的 AR(1)均通过 1%的显著性检验,AR(2)的 P 值也均大于 0.1,说明残差存在一阶序列自相关且不存在二阶序列自相关,表明模型成功克服了内生性问题。Sargan 检验 P 值均大于 0.1,说明工具变量的选择是合理有效的。而 SYS-GMM 方法包含差分方程和水平方程两方面的信息,估计结果更具有有效性和一致性。

在 FD-GMM 和 SYS-GMM 模型中,新型城镇化发展水平对服务消费的影响始终为正,其他控制变量的方向也都相同,所以这两个动态面板模型的回归结果具有一定的稳健性。两模型中老年抚养比皆对居民服务消费有不显著的抑制作用。在 FD-GMM 中,新型城镇化发展水平对服务消费的促进作用更显著,新型城镇化水平每提升一个单位,服务消费就上升 0.296 个单位,与固定效应模型中的作用程度几乎相同。在 SYS-GMM 模型中,人均收入及公路里程对服务消费有较显著的影响,公路里程不如人均收入对服务消费的影响程度强;引入的居民服务消费滞后项显著为正,说明居民服务消费具有明显的动态效应。

综上,无论是静态面板还是动态面板分析,新型城镇化水平都对居民服务消费有显著的正相关关系,各模型核心解释变量(新型城镇化水平及人均收入、公路里程、老年抚养比)系数符号也完全相同,这说明了模型具有稳定性。

11.4　研究结论与政策建议

本章节根据 2007—2020 年全国 31 个省市(区)的面板数据,实证考察了新型城镇化对居民服务消费的影响。实证结果表明,新型城镇化水平的提升能显著提高居民服务性消费水平,这就说明我国的新型城镇化建设这一重大结构调整激发了居民服务消费的潜力,有利于居民消费转型升级,能够提振内需,为"双循环"发展战略提供持续动力。人均可支配收入、公路里程及政府财政支出的增加均有利于居民服务消费需求的提升,这些指标在一定程度上体现了区域经济发展水平、基础设施完善程度、社会保障水平等。发达的经济发展水平改善居民收入,提升居民消费能力;完善的基础设施改善了居民消费环境,提升居民消费欲望;完善的社会保障水平降低了居民预防性储蓄,提升居民消费倾向。老年抚养比,即社会中老年人口比重的提升会抑制居民服务消费支出,这可能是由于老年人口比例的提高增大了社会养老压力,导致居民预防性储蓄增加,消费支出水平降低。

基于此,本研究认为,为了切实扩大居民消费需求、挖掘居民服务消费潜力,需要从以下几个方面进行改进:第一,加速推进新型城镇化的建设。改变过去"唯人口城镇化论",在人口、经济、空间、环境、社会五方面共同发力,实现城镇化建设的协同协调发展,有效促进居民服务消费水平的提高,形成拉动消费增长的长效机制。第二,完善基础设施建设,加强区域沟通与协调发展,提高资源利用能力及产品生产和分配效率,降低消费成本。加强基础设施的环境效应,通过消费环境的改善,放松消费约束。第三,加快提高社会保障水平,尤其是养老保障水平。加速完善社会养老保障制度,让居民消费无后顾之忧,提升居民幸福指数。

第三篇

美好生活:更高质量的消费实现

实现人民美好生活向往,是党带领全国人民推动社会主义现代化建设的奋斗目标之一。美好生活包括经济生活、政治生活、社会生活、文化生活、精神生活等广泛生活领域,是一个有机整体,既包括更高的物质和文化层面的生活状态,又包括民主、法治、公平、正义、安全、环境、制度、保障、闲暇、收入分配等精神和社会层面的更高生活状态。尽管人民美好生活的内涵丰富多样,更高质量的消费实现一直是人民美好生活的重要维度和基础支撑。经济学基本理论以效用刻画人们的满意程度,并以消费作为实现效用的途径和度量标准。消费不仅是家庭经济支出,还富含更多社会含义,比如阶层、文化、符号等意义。消费是人的消费需要的实现,还是人的生成过程。人的全面发展离不开消费的支撑。因此,在更多维的层面上,消费对于人民美好生活具有重要意义。第三篇关注延伸意义上的人民美好生活问题,即消费对人民美好生活需要的价值,从主观幸福感、教育消费、消费差距、消费外流、国货品牌等多个维度,探索消费对人民实现美好生活的支撑价值。

12 美好生活:主观幸福感的视角

让群众更有幸福感,是经济社会发展的重要目标之一。基于重庆市人口计生委于2012年进行的流动人口动态监测调查获得的大样本微观数据,采用排序模型研究了重庆户籍跨省流动就业人口主观幸福感的影响因素。实证研究表明:居民主观幸福感大部分为"一般"和"幸福";性别、年龄、婚姻状况、收入、房租、子女是否在身边、流入地、对流入城市的偏好等均对其主观幸福感具有显著影响;受教育程度、户口类型以及他们是否能够享受城镇居民医疗保险的影响并不明显。

12.1 问题的提出与已有研究述评

12.1.1 问题的提出

随着经济的快速发展,我国流动人口的数量逐年增加。2005年的1‰人口抽样调查表明,我国当年的流动人口规模为1.5亿人,约占全国总人口的11.47%。(李伯华等,2010)然而,根据发布的《中国流动人口发展报告2013》显示,2012年我国的流动人口总数增加到了2.36亿人,约占当年全国总人口的17.43%(国家人口计生委,2013)。自2005年以来的7年间,我国流动人口总量年均增加1 200余万人,流动人口占全国总人口的比例也提高了6个百分点。当前,规模庞大的流动人口是我国人口结构的重要组成,因此,努力提升他们的主观幸福感是构建幸福中国、和谐中国的重要内容。此外,在我国众多经济发达的城市如北京、上海、苏州、广州、深圳、东莞等,流动人口数量占到了城市人口总量的40%甚至更高的比例,他们已经成为这些城市重要的人力资本,为城市的经济和社会发展作出了巨大的贡献。在我国传统人口红利逐渐丧失、劳动力有效供给即将减少和刘易斯拐点已经到来的大背景下,提高流动人口的主观幸福感不仅是建设幸福城市的重要组成部分,也是吸引并留住流动人口以增强城市可持续竞争力的重要举措。(蔡昉,2010)重庆市是我国主要的劳动人口输出地区之一,本章节以重庆户籍跨省流动就业人口为研究对象,分析他们主观幸福感的影响因素。因此,本章节的研究成果对提高我国跨省流动人口群体的主观幸福感,以及为各地区吸引并留住流动人口制定相关政策具有重要参考价值。

12.1.2 已有研究述评

幸福感通常被看作是对人们生活境况所处状态的描述（McGillivray，2007），它的测度一般可以分为客观幸福感和主观幸福感两类（Frey 和 Stutzer，2002）。客观幸福感通常借助于可以观察到的事实——诸如经济、社会和环境等统计量间接地对人们的幸福进行评价，而主观幸福感则是通过人们自身的感受及其真实经历直接地对他们的幸福进行评价（McGillivray 和 Clarke，2006；Van Hoorn，2007），前者是一个多维度的基数评价指标，后者则是一个通过序数来表达的综合性定量评价标准。由于客观幸福感倾向于简化影响人们幸福的现实因素，各个统计量的权重难以确定且可能存在共线性的问题等原因，它作为人们幸福程度测度标准的可靠性受到了众多学者的质疑（Pedro Conceicao 和 Ronina Bandura，2013）。因此，通过主观幸福感来衡量人们的幸福程度得到了越来越多研究人员的重视。

关于主观幸福感的影响因素，自 2000 年以来国外学者进行了大量的研究，在规模和深度上都呈现指数增长的态势（Kahneman D. 和 Krueger A. B.，2006）。综合已有文献，国外经济学家对主观幸福感的研究通常都可以归结为对幸福函数自变量的选取及其作用机理的考察。他们在总结心理学家和社会学家已有研究成果的基础上提出了幸福函数的表达式应该为 $H = f(P, E, I, \cdots)$，其中 H 表示主观幸福感，P 指的是包含性别、年龄、受教育程度、婚姻、健康等在内的个体人口社会学因素，E 指的是包含收入、消费、就业状态、政府支出等在内的经济因素，I 指的是包含经济自由、政治民主等在内的社会制度变量。

在人口社会学因素影响主观幸福感的研究方面，Frey 和 Stutzer（2002）认为，与单身、离异、分居和丧偶相比，由于婚姻能够带来额外的自尊、支持与陪伴，因此已婚人士拥有比他们更高的主观幸福感。Blanchflower 和 Oswald（2000）对从 20 世纪 70 年代早期到 90 年代晚期随机抽取的 10 万名美国人和英国人的主观幸福感的数据进行分析后发现，与丧偶和分居相比，持续的婚姻相当于每年 10 万美元所带来的幸福。年龄也是影响主观幸福感的一个重要因素。大量研究表明,在控制其他因素影响的条件下,主观幸福感在整个生命周期内呈U形分布:年轻时的主观幸福感较高,30至40几岁时的主观幸福感达到最低,此后逐步回升。(Helliwell J. F.,2003;Blanchflower D. G.,2009)老年人由于生活压力较小、期望较低且容易得到满足等原因而拥有较高的主观幸福感(Easterlin,2006)。此外,性别和受教育程度对主观幸福感也具有重要影响。由于男性通常承担更大的责任以及具有更高的心理预期,因此众多研究显示他们的主观幸福感低于女性(Di Tella 和 Mac Culloch,2001)。接受过良好教育的人一般具有较高的收入和社会地位,主观幸福感通常较高(Deaton,2008)。

在社会制度变量影响主观幸福感的研究方面,Frey 和 Stutzer(2000)针对6 000名瑞士民众的研究表明,在控制其他因素不变的条件下,居住地直接选举及政府分权的制度越深入,他们的主观幸福感越高。Veenhoven(2003)研究了政治民主及经济自由对居民主观幸福感的影响。他得到的结论是,富裕国家居民的主观幸福感显著与政治民化程度正相关,但这个结论却不适用于贫穷落后国家;然而,贫穷国家居民的主观幸福感显著与自由贸易机会正相关,同样,这个结论却不适用于富裕国家。

经济因素影响主观幸福感的研究是经济学家们最早关注也是研究最为深入的领域。幸福经济学的大量实证研究均证实在特定时期高收入者的主观幸福感高于低收入者,富裕国家的居民要比贫穷国家的居民幸福(Easterlin,2005)。研究人员基于绝对收入的幸福感假说对此进行了有力的解释。然而,动态来看,一段时间内的收入增长却不能促使国民主观幸福感同步增加,它们基本维持在一个相对稳定的水平上,这种现象被称为Easterlin悖论(Diener 和 Gohm,2000)。相对收入的幸福感假说及适应性水平理论能够较好地解释此现象。尽管收入在很长一段时间内被作为影响主观幸福感的唯一经济因素被大量研究,但人们普遍认为,影响主观幸福感的经济因素是多维度的,并且对除了收入之外的其他经济因素进行了研究。Wolfers(2003)的研究表明,通货膨胀对欧洲居民的主观幸福感具有明显的负面影响。Graham 和 Pettinato(2001)对拉美国家、Alesina 等(2004)对美国的经验研究也得出类似的结论。此外,很多研究还表明,政府支出与居民的主观幸福感具有强相关关系。例如,Ram(2009)采用 145 个国家的数据进行的实证研究发现,在控制了相关变量的影响后,政府支出增加显著地促进了居民主观幸福感的上升。Lana 等(2009)对 13 个转型国家的研究也得出同样的结论。

国内研究方面,田国强和杨立岩(2006)通过构建规范的经济学理论模型,在个人理性选择和社会福利最大化的假定下研究了收入因素和非收入因素(人权状况和朋友聚会)对人们主观幸福感的影响。研究结果显示,主观幸福感并非随着人们收入的增加而同步增强,它们之间呈现出一种倒 U 形的关系。张晓林、靳共元和康慧(2014)以山西省 11 个地级市为研究样本,分析了收入、人文环境、消费水平、自然环境、经济结构调整以及政府信用六个因素与农村居民主观幸福感之间的关系。研究结论表明,它们对该省农村居民的主观幸福感均具有显著影响。邢占军(2011)采用 6 个省会城市以及山东省城市居民的调查数据,研究了城市居民收入与主观幸福感之间的关系。研究发现,两者之间存在显著相关关系。陈刚和李树(2012)的研究表明,以效率、财产权利保护和公共物品供给为评价指标的政府质量对居民幸福感具有显著影响,并且其影响程度远远大于经济增长。王鹏(2011)研究了我国居民的收入差距对其主观幸福感的影响。研究表明,当基尼系数小于 0.4 时,收入差距扩大促进了居民主观幸福感的提高;然而,当基尼系数大于 0.4 时,居民的主观幸福感随着收入差距的扩大而下降。罗楚亮(2009)研究了绝对收入、相对收入与我国城乡居民主观幸福感之间的关系。研究发现,不管是相对意义还是绝对意义,收入对我国居民的主观幸福感均具有重要影响。梳理国内研究主观幸福感影响因素的相关文献可以发现,我国学者的研究对象对庞大且日益扩大的跨省流动就业人口几乎没有涉及,并且已有研究主要关注经济因素对居民主观幸福感的影响。因此,本章节以跨省流动就业人口为研究对象,采用人口与计生委随机抽样调查的微观层面数据,综合考虑经济因素和非经济因素对他们主观幸福感的影响。

12.2 数据、变量与模型

12.2.1 数据来源

本章节实证研究的数据来源于重庆市人口计生委于 2012 年进行的流动人口动态监测调查。为了全面了解我国流动人口的生存和发展状况,向政府有关行政管理机构提供决策参考,以及帮助流动人口解决他们面临的实际问题,重庆市人口计生委于 2012 年 5 月在国家人口计生委的统一部署下,对户籍为重庆市年龄在 16 至 60 岁之间的跨省流动就业人口进行了随机问卷调查。该调查涉及重庆户籍流动就业人口的流入地包括全国除了台湾省以及香港和澳门两个特别行政区之外的所有省(自治区、直辖市)。调查内容包括流动就业人口的基本情况,就业、居住和医保,婚育情况与计划生育服务,生活与感受四个方面。关于他们的主观幸福感,问卷设计了问题——"与老家(流出地)相比,您现在是否感到幸福?"并且有"很不幸福、不幸福、一般、幸福和很幸福"五个选项供被调查者选择,分别对应于 1、2、3、4、5 五个数字。由于重庆市是我国主要的劳务输出地区之一,且该调查包含了跨省流动就业人口详细的信息,样本量大、涉及范围广,因此,它对从微观层面研究我国跨省流动就业人口的主观幸福感具有重要研究价值。

12.2.2 变量选取

跨省流动就业人口是否感到幸福取决于他们对流动前后生活境况的对比。根据已有研究成果并结合我国的实际情况及特定的研究对象,本章节在选取影响跨省流动就业人口主观幸福感的因素时不仅考虑人口社会学因素和经济因素,同时还考虑家庭因素、情感因素以及其他因素,但不考虑社会制度因素所涵盖的变量。其中,人口社会学因素包括性别(gender)、年龄(age)、受教育程度(edu)、婚姻状况(marr)、户口类型(hukou)五个变量,经济因素包括跨省流动就业人口的月收入(inc)、每月支出、流入地政府对跨省流动就业人口的支出三个变量,家庭因素包括子女是否在身边(kidliv),情感因素包括跨省流动就业人口对流入地的偏好(liking)以及他们认为流入地居民对外来人口的态度(attit),其他因素包括跨省流动就业人口的流入地、在流入地工作年限(year)以及是否计划长期在流入地工作(lwork)。由于房租是研究对象的一项主要支出且无法获得他们每月支出总和的可靠数据,故本章节以房租(rent)作为每月支出的替代变量,而流入地政府对跨省流动就业人口的支出则以跨省流动就业人口是否能够在当地享受城镇居民医疗保险(med)作为其替代变量。由于变量的选取包括了影响跨省流动就业人口主观幸福感的众多因素,因此本章节采取了一个综合分析的研究框架。

12.2.3 模型构建及变量说明

假定每个跨省流动就业人口的偏好强度是连续的,并且存在两个连续的效用潜变量 U_{1i}^* 和 U_{2i}^*,分别用于他们对跨省流动前后生活境况的自我评价。其中角标 i 表示跨省流动就业人口个体变量。令 $U_i^* = U_{2i}^* - U_{1i}^*$,则根据上述分析可构建如下模型:

$$U_i^* = \beta_1 \ln(inc_i) + \beta_2 \ln(rent_i) + \beta_3 med_i + \beta_4 age_i + \beta_5 age_i^2 + \beta_6 gender_i + \beta_7 \sum edu_{ji} + \beta_8 marr_i + \beta_9 kidliv_i + \beta_{10} liking_i + \beta_{11} attit_i + \beta_{12} year_i + \beta_{13} lwork_i + \beta_{14} hukou_i + \gamma Z + \varepsilon_i$$

(12-1)

其中,向量 Z 表示跨省流动就业人口的流入地虚拟变量。以被调查人员为没上过学作为参照,虚拟变量 edu_j ($j=2,3,4,5,6,7,8$)分别表示他们的受教育程度为小学、初中、高中、中专、大学专科、大学本科和研究生。跨省流动就业人口回答问题"我感觉本地人总是看不起外地人"时,如果选择"完全不同意"及"不同意",虚拟变量 $attit$ 的取值为 1,其他选择 $attit$ 的取值为 0。当他们回答问题"我喜欢我现在居住的城市"时,如果选择"基本同意"及"完全同意",虚拟变量 $liking$ 的取值为1,其他选择 $liking$ 的取值为0。age^2 表示年龄的平方项。当他们为农业户口时,虚拟变量 $hukou$ 的取值为0,其余为1;当他们的子女与他们生活在一起时,虚拟变量 $kidliv$ 的取值为1,其余为0;虚拟变量 $lwork$ 取值为1表示跨省流动就业人口打算在流入地长时间居住(5年及以上),其余情况取值为0;虚拟变量 med 取值为1表示他们享有城镇职工医疗保险,其余情况取值为0;虚拟变量 $gender$ 取值为0表示男性,取值为1表示女性;当他们的婚姻状况为初婚及未婚时,虚拟变量 $marr$ 的取值为0,其余为1。

根据上述设定,我们可以构建如下的主观幸福感等级机制:$Hap_i=1$,如果 $-\infty<U_i^*\leqslant\mu_1$;$Hap_i=2$,如果 $\mu_1<U_i^*\leqslant\mu_2$;$Hap_i=3$,如果 $\mu_2<U_i^*\leqslant\mu_3$;$Hap_i=4$,如果 $\mu_3<U_i^*\leqslant\mu_4$;$Hap_i=5$,如果 $\mu_4<U_i^*<\infty$。其中 Hap_i 表示跨省流动就业人口主观幸福感的自我评价。通过构建 ordered logit 模型并采用极大似然估计法,可以得到模型(1)中各自变量的系数估计值,以及研究对象的主观幸福感为"很不幸福""不幸福""一般""幸福"和"很幸福"的概率。

12.3 实证分析

12.3.1 描述性统计分析

本章节在数据处理过程中删除了一些数据缺失严重的样本,最后得到有效样本3373个。他们的年龄构成为:30周岁以下(包括30周岁)的共1115名,占33.06%;大于30小于40周岁(包括40周岁)的共1097名,占32.52%;大于40小于50周岁(包括50周岁)的共1037名,占30.74%;50周岁以上的共124名,占3.68%。在所有有效样本中,表示自己"很不幸福""不幸福""一般""幸福"和"很幸福"的人数分别为9人、62人、1392人、1538人及372人,各占样本总数的0.27%、1.84%、41.27%、45.60%和11.03%。从抽样调查的结果来看,户籍为重庆市的跨省流动就业人口的主观幸福感大部分为"一般"和"幸福",他们共占样本总数的 86.87%;表示自己"很不幸福"和"不幸福"的样本仅占样本总数的 2.11%。有效样本主观幸福感的分布特征如表 12-1 所示,各主要变量的描述性统计结果如表 12-2 所示。

表 12-1 主观幸福感的分布特征

主观幸福感	户籍		性别		婚姻		地域		
	农村	城镇	男	女	初婚、未婚	再婚、离异及丧偶	东部	中部	西部
非常不幸福	7	2	7	2	9	0	6	1	2
不幸福	57	5	39	23	60	2	41	5	16
一般	1 225	167	806	586	1 327	65	774	105	513
幸福	1 661	177	822	716	1 495	43	734	137	667
很幸福	311	61	205	167	355	17	163	50	159
合计	2 961	412	1 879	1 494	3 246	127	1 718	298	1 357

从表 12-1 的统计结果来看,户籍为重庆市的跨省流动就业人口以农村居民为主,男性略多于女性,96.23% 的跨省流动就业人口都不曾有过失败的婚姻或丧偶,他们主要流向了东部和西部地区。从城乡来看,主观幸福感为"一般""幸福"和"很幸福"的农村跨省流动就业人口的比例分别为 41.37%、56.10% 和 10.50%,城镇跨省流动就业人口的比例分别为 40.53%、42.96% 及 14.80%。表示自己"幸福"的男性及女性跨省流动就业人口分别为 43.75% 和 47.93%;"很幸福"的比例则分别为 10.91% 和 11.18%。表示自己的幸福程度为"一般"的初婚、未婚跨省流动就业人口的比例为 40.88%,再婚、离异及丧偶跨省流动就业人口的这一比例则为 51.18%;表示自己"幸福"的初婚、未婚跨省流动就业人口的比例为 46.06%,再婚、离异及丧偶跨省流动就业人口的这一比例则为 33.86%。流入地为东部、中部和西部地区跨省流动就业人口的主观幸福感为"幸福"的比例分别为 42.72%、45.97% 及 49.15%,为"一般"的比例则分别为 45.05%、32.23% 及 37.80%。

表 12-2 主要变量的描述性统计

变量	edu1	edu2	edu3	edu4	edu5	edu6	edu7	edu8	attit1	attit2	attit3	attit4
平均值	0.0199	0.2155	0.555	0.116	0.0474	0.0317	0.0136	0.000593	0.250	0.499	0.203	0.0477
最大值	1	1	1	1	1	1	1	1	1	1	1	1
最小值	0	0	0	0	0	0	0	0	0	0	0	0
中位数	0	0	1	0	0	0	0	0	0	0	0	0
标准差	0.140	0.411	0.497	0.321	0.213	0.175	0.116	0.0243	0.433	0.500	0.402	0.213
样本数	3373	3373	3373	3373	3373	3373	3373	3373	3373	3373	3373	3373

变量	age	year	inc	rent	kidliv	lwork	med	like1	like2	like3	like4
平均值	35.50	5.686	3035.95	376.7	0.449	0.515	0.1465	0.00445	0.0311	0.518	0.447
最大值	60	33	40000	9000	1	1	1	1	1	1	1
最小值	16	1	150	0	0	0	0	0	0	0	0
中位数	37	4	2500	200	0	1	0	0	0	1	0
标准差	9.731	4.734	2435.42	579.3	0.497	0.500	0.354	0.0665	0.174	0.500	0.497
样本数	3373	3373	2904	3373	3373	3373	3373	3373	3373	3373	3373

说明:(1)虚拟变量 edu1—edu8 分别表示受教育程度为没上过学、小学、初中、高中、中专、大学专科、大学本科和研究生;(2)跨省流动就业人口回答问题"我感觉本地人总是看不起外地人"时有"完全不同意""基本不同意""基本同意"和"完全同意"四个选项,分别对应于虚拟变量 attit1—attit4;(3)跨省流动就业人口回答问题"我喜欢我现在居住的城市"时有"完全不同意""基本不同意""基本同意"和"完全同意"四个选项,分别对应于虚拟变量 like1—like4。

由表 12-2 的统计结果可以看出,重庆户籍跨省流动就业人口的平均年龄为 35.5 岁,从年龄结构来看他们以青壮年为主;在流入地的平均工作和生活时间约为 5 年半。月平均工资为 3 053.95 元,中位数为 2 500 元,标准差为 2 435.42 元,说明收入差距比较大;住房租金平均为 376.7 元/月;受教育程度主要集中于小学和初中,分别占 21.6% 和 55.5%;44.9% 的跨省流动就业人口的子女与他们生活在一起,51.5% 的跨省流动就业人口打算在流入地长时间居住,他们中仅有 14.65% 的人享有城镇职工医疗保险。74.9% 的跨省流动就业人口感觉流入地当地人并没有歧视他们,96.5% 的跨省流动就业人口喜欢他们现在居住的城市。

12.3.2 回归分析

为了检验模型(1)中各解释变量对跨省流动就业人口主观幸福感的影响是否显著,本章节采用 ordered logit 模型进行计量分析。此外,由于在非线性模型中,解释变量的边际效应通常比其系数估计值更具有经济含义,因此,本章节以跨省流动就业人口的主观幸福感是"幸福"为例,分析了各主要解释变量的边际效应[①]。计量分析系数估计值及其边际效应如表 12-3 所示。

为了考察模型对样本的拟合程度,本章节将模型拟合概率与样本频率进行比较,以便对模型设定进行检验,结果如表 12-4 所示。

从表 12-4 可以看出,主观幸福感为"一般""幸福"和"很幸福"的跨省流动就业人口集中了 97.90% 的样本观测值,它们各自的样本频率与模型拟合概率的差值均在 0.5% 以内,差异程度很小。因此,本章节设定的模型对样本的拟合程度较为理想,可以利用模型回归结果进行统计推断。

---

① 由于主观幸福感为"幸福"的样本量最大,因此,本章节以他们为例进行边际效应分析。以其他类型为例的分析内容和方法完全相同。

表 12-3 解释变量系数估计值及其边际效应

变量	系数估计	边际效应	变量	系数估计	边际效应	变量	系数估计	边际效应
age	−0.0323* (−1.601)		marr	−0.506** (−2.164)	−0.0627** (−2.17)	hukou	0.289 (1.067)	0.0358 (1.06)
age²	0.000549* (1.804)	0.000723** (2.109)	year	0.0216** (2.207)	0.00268** (2.20)	linc	0.193** (2.354)	0.0238** (2.35)
lrent	−0.148*** (−2.719)	−0.0183*** (−2.71)	kidliv	0.249*** (2.735)	0.0308*** (2.73)	liking	2.109*** (6.570)	0.2612*** (6.47)
attit	0.818*** (8.008)	0.1013*** (8.15)	lwork	1.056*** (11.78)	0.1308*** (12.36)	gender	0.163* (1.829)	0.0202* (1.83)
med	−0.00490 (−0.0387)	−0.000607 (−0.04)	middle	0.343** (2.158)	0.0425** (2.16)	west	0.209** (2.158)	0.0258** (2.16)
edu2	0.256 (0.730)	0.03167 (0.73)	edu3	0.308 (0.890)	0.0382 (0.89)	edu4	0.410 (1.112)	0.0508 (1.11)
edu5	0.159 (0.396)	0.0197 (0.40)	edu6	0.381 (0.851)	0.0471 (0.85)	edu7	0.618 (1.095)	0.0765 (1.10)
edu8	0.6831 (0.82)	0.0623 (0.817)						

说明：(1) ***、**和*分别表示 1%、5%和 10%的显著水平，括号中的数字为 Z 值；(2) 虚拟变量 middle 表示跨省流动就业人口的流入地为中部省份，west 表示他们的流入地为西部省份；(3) $N=2904$, Pseudo $R^2=0.1809$。

表12-4 模型拟合概率与样本频率的比较

主观幸福感	样本频率	模型拟合概率	主观幸福感	样本频率	模型拟合概率
非常不幸福	0.27%	0.23%	不幸福	1.84%	2.08%
一般	41.27%	41.15%	幸福	45.60%	46.06%
很幸福	11.03%	10.48%			

12.3.3 计量结果分析

表12-3的模型回归结果表明,人口社会学因素中,性别、年龄和婚姻状况均对跨省流动就业人口的主观幸福感具有显著影响,而受教育程度及户口类型的影响却并不显著。在其他因素不变的条件下,平均来讲,女性的主观幸福感为"幸福"的概率比男性提升2.02%,表明她们的主观幸福感在整体上高于男性。国内已有研究中,罗楚亮(2009)以及徐映梅和夏伦(2014)对我国居民主观幸福感影响因素的研究也得出女性主观幸福感高于男性的结论。跨省流动就业人口的年龄每增加1岁,其主观幸福感为"幸福"的概率将会提升0.0723%,表明随着年龄的增长,他们的幸福感有上升的趋势。与国外对所有人群的研究相比(Helliwell,2003;Blanchflower,2008),我国跨省流动就业人口的主观幸福感并没有呈现倒U形分布。本章节认为,这一结果与他们的年龄构成有关:他们主要由成年人组成,并不包括因没有工作和生活压力而主观幸福感较高的未成年人及在校学生。与未婚及初婚跨省流动就业人口相比,曾经有过失败婚姻或丧偶经历的跨省流动就业人口的主观幸福感为"幸福"的概率降低6.27%。婚姻状况对他们主观幸福感的影响与现有研究基本一致(Frey和Stutzer,2002;Blanchflower和Oswald,2000;罗楚亮,2009等)。由于跨省流动就业人口的受教育程度普遍偏低,其中,学历为高中及高中以下的样本占被调查总体的90.6%,且主要分布于初中及小学(分别占55.50%及21.55%)。学历层次并没有显著差异且无法提升他们的人力资本价值,因此,受教育程度对跨省流动就业人口的主观幸福感没有显著影响。此外,跨省流动

就业人口是否感到幸福与他们的户籍性质无关,与农村户籍流动人口相比,城镇户籍流动人口的主观幸福感为"幸福"的概率并没有显著上升或下降;这可能是因为,后者跨省流动时在流入地的就业和享受社会福利等方面与前者并没有显著差异有关。

经济因素中,收入增加能够提高跨省流动就业人口的主观幸福感,住房支出增加将会降低他们的主观幸福感:收入每增加1%,主观幸福感为"幸福"的概率提升0.0238%,房租每增加1%,主观幸福感为"幸福"的概率降低0.0183%。收入提升对主观幸福感仅有微弱促进作用与近些年来他们的收入水平增长较快以及相对收入较低密切相关。以跨省流动就业的农民工为例,2010至2012年间,他们的月平均工资分别增长了19.27%、21.24%和11.76%(国家统计局,2013)。快速增长的工资水平使得他们对收入提升产生了越来越高的预期。然而,已有研究表明,不断提升的预期对主观幸福感具有明显的负面影响(Easterlin,2012)。此外,尽管跨省流动就业人口的收入水平近些年增长较快,但我国的贫富差距悬殊、收入分配不均的状况并没有得到根本性的改善,他们的收入水平仍然偏低。根据相对收入的幸福感假说,当他们感受到自己的相对收入水平并没有改善时,即使绝对收入增加,主观幸福感提升的幅度也非常有限。鉴于跨省流动就业人口以青壮年为主,他们身体健康程度较好,对医疗服务的需求并不强烈,他们是否能够享有城镇职工医疗保险对主观幸福感没有产生显著影响。然而,统计结果显示仅有14.65%的跨省流动就业人口享有城镇职工医疗保险,样本量太少也可能是导致它的结果不显著的另一个原因。

家庭因素中,由于我国居民,尤其是受到欧美外来文化冲击较小的农村居民具有较强的家庭观念,他们通常将家庭生活及子女教育置于极其重要的位置。因此,如果子女与他们生活在一起,跨省流动就业人口的主观幸福感为"幸福"的概率将会提升3.08%。情感因素中,与喜欢目前居住城市的跨省流动就业人口相比,对于那些不喜欢目前居住城市的跨省流动就业人口来说,平均来讲,他们的主观幸福感为"幸福"的概率将会降低26.12%。因此,跨省流动就业人口对目前居住城市的偏好是影响其主观幸福感的一个非常重要的因素。由于样本总体的主观幸福感选择"一般"和"幸福"的比例分别为 41.27% 及 45.60%，所以，如果其对目前所居住城市的偏好由喜欢转变为不喜欢，那么他的主观幸福感由"幸福"变成"一般"的概率将会非常大。流入地居民对跨省流动就业人口积极、友善的态度使得他们感到"幸福"的概率增加了 10.13%。其他因素中，他们在流入地工作和生活的时间每增加 1 年，其主观幸福感为"幸福"的概率提升 0.268%。如果跨省流动就业人口打算在流入地长时间居住，他们的主观幸福感为"幸福"的概率提升 13.08%。与流入地为东部省份相比，流入地为中西部省份跨省流动就业人口的主观幸福感更高，他们的感到"幸福"的概率分别提升 4.25% 及 2.58%。这可能与以下变化有关：近些年来，随着中西部地区社会经济的快速发展，流动人口就业机会不断增多，并且在整体生活质量水平上，中西部地区与东部地区的差距迅速缩小（李鹏，2012）。

12.4 研究结论与政策建议

本章节以重庆市人口计生委于 2012 年进行的流动人口动态监测调查获得的微观数据为基础，从人口社会学因素、经济因素、家庭因素、情感因素以及它们之外的其他因素五个方面研究了跨省流动就业人口主观幸福感的影响因素。研究发现，他们的主观幸福感大部分为"一般"和"幸福"，从而说明他们的主观幸福感总体上不比跨省流动之前差。影响因素方面，人口社会学因素中，性别、年龄和婚姻状况均对其主观幸福感具有显著影响，而受教育程度及户口类型的影响却并不显著。经济因素中，收入增加能够提高主观幸福感，住房支出增加将会降低主观幸福感，他们在流入地是否能够享有城镇居民医疗保险的影响却并不显著。家庭因素中，与子女生活在一起能够显著地提升他们的主观幸福感。情感因素中，他们对流入地的偏好可以大幅提高其主观幸福感，流入地居民积极、友善的态度也可显著提升他们的主观幸福感。其他影响因素中，流入地的地理位置对主观幸福感具有显著影响；

在流入地工作时间越长,主观幸福感越高;打算长时间在流入地居住也可大幅提高主观幸福感。

根据本研究得到的结论,为了提高我国跨省流动就业人口的主观幸福感,各级行政机关可以采取的主要政策措施包括以下几个方面:

首先,积极有效地提高跨省流动就业人口的净收入。收入提升是流动人口跨省流动的最根本目的,也是他们主观幸福感提升的主要源泉。具体措施包括加快经济又好又快发展努力创造就业机会、加强职业技能培训提高跨省流动就业人口的市场竞争力、为低收入家庭提供廉租房等。

其次,为跨省流动就业人口的子女能够与他们生活在一起创造良好的条件。研究表明,与子女生活在一起能够显著地提升跨省流动就业人口的主观幸福感。因此,各级政府应该努力解决跨省流动就业人口的子女入学难入托难的问题。具体措施包括确保跨省流动就业人口的子女在流入地享有公平的受教育的权利、取消入学赞助费等不合理收费、允许具备一定条件的跨省流动就业人口的子女异地高考等。

最后,努力促使跨省流动就业人口融入当地社会,加强他们与流入地之间的情感。具体措施包括在城市建设及管理等方面应该更多地倾听跨省流动就业人口的建议,为他们提供与当地市民均等化的公共服务,为他们自主创业提供便利、有序,使跨省流动就业人口就地市民化等,以便让他们具有城市主人翁意识和归属感。

13 消费不平等:城乡教育差距如何影响文化消费不平衡

消费不平等在一定程度上制约消费需求扩大和消费结构升级。识别城乡教育差距影响城乡居民文化消费不平衡的机制及程度,并采取针对性的补救措施,有利于缓解新时代中国社会主要矛盾。基于CHIP2013数据,采用倾向得分匹配及无条件分位数分解方法的研究发现:城乡教育差距通过禀赋效应和结构效应显著扩大了居民文化消费不平衡;城乡教育差距影响居民文化消费不平衡的禀赋效应为14.85%,结构效应为5.91%。缩小城乡教育差距,特别是中等及中下文化消费水平城乡居民的教育差距,并提升农村居民文化消费需求的边际效应,是降低城乡居民文化消费不平衡的重要途径。

13.1 问题的提出与已有研究述评

13.1.1 问题的提出

新时代中国社会主要矛盾已经转变为人民日益增长的美好生活需要和不平衡不充分的发展之间的矛盾。因此,在不断满足居民美好生活需要的同时,如何降低并最终消除发展不平衡,是新时代中国经济社会发展中的重大战略问题。中国不平衡不充分的发展存在多个维度,城乡发展不平衡是其重要表现(谢宇,2010)。2019 年,中国城镇居民人均可支配收入及人均消费支出分别为 42 359 元和 28 063 元,农村居民则分别仅为 16 021 元和 13 328 元,前者分别为后者的 2.64 倍和 2.11 倍。城乡发展差距较大,实现城乡居民生活质量等值化是新时期推进城乡一体化的重点和难点(魏后凯,2016)。在中国大力实施乡村振兴战略的背景下,城乡发展不平衡处于优先解决的重要地位。

城乡教育差距是中国城乡发展不平衡的具体体现。中国城乡教育差距较大(见表 13-1)。教育公平是机会公平的基石,是促进社会公平的重要途径。尽管推广基础教育、高考统一招生等制度在一定程度上促进了教育公平(梁晨等,2012),但城乡教育差距加剧、优质教育资源分配不均衡等问题依然严峻(李春玲,2014);农村居民家庭子女进入部属院校的机会显著低于城镇居民家庭(李永友和王焱,2016),重点大学农村学生比例偏低引发社会各界广泛关注(秦春华,2015)。为改变农村地区教育落后现状、促进农村经济发展,近几年的中央"一号文件"都将优先发展农村教育事业、提高农村教育质量作为解决"三农"问题以及乡村振兴的重要抓手。

13 消费不平等：城乡教育差距如何影响文化消费不平衡

表 13-1 城乡教育差距：高等教育享有机会的辈出率差异

类别	各类比例	不同高校类型下的辈出率			
		部属院校	省属重点院校	普通本科院校	高职高专
城镇	59%	1.24	1.03	0.94	0.74
农村	41%	0.65	0.95	1.09	1.38

注：数据来源于李永友和王焱（2016）；辈出率指某一社会阶层子女在大学生中的比例与该阶层人口在总体社会人口中所占比例之比，参见胡荣和张义祯（2006）。

文化消费是指人们为了满足精神文化需要，对精神文化类产品及服务性劳务等消费资料的占有、使用和消耗过程，它是社会文化再生产过程的一个重要环节（毛中根，2017）。文化消费属于居民高层次发展型或享受型消费需求，是居民美好生活需要的重要组成。中国已经稳定解决了十几亿人的温饱问题，当前正处于全面建成小康社会的决胜阶段，促进居民消费结构升级是满足人民美好生活需要的重要途径。人民更高层次消费结构的不平衡，如文化消费的不平衡，能够更加准确刻画我国当前发展阶段的居民生活质量不平衡。扩大农村居民文化消费需求，是提升居民消费水平、促进居民消费结构升级以及夯实消费对经济发展的基础性作用的重要途径。受教育程度是影响城乡居民文化消费需求的重要因素（黄祖辉和刘桢，2019），中国城乡教育差距可能是居民文化消费不平衡的重要原因。

城乡教育差距对城乡居民文化消费不平衡的影响效果到底有多大？其影响机制是什么？已有文献对上述问题的回答并不清晰。本章节基于消费经济学、消费心理学以及消费社会学相关理论分析了城乡教育差距影响城乡居民文化消费不平衡的机制；在消除内生性问题的基础上，采用微观家庭数据对城乡教育差距影响城乡居民文化消费不平衡的程度进行了实证分析。本章节的研究结论不仅能够为解决"三农"问题以及在乡村振兴战略中大力发展农村教育提供理论与经验支撑，也有助于扩大农村居民文化消费需求，化解新时代社会主要矛盾，以及推动经济高质量发展。

13.1.2 已有研究述评

居民收入、消费以及机会等方面的不平衡,一直是学术界及政策制定者关注的焦点(张苏秋和顾江,2015)。国内外学者关于居民消费不平衡的研究主要集中于总消费的不平衡,较少涉及分项消费的不平衡(Aguiar 和 Bils,2015;孙豪等,2019)。然而,从居民社会福利的视角来看,分项消费不平衡研究能够得出更加丰富和有用的信息(Attanasio 和 Pistaferri,2016)。例如,某个经济体居民食品消费的基尼系数达到 0.4 将比总消费的基尼系数达到 0.4 更令人担忧。因此,近年来分项消费不平衡研究逐渐成为不平等经济学新的研究热点,但关于教育对居民文化消费不平衡影响的研究并不常见。

国外学者关于教育与居民文化消费不平衡之间关系的研究,常见于社会学家对社会阶层与地位的研究。社会上层人士拥有更多的文化资本,他们通过现行教育体系能够为子女提供更好的文化资源,因此,不同社会阶层与地位的人群之间存在显著的文化消费不平衡,并且文化消费不平衡能够通过教育在代际间传递,实现社会阶层的再生产(Dimaggio 和 Mukhtar,2004;Kraaykamp 和 Eijck,2010)。经济学家关于文化消费不平衡问题的研究,主要集中于文化消费不平衡的影响因素。他们大多采用大样本微观数据进行实证研究,得出较为一致的结论是,无论是某个国家内部的居民文化消费不平衡,还是国别间的居民文化消费不平衡,除了收入、年龄、性别、种族、职业等因素之外,受教育程度差异也是导致居民文化消费不平衡的重要原因,但教育对富裕国家居民文化消费不平衡的影响弱于不富裕国家(Hek 和 Kraaykamp,2013;Oakley 和 O'brien,2016)。

与国外研究相比,国内文化消费研究起步较晚,直到 1987 年才揭开文化消费研究的序幕(司金銮,2001)。然而,我国经济持续快速发展,推动居民文化消费水平显著提升,相关研究逐渐受到研究人员的重视。但从居民消费结构来看,文化消费占居民总消费的比重仍然偏低,相关研究主要集中于文化消费的内涵、特征、功能、变化趋势以及影响因素等方面,关于文化消费不平衡的研究则相对较少。综合现有文献,国内关于文化消费不平衡的研究主要集中在以下两个方面。一是文化消费不平衡的现状及其发展趋势。近年来我国居民的文化消费不平衡上升较快,城乡居民间的文化消费不平衡不断扩大(王亚南,2015)。不同城市、东中西部、南北方以及不同省份的居民间同样存在文化消费不平衡(李惠芬和付启元,2013;杨继东,2013;李蕊;2013;朱媛媛等,2020)。不同专业或年级的大学生群体之间,以及农民工与城市户籍人口之间,文化消费水平差异也较为明显(朱伟,2012;陈瑞计,2012)。此外,我国居民文化消费不平衡存在显著的空间分布特征(王琪延和曹倩,2020)。二是文化消费不平衡的影响因素。文化消费作为居民总消费的构成之一,其消费需求不仅会受到经济、人口和制度等总消费需求影响因素的影响,而且还与文化消费本身的特性密切相关。国内学者遵循上述两条路线研究了我国居民文化消费不平衡的影响因素。研究发现,无论是城镇居民,还是农村居民,收入差距对我国居民的文化消费不平衡均具有最强的解释力(刘宇和周建新,2020)。城乡居民的文化消费对不同来源收入的反应存在显著差别,也能导致城乡居民文化消费差异(孙豪和毛中根,2018)。金融发展的规模和效率能够有效缓解城乡居民文化消费不平衡(任文龙等,2019)。城乡居民家庭在年龄结构、家庭规模、赡养率等人口结构方面的不同,以及在社会保障程度方面的差距,造成了城乡居民文化消费不平衡(赵吉林和桂河清,2014)。诸多文化消费活动,如艺术品鉴赏、观看电影与表演艺术等,要求消费者具备一定的以知识为代表的解码能力,因此,受教育程度差距也是导致居民文化消费不平衡的重要原因(李光明和徐燕,2019)。尽管我国大多数商品供给过剩,但仍然存在文化产品或服务有效供给不足问题,中西部农村地区尤为严重,加剧了我国城乡居民文化消费不平衡(于进,2019)。职业、个人特征以及消费习惯等因素的差异,也导致了不同群体间的文化消费不平衡(胡乃武和田子方,2015)。

  国内现有研究成果为缩小我国不同地区或群体间的居民文化消费不平衡提供了重要参考,但仍然存在一些不足,主要表现在以下两点。

第一,现有研究较少涉及新时代城乡居民间文化消费的不平衡,特别缺乏教育差距对城乡居民文化消费不平衡影响的深入研究。然而,新时代背景下,中国更加注重城乡协调发展并将加强农村教育作为乡村振兴的重要手段。文化消费作为居民美好生活的重要体现,深入研究城乡教育差距对城乡居民文化消费不平衡的影响具有重要现实意义。第二,实证研究方法以描述性统计或均值回归为主,较少考虑不同文化消费水平下各因素对居民文化消费影响的差异,以及城乡居民家庭的异质性。描述性统计或均值回归只能得到城乡居民文化消费不平衡的平均影响效果,而无法依据均值回归所得结论精准施策以有效降低城乡居民文化消费不平衡。基于上述不足,本章节将采用无条件分位数分解的研究方法,从城乡居民家庭异质性的视角,深入研究城乡教育差距对我国城乡居民文化消费不平衡的影响。

13.2 城乡教育差距对文化消费不平衡的影响机制

传统消费经济学认为,一切消费活动是从消费需求开始的,消费需求揭开了消费领域各项消费活动的序幕。经典消费者选择理论认为,居民消费是消费者在既定约束条件下进行消费决策以追求效用最大化的过程,资源禀赋约束决定了消费者的消费能力。消费心理学的研究则发现,内在需要或外在刺激能够激发消费者的消费动机,具备消费能力的消费者在消费动机的驱动下触发消费行为。城乡教育差距既影响居民的文化消费需求和能力,又影响居民的文化消费动机。参照Fortin等(2010)关于不平等分解的研究方法,本章节将城乡教育差距对文化消费不平衡的影响机制归纳为两种效应:禀赋效应(endowment effect)和结构效应(structure effect)。

(1)禀赋效应

禀赋效应即城乡教育差距通过形成消费需求与消费能力差距,进而导致城乡居民文化消费不平衡。一方面,文化消费不同于一般物品消费,其消费对象具有更多的精神消费属性(胡忠良和齐培潇,2014)。

随着居民生活水平提高,文化消费需求作为高层次的消费需求,是居民消费结构升级的重要方向;但不同文化程度居民的文化消费需求存在显著差异,受教育程度较高的居民通常具有更强烈的精神消费需求,从而文化消费需求更高。另一方面,消费者对文化产品或服务的欣赏、享受或使用也是一种再造过程,要求他们具备由知识决定的解码能力(李光明和徐冬柠,2019)。知识是居民文化消费的重要约束条件,知识越丰富的居民,解码能力越强,文化消费能力也就越强。我国城镇与农村居民在受教育程度方面存在较大差距,平均而言,城镇居民的教育年限比农村居民高 3.2 年(见表 13-2)。因此,城乡居民家庭的教育差距将通过禀赋效应产生城乡文化消费不平衡。

表 13-2 主要变量的描述性统计

变量	城镇居民家庭 ($N=5926$)		农村居民家庭 ($N=8222$)		差值	t 值
	均值	方差	均值	方差		
文化消费(元)	1 656.112 6	1 861.889 9	821.080 4	1 250.864 4	835.032 2***	29.99
教育年限(年)	10.342 5	3.546 8	7.143 6	2.820 9	3.198 9***	57.54
收入(元)	26 050.777 4	13 527.060 7	10 979.435 2	8 075.099	15 071.342 2***	76.51
年龄(岁)	50.169 4	13.194 1	51.989 5	11.223 0	−1.820 1***	−8.61
孩子数量(个)	0.842 1	0.692 8	1.201 8	0.835 0	−0.359 7***	−27.94
孩子平均年龄(岁)	13.112 2	12.303 3	17.770 7	12.442 8	−4.658 5***	−22.12
赡养率	0.251 2	0.294 5	0.246 4	0.264 0	0.004 8	1.00
性别	0.259 2	0.438 2	0.081 2	0.273 2	0.178 0***	27.63
党员	0.243 3	0.429 1	0.109 5	0.312 2	0.133 8***	20.43
婚姻	0.865 2	0.341 6	0.899 1	0.301 3	−0.033 9***	−6.11
保险	2.223 1	0.759 6	1.937 1	0.447 5	0.286 0***	25.92

注:***、**、*分别表示估计系数在1%、5%和10%的水平上通过了显著性检验。下同。

(2) 结构效应

结构效应即城乡教育差距通过形成消费动机强弱差异,进而导致居民文化消费不平衡。分别来自城市和农村的甲、乙两位消费者,假如他们的收入、受教育程度等禀赋约束相同,如果甲的文化消费动机强于乙,则其文化消费水平将高于乙,本章节将此效应称为结构效应。近年来我国不断加强农村教育,城乡教育差距总体上呈现不断缩小的趋势,但优质教育资源主要集中于城市的基本状况并没有改变。与农村居民相比,城市居民有更多机会接触重点中学、高等院校、科研机构、教育培训机构、图书馆以及博物馆等教育文化资源,从而形成更加强烈的文化消费外在刺激。此外,我国居民的文化消费与社会结构间存在明显的等级对应关系,文化消费水平较高的群体大多为城市中的社会优势群体(范国周和张敦福,2019)。为提升社会地位或融入社会优势群体,城市居民将会以社会优势群体作为文化消费参照对象,他们具有比农村居民更强烈的文化消费内在需求。因此,更加浓烈的外在刺激和内在需求促使城市居民具有更强的文化消费动机,从而造成城乡居民文化消费不平衡。

综上所述,城乡教育差距将通过禀赋效应和结构效应两种机制影响文化消费不平衡,影响路径如图 13-1 所示。

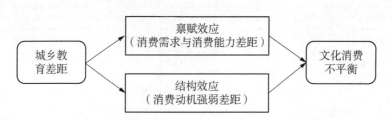

图 13-1 城乡教育差距对文化消费不平衡的影响机制

13.3 模型选择与变量说明

13.3.1 模型选择

本章节使用的基本模型来自 Firpo 等(2009)提出的无条件分位数回归模型。该模型是基于复回中心影响函数(Recentered Influence

Function,RIF)的分位数回归方法,即:

$$E[RIF(C; Q_\tau/\boldsymbol{X})] = \boldsymbol{X\beta} \qquad (13-1)$$

其中,

$$RIF(C; Q_\tau) = Q_\tau + \frac{\tau - I(C \leqslant Q_\tau)}{f_Y(Q_\tau)} \qquad (13-2)$$

以上两式中,Q_τ 表示城镇或农村居民人均文化消费支出自然对数 C 的累积分布函数的 τ 分位数,$I(\cdot)$ 是一个指示函数,$f_Y(\cdot)$ 表示城镇或农村居民人均文化消费支出自然对数 C 的密度函数,$\boldsymbol{X}$ 表示由解释变量构成的向量,$\boldsymbol{\beta}$ 是由解释变量回归系数构成的向量。

与普通分位数回归模型相比,RIF 无条件分位数回归模型不仅可以通过模型(13-1)得到各解释变量对城乡居民文化消费水平的边际效应,还能将其与 Oaxaca(1973)以及 Blinder(1973)提出的基于回归分解方法相结合,对城乡居民文化消费不平衡进行无条件分位数分解(Unconditional Quantile Decomposition,UQD),得到不同文化消费水平上各解释变量对城乡居民文化消费不平衡的贡献:

$$\widehat{RIF}_{1\tau} - \widehat{RIF}_{0\tau} = (\overline{\boldsymbol{X}}_1 - \overline{\boldsymbol{X}}_0)\hat{\boldsymbol{\beta}}_{0\tau} + \overline{\boldsymbol{X}}_1(\hat{\boldsymbol{\beta}}_{1\tau} - \hat{\boldsymbol{\beta}}_{0\tau}) \qquad (13-3)$$

模型(13-3)中,$\widehat{RIF}_{1\tau}$ 及 $\widehat{RIF}_{0\tau}$ 分别表示城镇和农村居民家庭人均文化消费支出自然对数的 τ 分位数复回中心影响函数值,$\hat{\boldsymbol{\beta}}_{1\tau}$ 及 $\hat{\boldsymbol{\beta}}_{0\tau}$ 分别表示在 τ 分位数上采用模型(13-1)对城镇和农村居民家庭进行回归分析得到的解释变量估计系数组成的向量。$\overline{\boldsymbol{X}}_1$ 及 $\overline{\boldsymbol{X}}_0$ 分别表示城镇居民家庭以及农村居民家庭由解释变量均值构成的向量。

模型(13-3)可以将解释变量对文化消费不平等的影响区分为禀赋效应和结构效应。模型(13-3)等号右边第一项是禀赋效应,表示可以由解释变量差异解释的城乡居民文化消费不平衡;模型(13-3)等号右边第二项是结构效应,表示可以由解释变量回归系数差异解释的城乡居民文化消费不平衡。

13.3.2 变量说明

本章节的大样本微观数据来自北京师范大学中国收入分配研究院开展中国家庭收入调查(Chinese Household Income Project，CHIP)。为了追踪中国收入分配的动态情况，中国家庭收入调查(CHIP)已经相继在 1989 年、1996 年、2003 年、2008 年和 2014 年进行了五次入户调查。2014 年 7—8 月份，中国收入分配研究院与国家统计局联合国内外相关专家在北京、山西、辽宁、江苏、安徽、山东、河南、湖北、湖南、广东、重庆、四川、云南、甘肃和新疆等 15 个省(自治区、直辖市)进行了入户调查，获得 18 948 个家庭及个体的收支信息，以及其他家庭和个人信息，编号为 CHIP2013。作者得到除新疆之外其余 14 个省(直辖市)调查样本的所有信息，包括住户成员个人特征、住户收支、资产及债务情况、户主及配偶父母情况等。CHIP2013 调查范围较广，数据质量较高，具有良好的代表性。

1. 被解释变量为文化消费。根据《居民消费支出分类(2013)》的划分标准，文化消费支出包括居民用于教育以及文化和娱乐两方面的消费支出，其中，文化和娱乐类消费支出包括文化和娱乐耐用消费品、其他文化和娱乐用品、文化和娱乐服务以及一揽子旅游度假服务四项消费支出。由于 CHIP2013 数据中的居民文化消费支出是以家庭为单位进行统计的，因此，本章节的被解释变量为将家庭层面的数据除以家庭规模得到的家庭人均文化消费支出，并取了自然对数。

2. 核心解释变量为教育年限。实证研究中，本章节将城乡居民家庭户主受教育年限的总体平均差距作为城乡教育差距的代理变量。本章节实证研究采用的微观数据样本量大，覆盖面广，城乡居民家庭户主受教育年限的总体平均差距是城乡教育差距的具体体现。

3. 控制变量。本章节选取的控制变量包括家庭人均可支配收入或人均纯收入、社会保障及劳保福利情况、年龄及其二次方、性别、政治面貌以及婚姻状况、家庭孩子数量、孩子平均年龄以及家庭赡养系数。其中，"保险"指的是户主参加医疗保险、养老保险或享有劳保福利的数量,若三者只有其一则取值为1,有两种则取值为2,全部都有则取值为3;当家庭户主为女性时,"性别"虚拟变量取值为1,否则为0;当家庭户主为党员时,"党员"虚拟变量取值为1,否则为0;当家庭户主已婚时,"婚姻"虚拟变量取值为1,否则为0;赡养率通过家庭小于16岁及大于64岁的家庭成员数除以家庭总人数计算得出。为控制地域差异,本章节控制了省份虚拟变量。

为提高数据质量,本章节对样本数据进行了如下筛选程序:首先,只保留家庭收入及文化消费支出为正数的样本;其次,参照已有文献的做法,剔除家庭收入及文化消费支出最高和最低2%的样本,以消除异常值的影响;最后,借鉴邹红等(2013)的研究,删除户主年龄小于21周岁的样本,以消除异常消费的影响。通过上述筛选过程,本章节最终得到14 148个有效样本,其中,城镇居民家庭5 926个,农村居民家庭8 222个。主要变量的描述性统计结果如表13-2所示。

城镇居民家庭的人均文化消费支出为1 656.11元,农村居民家庭仅为821.08元,前者是后者的2.02倍。无论城镇居民家庭还是农村居民家庭,其文化消费支出差异程度均较大。城镇居民家庭的人均可支配收入为26 050.78元,农村为10 979.44元,后者仅为前者的42.15%。城镇及农村居民家庭户主的平均年龄分别为50.17岁及51.99岁,后者略大于前者,这可能与农村地区大量青壮年劳动力外出务工有关。户主平均受教育年限方面,城镇居民家庭为10.34年,农村居民家庭则只有7.14年,前者受教育年限约比后者多3.2年。城镇居民家庭的平均孩子数量为0.84个,农村居民家庭则为1.20个,后者显著高于前者。两类家庭的赡养率基本相同,不存在统计意义上的显著差异。城镇居民家庭户主为女性及党员的比例分别达到了25.92%及24.33%,农村居民家庭却分别仅为8.12%及10.95%。城镇居民家庭户主享有的社会保障程度略高于农村居民家庭,而农村居民家庭户主已婚的比例却略高于城镇居民家庭。

13.4 城乡教育差距影响文化消费不平衡的实证检验

13.4.1 RIF 分位数回归

与均值回归相比,分位数回归能够识别在被解释变量整个分布上解释变量对它的影响,因而在实证研究领域的运用越来越广泛(Rothe,2015)。本章节首先采用 RIF 分位数回归模型(13-1)对城乡居民总体进行回归分析,以便初步获得城乡居民文化消费不平衡的程度及其影响因素,结果如表 13-3 所示。

表 13-3 居民文化消费的 RIF 分位数回归结果

变量	10 分位数	25 分位数	50 分位数	75 分位数	90 分位数	均值
教育年限	0.0152* (1.82)	0.0257*** (3.37)	0.0540*** (7.67)	0.0576*** (10.15)	0.0446*** (7.70)	0.0413*** (9.16)
城镇	0.2336*** (3.50)	0.3438*** (7.23)	0.3199*** (5.45)	0.2236*** (4.96)	0.0562 (1.37)	0.2397*** (7.13)
收入对数	0.7376*** (16.07)	0.7797*** (20.59)	0.8719*** (21.45)	0.6262*** (21.03)	0.4376*** (14.33)	0.6837*** (30.44)
年龄	−0.0214 (−1.27)	0.0059 (0.50)	0.0097 (0.76)	0.0034 (0.34)	0.0182** (2.22)	0.0028 (0.36)
年龄平方	−0.0000 (−0.25)	−0.0003** (−2.57)	−0.0004*** (−3.00)	−0.0001 (−1.49)	−0.0002*** (−2.80)	−0.0002*** (2.97)
孩子数量	0.2519*** (5.37)	0.3811*** (9.91)	0.5279*** (13.30)	0.3073*** (12.01)	0.1499*** (6.51)	0.3465*** (14.94)
孩子平均年龄	0.0081*** (3.07)	0.0059*** (2.67)	0.0093*** (4.20)	0.0044*** (2.82)	0.0030** (2.33)	0.0060*** (4.56)
赡养率	0.6614*** (4.88)	0.7927*** (8.67)	0.3286*** (3.49)	−0.2482*** (−3.34)	−0.2315*** (−3.71)	0.2484*** (4.34)
性别	0.0892 (1.51)	0.1234** (2.33)	0.1807*** (3.11)	0.2217*** (4.00)	0.2335*** (4.28)	0.1583*** (4.40)

续表

变量	10分位数	25分位数	50分位数	75分位数	90分位数	均值
党员	0.0578 (0.87)	0.1290*** (2.85)	0.1505*** (2.88)	0.1495*** (3.33)	0.1603*** (3.52)	0.1105*** (3.22)
婚姻	0.1163 (1.26)	0.0352 (0.61)	0.1034* (1.86)	0.1594*** (3.29)	0.1664*** (4.36)	0.1068*** (2.67)
保险	−0.0027 (−0.08)	0.0095 (0.30)	0.1025*** (2.68)	0.0935*** (2.92)	0.1353*** (4.40)	0.0779*** (3.79)
常数项	−2.9434*** (−4.62)	−3.1182*** (−6.55)	−3.2376*** (−5.89)	0.2873 (0.77)	2.5869*** (7.07)	−1.2776*** (−4.21)
省份	YES	YES	YES	YES	YES	YES
样本量	14148	14148	14148	14148	14148	14148
R-squared	0.0651	0.1291	0.1727	0.1490	0.085	0.2291

注：括号内为 t 值。下同。被解释变量为城乡居民人均文化消费支出的自然对数。YES表示控制了省份虚拟变量。下同。

表13-3的回归结果还表明,城乡居民家庭户主受教育程度增加能够显著扩大其文化消费需求。在其他变量保持不变的条件下,户主受教育程度每增加1年平均可以扩大居民4.13%的文化消费需求。随着居民文化消费水平提高,户主受教育程度对居民文化消费需求的影响呈先升后降的倒U形趋势:在10、25、50、75以及90分位数水平上,户主受教育程度对文化消费的边际贡献分别为1.52%、2.57%、5.40%、5.76%以及4.46%。

表13-3的结果还表明,控制其他影响因素的条件下,城镇居民的人均文化消费水平平均比农村居民高23.99%,我国居民文化消费水平存在较大的城乡地域差距。随着居民文化消费水平的提高,城乡居民间的文化消费差距呈先升后降的倒U形趋势:在10、25及50分位数水平上,城镇居民的人均文化消费水平分别比农村居民高23.36%、34.36%和31.99%,而在90分位数水平上,前者仅比后者高5.62%。对"城镇"虚拟变量系数估计值的检验结果表明,在1%的显著性水平上拒绝它们相等的原假设。并且,不同文化消费水平上城乡居民间的文

化消费差距存在显著不同,而均值回归不能获得此信息。

控制变量的影响方面,收入、孩子数量以及孩子平均年龄的增加均对城乡居民家庭文化消费支出有正向效应。赡养率对50分位数及以下水平城乡居民家庭文化消费需求具有正向效应,对75分位数及以上水平城乡居民家庭文化消费支出具有负向效应。户主为女性或党员对10分位数水平上城乡居民家庭的文化消费需求并没有显著影响,而对25分位数及以上水平城乡居民家庭具有正向效应。户主的社会保障程度以及婚姻状况对25分位数及以下水平城乡居民家庭的文化消费需求没有显著影响,但对50分位数及以上水平城乡居民家庭文化消费支出具有正向效应。户主年龄仅对90分位数水平上城乡居民家庭文化消费需求有正向效应,对其他各水平城乡居民家庭文化消费支出的影响不显著。

综合表13-2和表13-3的结果可以发现,城乡居民在文化消费不同分位数水平上都存在显著的文化消费不平衡。然而,表13-3回归结果稳健、可靠的前提是假设城乡居民的文化消费行为同质。接下来采用模型(13-1)分别对城乡居民家庭进行回归分析,以便检验城乡居民文化消费行为是否同质,回归结果如表13-4所示。

表13-4 城镇与农村居民文化消费的RIF分位数回归结果

变量	城镇居民家庭			农村居民家庭		
	25分位数	50分位数	75分位数	25分位数	50分位数	75分位数
教育年限	0.0759*** (6.68)	0.0752*** (8.80)	0.0503*** (7.67)	0.0087 (0.86)	0.0287*** (2.74)	0.0273*** (2.94)
收入对数	0.8496*** (12.39)	0.8555*** (14.63)	0.6270*** (16.32)	0.6402*** (14.91)	0.8271*** (14.91)	0.6836*** (16.13)
年龄	0.0293 (1.51)	0.0361** (2.35)	0.0350*** (3.52)	−0.0190 (−0.96)	−0.0168 (−0.86)	−0.0251* (−1.80)
年龄平方	−0.0006*** (−2.97)	−0.0005*** (−3.36)	−0.0004*** (−4.05)	−0.0001 (−0.73)	−0.0002 (−1.03)	0.0000 (0.48)
孩子数量	0.4491*** (6.30)	0.4245*** (5.98)	0.2537*** (5.36)	0.2574*** (5.75)	0.5544*** (11.12)	0.4236*** (9.87)

续表

变量	城镇居民家庭			农村居民家庭		
	25分位数	50分位数	75分位数	25分位数	50分位数	75分位数
孩子平均年龄	0.0048 (1.24)	0.0099*** (2.76)	0.0023 (1.01)	0.0095*** (3.90)	0.0120*** (4.26)	0.0024 (1.12)
赡养率	0.7226*** (4.62)	0.2890** (2.23)	-0.0401 (-0.45)	0.7255*** (5.68)	0.5027*** (4.11)	-0.4181*** (-4.12)
性别	0.0476 (0.63)	0.0749 (1.11)	0.2023*** (4.02)	0.1821* (1.90)	0.2780*** (2.95)	0.2826*** (3.47)
党员	0.0539 (0.84)	0.0955 (1.54)	0.1708*** (2.69)	0.0311 (0.39)	0.0280 (0.31)	0.1533* (1.94)
婚姻	-0.1124 (-1.16)	0.1606* (1.91)	0.0804 (1.38)	0.1925** (2.06)	0.2200** (2.24)	0.1685*** (2.59)
保险	0.1034** (2.37)	0.0765** (2.15)	0.0796*** (2.73)	-0.0043 (-0.08)	0.0608 (1.06)	0.0739 (1.50)
常数项	-4.5553*** (-5.20)	-3.8950*** (-5.25)	-0.3087 (-0.64)	-0.8886 (-1.21)	-1.8434** (-2.35)	0.9368 (1.56)
省份	YES	YES	YES	YES	YES	YES
样本量	5 926	5 926	5 926	8 222	8 222	8 222
R-squared	0.1100	0.1346	0.1087	0.0833	0.1256	0.1092

注:被解释变量为城乡居民人均文化消费支出的自然对数。

对比表13-4中城乡居民家庭不同分位数上的回归结果可以发现,各解释变量在同一分位数上的回归系数估计值存在显著不同。例如,教育年限变量在城镇居民家庭各分位数上的回归系数估计值均显著高于农村居民家庭。因此,城乡居民家庭文化消费行为存在显著不同,表13-3仅采用"城镇"虚拟变量区分城镇和农村居民家庭,无法有效体现两类居民家庭文化消费行为的异质性,"城镇"虚拟变量的回归系数不能有效地度量城乡居民家庭的文化消费不平衡。

13.4.2 无条件分位数分解

为解决表13-3所示RIF分位数回归分析结果存在的不足,本章节基于城乡居民家庭异质性的视角,采用模型(13-3)对城乡居民文化消费不平衡进行无条件分位数分解。该方法可以将城乡居民文化消费不平衡分解为禀赋效应和结构效应两部分。禀赋效应是指由城乡居民收入、受教育程度等解释变量差距导致的城乡居民文化消费不平衡。结构效应是指由城乡居民的文化消费行为差异导致的城乡居民文化消费不平衡。无条件分位数分解的结果如表13-5所示。

表13-5 城乡居民文化消费不平衡的无条件分位数分解

分解结果	10分位数	25分位数	50分位数	75分位数	90分位数	均值
总差距	1.0599*** (21.27)	1.1007*** (27.81)	1.1620*** (29.53)	0.8755*** (28.98)	0.6345*** (19.76)	0.9614*** (36.42)
禀赋效应	0.9701*** (12.65)	0.8877*** (16.10)	0.8886*** (19.22)	0.7210*** (20.84)	0.5453*** (15.10)	0.8056*** (23.25)
禀赋效应 (教育年限)	0.0989** (2.30)	0.2310*** (6.88)	0.2413*** (8.41)	0.1596*** (7.32)	0.1068*** (5.15)	0.1779*** (8.82)
结构效应	0.0897 (0.88)	0.2134*** (3.02)	0.2733*** (4.73)	0.1544*** (3.91)	0.0893*** (2.26)	0.1558*** (3.66)
结构效应 (教育年限)	0.0291 (0.75)	0.0841*** (4.35)	0.1165*** (3.27)	0.0545** (2.24)	0.0213** (2.20)	0.0575*** (3.53)

注:被解释变量为城乡居民人均文化消费支出的自然对数。

表13-5的分解结果表明:城镇居民人均文化消费水平平均比农村居民高96.14%,其中禀赋效应和结构效应分别为80.56%和15.58%;教育年限变量的禀赋效应为17.79%,表明城乡居民文化消费不平衡的17.79%是由城乡教育差距造成的;教育年限变量的结构效应为5.75%,表明城乡居民文化消费不平衡的5.75%是由城乡教育差距引致的城乡文化消费行为差异造成的。教育差距对文化消费不平衡的平均总效应高达23.54%。因此,城乡教育差距是造成城乡居民文化消费不平衡的重要因素。

不同文化消费水平上,城乡居民文化消费不平衡的程度存在显著差别,教育年限变量的贡献差异明显。在禀赋效应方面:在10、25、50、75以及90分位数水平上,城镇居民的人均文化消费水平分别比农村居民高105.99%、110.07%、116.20%、87.55%和63.45%,其中,禀赋效应分别为97.01%、88.77%、88.86%、72.10%和54.53%,各占总不平衡的91.51%、80.56%、76.51%、82.31%和85.83%;城乡居民受教育程度差异导致的禀赋效应分别为9.89%、23.10%、24.13%、15.96%和10.68%,各占总不平衡的9.34%、20.98%、20.74%、18.26%和16.85%;教育差距对10分位数水平上城乡居民文化消费不平衡的贡献最小,对90分位数水平上城乡居民文化消费不平衡的贡献次之,对50分位数水平上城乡居民文化消费不平衡的贡献最大。

在结构效应方面:教育年限对10分位数水平上城乡居民文化消费不平衡的影响并不显著;在25、50、75以及90分位数水平上,它的结构效应分别为8.41%、11.65%、5.45%以及2.13%,表明受教育程度对城镇居民文化消费的边际影响高于农村居民,从而导致前者的文化消费水平分别比后者高8.41%、11.65%、5.45%和2.13%。

13.4.3 进一步的检验

为使实证研究结果更加可靠,有必要考虑是否存在由教育年限变量引起的内生性问题。由于我国教育成本较高,且教育回报率存在城乡差异,因此,城乡居民对教育消费存在选择性偏好(Golley 和 Kong,2018)。教育消费属于居民文化消费的重要组成,上述分解结果没有考虑城乡居民教育消费的选择性偏好所导致的内生性问题,估计结果是有偏和不一致的。为解决上述内生性问题,本章节参照已有的研究方法,将城乡居民家庭户主的受教育程度用一个虚拟变量表示,即如果他们的教育年限高于9年,则该虚拟变量的取值为1,否则取值为0,并采用倾向得分匹配(Propensity Score Matching, PSM)方法对表13-5的结果进行修正(Messinis, 2013)。

采用PSM方法处理由城乡居民教育消费选择性偏好所导致的内生性问题,首先需要得到倾向得分值。本章节使用Logit模型对城乡居民家庭进行回归,以便得到样本的倾向得分值。Logit模型的控制变量包括户主父母亲的学历与职业、户主的年龄与性别以及省际虚拟变量。

户主父母亲的学历为一个虚拟变量,其构建方法与户主学历虚拟变量相同;户主父母亲的职业也是一个虚拟变量,当他们为国家机关、党群组织、企事业单位负责人或专业技术人员时,该虚拟变量取值为1,否则0。Logit 回归的结果如表13-6所示。

表13-6 预测倾向得分值的 Logit 回归结果

变量	系数	Z 值	变量	系数	Z 值	变量	系数	Z 值
父亲高学历	0.9083***	8.76	母亲高学历	0.9298***	5.10	父亲职业	1.1741***	11.84
母亲职业	0.4685**	2.43	年龄	−0.0507***	−30.33	性别	−0.3011***	−5.71
常数项	4.0132***	30.57	省份	YES				

注:似然比为−8521.2551,虚拟 R^2 为0.1310;被解释变量为表示城乡居民家庭户主受教育程度的虚拟变量。

表13-6的回归结果表明:户主父母亲为高学历能够显著增加户主获得高学历的概率;户主父母亲为国家机关、党群组织、企事业单位负责人或专业技术人员也能显著增加户主获得高学历的概率;户主年龄越大,获得高学历的概率越小;其他条件相同的情况下,女性户主获得高学历的概率低于男性。表13-6的估计结果与我国实际情况基本吻合,因此 Logit 回归结果能够较好地预测城乡居民家庭户主是否为高学历。

基于 Logit 回归得到的倾向得分值,采用 PSM 方法能够处理由于城乡居民教育消费的选择性偏好所导致的内生性问题。常用的匹配方法有 k 近邻匹配、半径匹配、卡尺内最近邻匹配以及核匹配等。与其他匹配方法相比,核匹配在构造反事实结果时采用了全部控制组的信息,从而匹配结果更趋准确(简必希和宁光杰,2013)。因此,本章节采用核匹配方法以便更好地控制城乡居民教育消费选择性偏好的影响。图13-2和图13-3分别表示城镇居民家庭与农村居民家庭匹配前后户主为高学历的倾向得分值分布图。

13 消费不平等:城乡教育差距如何影响文化消费不平衡

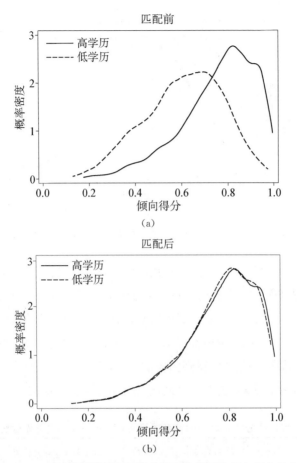

图 13-2 匹配前后城镇居民家庭户主高学历的倾向得分分布图

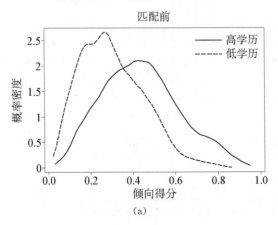

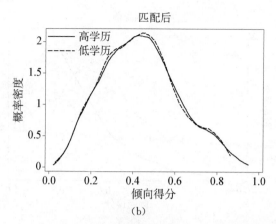

图13-3 匹配前后农村居民家庭户主高学历的倾向得分分布图

图13-2和图13-3显示,采用倾向得分匹配之前,城乡居民家庭户主为高学历的倾向得分值分布存在明显差异;采用倾向得分匹配之后,无论是城镇居民家庭,还是农村居民家庭,两条倾向得分值曲线的重合度明显提高。因此,倾向得分匹配效果较好,其结果可用于对模型(13-3)的修正。利用倾向得分匹配得到的权重,采用模型(13-3)对中国城乡居民文化消费不平衡进行加权无条件分位数分解,结果如表13-7所示。

表13-7 倾向得分匹配后中国城乡居民文化消费不平衡的无条件分位数分解

分解结果	10分位数	25分位数	50分位数	75分位数	90分位数	均值
总差距	0.9556*** (13.95)	0.9815*** (18.55)	1.0498*** (19.59)	0.8115*** (18.97)	0.5500*** (12.29)	0.8713*** (23.13)
禀赋效应	0.8004*** (8.65)	0.7628*** (11.23)	0.8102*** (14.62)	0.6740*** (16.73)	0.4987*** (13.19)	0.7058*** (17.75)
禀赋效应(教育年限)	0.1076 (1.57)	0.1980*** (4.62)	0.1621*** (4.45)	0.1003*** (2.77)	0.0998*** (4.30)	0.1485*** (4.16)
结构效应	0.1553 (1.16)	0.2187** (2.26)	0.2397*** (3.09)	0.1375*** (2.60)	0.0513*** (2.97)	0.1655*** (2.94)
结构效应(教育年限)	0.0494 (1.27)	0.0785*** (3.25)	0.0938*** (3.86)	0.0463*** (2.81)	0.0138* (1.83)	0.0591* (1.88)

注:被解释变量为城乡居民人均文化消费支出的自然对数。

对比表13-5与表13-7的分解结果可以发现,控制城乡居民教育消费的选择性偏好所导致的内生性问题后,基于均值的城乡居民文化消费不平衡的分解具有如下特点:其一,城镇居民人均文化消费水平平均比农村居民高87.13%,低于匹配前的96.14%,其中,禀赋效应和结构效应分别为70.58%及16.55%,前者比匹配前低9.98个百分点,后者比匹配前高0.97个百分点;其二,教育年限的禀赋效应由匹配前的17.8%下降为14.8%,教育年限的结构效应由匹配前的5.75%上升为5.91%。

居民文化消费不平衡的无条件分位数分解具有如下特点:其一,在整个分布上,匹配后城乡居民的文化消费不平衡均有所下降,但不平衡的趋势仍然是倒U形,在50分位数上的不平衡程度最高,达到了105%。其二,禀赋效应依然是城乡居民文化消费不平衡的主要原因,在各分位数上,禀赋效应导致的居民文化消费不平衡介于49.9%—81.0%之间,占总不平衡的比重介于77.18%—90.67%之间;在10分位数上,结构效应对文化消费不平衡的影响并不显著,在其余各分位数上,结构效应对城乡居民文化消费不平衡具有明显影响,影响程度介于5.13%—23.97%之间,占总不平衡的比重介于9.37%—22.86%之间。其三,在10、25、50、75以及90分位数水平上,城乡居民受教育程度差异导致的禀赋效应依次为10.76%、19.80%、16.21%、10.03%和9.98%,除10分位数外,分别低于匹配前3.30、7.92、5.93以及0.70个百分点,但匹配后该变量在10分位数上的禀赋效应并不显著。其四,受教育程度变量在各分位数上的结构效应依次为4.94%、7.85%、9.38%、4.63%和1.38%,除10分位数外,分别低于匹配前0.6、2.3、0.8以及0.8个百分点,但匹配后该变量在10分位数上的结构效应不显著。

13.5 研究结论与政策启示

13.5.1 研究结论

本章节基于消费经济学、消费心理学以及消费社会学相关理论,分析了城乡教育差距影响居民文化消费不平衡的机制。在此基础上,利用 CHIP2013 微观家庭数据,采用倾向得分匹配法解决了城乡居民教育消费选择性偏好导致的内生性问题后,基于无条件分位数分解方法实证研究了城乡教育差距对城乡居民文化消费不平衡的影响。本章节的主要研究结论如下。

第一,城乡教育差距通过禀赋效应和结构效应两种机制造成城乡居民文化消费不平衡,前者通过形成居民文化消费需求和消费能力差距,后者通过形成居民文化消费动机强弱差异,导致城乡居民文化消费不平衡。

第二,中国城镇居民人均文化消费支出平均比农村居民高 87.13%。在居民文化消费支出的整个分布上,城乡居民文化消费不平衡呈倒 U 形变化趋势,在 50 分位数上的不平衡程度最高,达到 104.98%。

第三,城乡教育差距的禀赋效应导致城镇居民人均文化消费支出平均比农村居民高 14.8%,这是导致城乡居民文化消费不平衡的重要原因。城乡教育差距的禀赋效应对不同水平文化消费不平衡的影响存在较大差异,对 25 分位数及 50 分位数城乡居民文化消费不平衡的影响程度高于 75 分位数及 90 分位数的城乡居民,而对 10 分位数城乡居民文化消费不平衡的影响并不显著。

第四,城乡教育差距的结构效应导致城镇居民人均文化消费支出平均比农村居民高 5.91%,这也是导致城乡居民文化消费不平衡的重要原因。在文化消费的整个分布上,50 分位数上教育差距的结构效应最强,25 分位数上次之,90 分位数上最弱。其他影响因素不变的条件下,提升相同程度受教育水平对扩大城镇居民文化消费需求的效应明显高于农村居民。

13.5.2 政策启示

从城乡教育差距视角考察文化消费不平衡,有助于推动新时代人民美好生活需要的高水平趋同。文化消费在一定意义上代表了高层级的消费结构。城乡教育差距通过禀赋效应和结构效应显著影响文化消费不平衡。缩小城乡教育差距,推进共享式的消费结构升级,是坚持新发展理念的体现,是实现全体人民美好生活需要的途径,同时有助于激发农村消费需求潜力,增强消费对经济发展的基础性作用,推进经济高质量发展。

第一,提高农村教育质量,是促进城乡居民美好生活需要高水平趋同的重要措施。城乡教育差距通过禀赋效应对城乡居民美好生活水平差距的影响远强于结构效应,即受教育程度差距是造成我国城乡居民美好生活水平差距的主要因素。习近平总书记指出,"发展是第一要务,人才是第一资源,创新是第一动力"。城乡居民受教育程度差距是城乡发展资源不平衡的具体体现,也是造成农村经济创新动力缺乏的根源之一。积极引导各类资源流向农村地区、大力发展农村经济,才能有效促进城乡教育均衡发展并导致城乡居民美好生活等值化。乡村振兴战略背景下,高质量的农村教育能够为大力发展农村经济提供智力支持,是实现包括中低收入居民在内的全体农村居民生活富裕这一奋斗目标的基础和保障。

第二,完善促进农村消费的体制机制,有助于激发农村居民消费需求潜力和推进乡村振兴发展战略。教育差距也能够通过结构效应造成城乡居民文化消费不平衡。居民消费是消费主体、消费客体和消费环境的有机统一。从消费主体看,城镇居民能够获取更加丰富的信息,即使受教育程度相同,他们的消费观念和消费文化领先于农村居民;从消费客体看,我国并未形成城乡统一的市场体系,文化产品和服务等体现居民美好生活需要的高层次消费供给,不能有效满足农村居民多层次多样化消费需求;从消费环境看,农村地区现代物流、信息网络等基础设施短板,以及城乡居民在教育、就业和社会保障等公共服务方面的失衡,制约了农村居民消费水平提升。各级行政机关从消费主体、消费客体和消费环境三个方面完善农村消费的体制机制,能够增强农村居民的文化消费动机并扩大其文化消费需求,从而有效降低城乡居民美好生活水平差距。

第三，中国城镇居民的文化消费水平总体上显著高于农村居民，但不同消费层次城乡居民的文化消费不平衡存在显著差异，中等及中下水平城乡居民的文化消费不平衡程度强于高水平城乡居民；提升相同受教育水平缓解中等及中下水平城乡居民文化消费不平衡的程度也强于高水平城乡居民。因此，促进城乡居民美好生活需要趋同不仅要努力扩大全体农村居民的文化消费需求，更要关注如何扩大中等及中下水平农村居民的文化消费需求，以及如何提高他们的受教育水平。

消费外流:特点、原因及对策

中国海外消费呈现了规模大、购物消费明显、模仿型排浪式消费、日韩成为目的地新热点等特点。海外消费,既反映了国民经济增长、本币升值、出境政策放松、境外支付便捷等各国一般性原因驱动使然,也反映了国内商品供需结构错位、消费者对国内产品质量信心不足、消费者不够成熟、国内部分高端商品价格偏高等中国特殊性原因作用下的结果。海外消费在提升中国国际影响力的同时,也带来许多消极影响。应对海外消费,日本和韩国采取一系列措施,取得了较好效果。中国需实施吸引入境旅游、促使国内高端产品价格趋于合理、推动产品供给结构升级、引导居民理性消费、鼓励国内旅游公司走出去等措施,积极引导海外消费回流。

近年来,中国经济进入新常态,经济增速有所回落。在国内消费低迷的同时,海外消费却持续增长,这一现象引起业界和学界的普遍关注。《中华人民共和国国民经济和社会发展第十三个五年规划纲要》明确指出要"不断增强消费拉动经济的基础作用""积极引导海外消费回流"。海外消费,也称消费外流,指国内居民为满足生活需要而出国(境)购买服务或商品的行为,主要包括海外旅游消费、海外购物消费、海外医疗消费、海外留学消费等。目前,根据国家商务部的统计口径,海外旅游消费和其他类海外消费没有细分开,而是将海外消费总量纳入海外旅游消费统计之中,因此,海外旅游消费与海外消费在数量上大致相等。一方面,2015年中国最终消费支出对经济增长的贡献率为60.9%,同比增长11.3个百分点,但依然低于发展中国家平均水平;另一方面,2015年中国GDP为67.67万亿元,社会消费品零售总额实现30万亿元,境外消费达1.5万亿元,占GDP的2.2%,占社会消费品零售总额的5%。在世界经济发展过程中,与中国有相似文化的日本和韩国等国家也曾出现了大规模的消费外流。它山之石,可以攻玉。在剖析海外消费增长的原因及其影响的基础上,借鉴日本和韩国的经验,对于中国积极引导海外消费回流具有重要参考意义。

14.1 中国海外消费的特点

(1) 规模居世界首位

中国游客被称为"会行走的钱包"。海外消费规模大主要体现在两个方面:第一,海外消费规模大[1]。据国家商务部统计,2015年中国出境人数达1.2亿人次,居民境外消费总额约1.5万亿元。据世界旅游组织统计,2015年中国游客国际旅游花费共计2 920亿美元,规模连续

---

[1] 中国商务部和世界旅游组织数据统计口径存在不一致,但都表明中国海外消费规模大。

四年居世界第一。第二,海外购物消费规模大①。2014年中国消费退税购物规模达42.5亿欧元,约占全球的三分之一,连续七年居全球首位。

(2) 高购物消费特征明显

中国游客被称为"土豪"。高购物特征主要体现在两个方面:第一,购物消费占海外总消费的比例较大。2015年中国1.5万亿元海外消费中至少有7000—8000亿元用于购物。《全球自由行报告2015》显示,2015年中国自由行游客海外购物花费占海外旅行总支出的比例约为55.8%,明显高于一般发达国家自由行游客海外购物支出比例。第二,奢侈品消费占全球奢侈品总消费的比例较大。2015年中国居民全球奢侈品消费达1168亿美元,约占全球的46%,其中境外消费占奢侈品消费总额的78%。

(3) 模仿型排浪式特点突出

中国游客被称为"时间高度集中的候鸟",海外消费的热点比较集中,购物过程中经常出现"扫货"现象,甚至导致一些消费场所商品脱销。2014年国庆节期间,韩国一些著名的街区几乎演变为"华人街",甚至出现免税店在开门半小时前就有大批中国游客在门口排队等候的情况。"爆买"成为日本2015年度流行语,经常被媒体用以形容中国游客海外消费特征。比如,2015年日本马桶盖、大米、电饭煲成为中国游客的抢购热点。此外,韩国的美容产品,澳大利亚的奶粉、保健品,法国的名牌包,瑞士的手表,美国的苹果手机等一些原产地产品成为中国游客海外抢购的"标配"。

(4) 日本和韩国成为中国居民海外消费主要目的地

《中国出境旅游发展年度报告2015》显示,2015年中国出境旅游目的地游客数量排名中,居前三位的国家依次为泰国、韩国、日本。其中,

---

① 需要补充说明的是,购物退税是指一些国家对境外游客在退税定点商店购买的携带出境的退税物品,按规定予以退税,在一定程度上,购物退税金额大小能够反映海外购物消费规模。

中国游客赴泰旅游达 790 万次,人均消费额约为 8 430 元人民币(46 363 泰铢);赴韩旅游达 611 万次,人均消费额约为 13 700 元人民币(2 200 美元);赴日旅游达 500 万次,人均消费额约为 14 600 元人民币(28.38 万日元)。由此可见,虽然中国游客赴泰旅游人次最多,但人均消费和总消费额低于日本和韩国。这反映了中国居民购物特征明显,日本和韩国成为中国居民海外消费主要目的地。

14.2 海外消费增长的原因分析

14.2.1 各国共同性原因

(1) 国民经济持续增长

收入是消费的基础,国民收入提高是海外消费需求增长的根本原因。世界旅游组织的研究表明,境外旅游消费增长与人均 GDP 呈正相关,人均 GDP 达 2 000 美元时,进入境外旅游消费增长期;人均 GDP 达 3 000 美元时,旅游消费需求将出现爆发性增长。以中、日、韩三国为例,人均 GDP 在 2 000—4 000 美元阶段,日本、中国出国旅游人数出现较快增长;人均 GDP 在 4 000—8 000 美元阶段,日本、韩国和中国出国旅游人数年均增长较快,韩国和中国的出国旅游支出年均增长率尤为突出(见表 14-1)。总体而言,中、日、韩在人均 GDP 达 2 000 美元后海外旅游人数或消费支出实现了较快增长。

表 14-1 中日韩三国人均 GDP 与海外旅游情况

国家	时间段（年）	人均 GDP（美元）	人均 GDP 年均增长率	出国旅游支出年均增长率	出国旅游人数年均增长率
日本	1970—1973	2 004—3 931	25.2%	—	51.1%
	1974—1977	4 281—6 230	13.3%	—	10.4%
韩国	1983—1987	2 268—3 627	12.5%	6.1%	0.9%
	1988—1991	4 813—7 675	16.8%	40.9%	36.8%

续表

国家	时间段（年）	人均 GDP（美元）	人均 GDP 年均增长率	出国旅游支出年均增长率	出国旅游人数年均增长率
中国	2006—2009	2 082—4 515	22.2%	21.6%	11.3%
	2010—2014	4 515—7 587	13.9%	31.7%	16.9%

注：人均 GDP 数据引自世界银行数据库。中国出境旅游人数数据引自国家统计局。出境旅游支出数据引自世界银行数据库。日本出境旅游人数数据引自日本国土交通省网站公布的平成 20 年《观光白书》。韩国出境旅游人数和出境旅游支出数据引自于《韩国观光年鉴 1995》。

（2）本国货币升值

本国升值使得以外币计价的境外商品更便宜，因汇率产生的价差驱动消费者境外消费。依据世界银行公布的数据测算，自 1971 年实行浮动汇率后日元呈升值趋势，1971—1977 年日元兑美元升值约 25.4%，1977—1989 年升值约 48.6%。韩元在 1986 年之后出现了阶段性升值，1986—1991 年韩元兑美元升值约 16.8%，1992—1996 年间汇率较为稳定。自 2005 年汇率改革后人民币呈升值趋势，2005- 2009 年人民币兑美元升值约 17.5%，2009—2015 年升值约 8.8%。本币升值引致海外消费增长，日本在 1972 年之后出国旅游人数快速增长，韩国在 1987 之后出国人数和出国旅游支出快速上涨，中国在 2006 年之后出国人数和出国旅游支出也出现较快增长。

（3）出境政策放松

出境政策宽松，减少了公民出国旅行束缚，为海外消费提供了可能。日本自 1964 年逐步放松出境旅游限制政策，1978 年完全取消公民携带外汇限额的管制。韩国自 1983 年逐步实施国外旅行自由化政策，1989 年彻底废除了国外旅行的年龄限制。中国自 1983 年逐步放开公民出境游，出境旅游政策经历了 1997 年"适度发展出境旅游"，到 2005 年"规范发展出境旅游"，再到 2010 年"有序发展出境旅游"的演变。中国公安部发布的《国务院关于出境入境管理法执行情况的报告》显示，截至 2016 年 11 月，中国已与 127 个国家缔结各类互免签证协定，包括 8 个全面免签协议；与 39 个国家达成 63 份简化签证手续协定或安排，为公民出境旅游拓展了空间。

(4) 境外支付更加便捷

境外支付手段日益国际化、多样化,为海外消费带来便捷。信用卡走向国际化,也方便了公民出境旅游。1967年,日本信用局(JCB)与美国运通卡合作发行国际卡,之后日本国际信用卡实现了较快发展。20世纪80年代,信用卡业务在韩国等亚洲国家和地区已经普及,截至1988年,世界流通的各种信用卡约7.5亿张,促进了韩国出境旅游的发展。目前,中国出境游公民使用信用卡进行结算的比例越来越大。中国银联发布的《中国银行卡产业发展报告(2016)》显示,截至2015年末,银联卡全球受理网络已延伸到157个国家和地区的近3400万家商户和超200万台ATM,有力地促进了中国公民出境旅游。

14.2.2 中国特殊性原因

(1) 国内商品供需结构错位

一方面,随着国民经济持续健康发展,中国已形成初具规模的中高收入阶层,该群体的消费需求具有个性化、多样化和高端化特点,对商品品种、质量、安全以及消费环境的要求更高。另一方面,国内高端商品市场发展稍显不足,未能有效满足中高收入阶层的需求,导致这部分消费者转向国外消费。国际咨询公司德勤的《2016年全球奢侈品力量调查报告》显示,前100名奢侈品公司中,中国奢侈品公司(含中国香港6家)共8家,其中6家都属于黄金首饰类公司。

(2) 消费者对国内产品质量信心不足

中国居民出境消费从主要购买奢侈品牌、高档品牌转向高质量、性价比合适的日用消费品,反映了消费者对国内商品品质的不认可。国内产品质量事件时有发生,比如,2008年"三聚氰胺"事件、2011年双汇"瘦肉精"事件、2014年火锅地沟油案等重大消费事件的曝光,严重影响了消费者对国内商品的信心和意愿。据《2014下半年网络交易商品定向监测结果》数据,国家工商总局共对92批次的样品采样检测,结果显示正品率仅为58.7%。据中国消费者协会数据,2015年全年全国消协组织共受理消费者投诉约 63.9 万件,商品类投诉 30.9 万件,占总投诉的 48.34%。

(3) 国内消费者还不够成熟

消费者缺乏理性的消费观念。"中国大妈式"购物,在海外免税店排队等候、抢购、扫货、爆买等集中式海外消费,更多地表现出炫耀性和冲动性消费。部分富裕阶层通过对物品超出实用和生存所必需的浪费性和奢侈性,向他人炫耀和展示自己的金钱财力和社会地位,以及这种地位所带来的荣耀、声望和名誉,实现"人无我有、人有我优"炫耀性目的。《2014出境自助游行业报告》显示,旅行花费方面,2014年度人均每次出境游花费8173元人民币,其中,购物花费占28%;33%的游客在旅游前对购物不设预算;39%的境外旅游游客购物实际花销高于预算。

(4) 国内部分高端商品价格偏高

高端消费品在国内的售价远高于境外的售价,导致大量消费外流。据德勤发布的数据,中国依然是全球奢侈品物价最高的国家,23%的奢侈品牌在国内的标价比境外贵16%—25%。主要原因有四点:一是国内税率比较高,中国进口关税率一般为6.4%—25%,高端商品还要额外征30%的消费税,远高于日韩等国;二是内销成本比较高,根据《2015年全国物流运行情况通报》数据,中国物流费用占GDP的比率为16%,比世界水平高5个百分点;三是国外品牌商对中国采取撇脂定价策略,由于具有市场垄断地位,国外品牌商分区域实施差别价格;四是出口退税政策的影响,1985年以来中国实行的出口退税政策在鼓励国内企业走出去的同时,也使得部分出口产品出厂价低于国内价格。

14.3 海外消费增长对母国经济发展的影响

14.3.1 对各国经济发展的一般性影响

(1) 有利于提升国际地位

国际旅游是输出国家文化、形象和影响的重要渠道。通过举办国家主题文化年、体育赛事、盛大展会等活动,可以更广泛地吸引国际游客,增进各层面、各领域的国际交流,扩大本国历史、文化和价值观的世界影响力,有利于传播价值观和提升国家"软实力"。海外消费增长意味着国家力量的崛起,有助于国家影响力的发挥。国家形象是软实力资源,国家形象建设是一个长期的系统工程,出境旅游活动提供了一个全面展示国家形象、提升国家软实力的重要路径。

(2) 有利于世界经济平稳增长

海外消费增加了东道国市场的总需求,推动东道国经济发展,从而促进世界经济增长。旅游业后向联系较强,对相关产业能产生较强刺激,能创造更多就业机会。自 1996 年开始,旅游作为一个整体已成为世界上创造新增就业机会最多的产业。此外,在扶贫方面,世界各地的偏远欠发达地区往往都有独特的旅游资源,如果把这些资源优势转变为经济优势,可以极大地促进当地经济社会发展,改善当地居民的生存生活状况。国际旅游业世界经济论坛(WEF)发布的《2015 年旅游产业竞争力报告》指出,旅游产业占全球经济 10% 的份额,年均增速为 3.4%,预计未来 5 年增速将达 5.2%。

(3) 不利于母国的国际服务贸易平衡

海外消费的过快增长,会影响消费流出国(母国)的国际服务贸易收支平衡,导致或者加剧国际旅游业收支逆差。出境旅游人数急剧增加,使得 1989 年日本旅游收支赤字居世界首位,高达 193.26 亿美元。过快的出境旅游,使韩国的国际旅游收支在 1991 年出现逆差,1992 年逆差达 4.87 亿美元。据国家外汇管理局数据,2015 年中国服务贸易收入 2 304 亿美元,较上年下降 1%;服务贸易支出 4 397 亿美元,较上年增长 15%;服务贸易逆差 2 093 亿美元,较上年增长 39%,其中旅行项目逆差 1 950 亿美元,较上年增长 81%。

14.3.2 对中国经济发展的影响

(1) 不利于扩大内需

内需不足,特别是消费需求不足,已成为制约中国经济发展的重要因素。旅游消费是社会总需求中最终消费的组成部分,出境旅游过快增长造成内需"漏出"。2015年中国游客国际旅游花费共计2920亿美元,同比增长25%,连续四年成为全球最大的境外旅游消费市场。《中国统计摘要》显示,2015年中国消费率为52.4%,最终消费支出对经济增长的贡献率为60.9%。而IMF的统计显示,发达国家的最终消费支出占GDP的比重一般在80%左右,发展中国家一般在70%以上。

(2) 不利于国内制造业发展

消费外流挤压了国内市场发展空间,长此以往,不利于国内制造业发展。经济新常态要求致力于打造经济发展新动能,依靠创新驱动,调整经济结构,提高经济发展质量。在国内消费需求不足背景下,国人对自己商品不信任,热衷到海外购物,将严重打击国内企业家创新创业激情。制造业采购经理指数(PMI)是国际通行的宏观经济检测指标,据中国统计局数据测算,2015年中国PMI指数平均值约为49.91,低于作为经济强弱分界点的50,甚至低于2008年遭受全球经济危机时的PMI指数平均值(约为50.16)。

(3) 不利于构建消费强国

海外消费增长,客观上反映了消费者对国内产品的不信任,不利于构建消费强国。消费强国的重要象征是消费动力转换并引致消费自信提升。消费动力转换主要指消费发展不再受政策驱动,而是消费内在自发驱动,消费者自愿追求发展型消费;发展型消费促进人力资本积累,人力资本促进经济发展;经济发展成果由消费者共享,消费者又自愿去追求发展型消费,从而形成良性循环。消费自信的提升,表现为在消费品品质保证基础上,国民越来越相信国产消费品,对中国自主品牌产生发自内心的消费自信、消费忠诚和消费自豪。

(4) 加剧消费不平等

海外高消费加大国内居民消费不平等,不利于社会和谐。中高收入阶层出境旅游需求旺盛是中国出境旅游超常规发展的经济原因,由于广大人民群众没有机会海外消费,将加剧社会不公平。中国公安部发布的《国务院关于出境入境管理法执行情况的报告》显示,截至2016

年11月,有效的因私普通护照持有量约为1.2亿本。海外消费外流也是国民财富的外流,不利于国民财富阶层间的流动,使得低收入阶层更难有机会获得财富的增加,从而固化收入不平等,进一步影响消费的不平等。

14.4 日韩引导海外消费回流的经验

随着居民出国旅游急剧增长,1989年,日本国际旅游收支逆差居世界之首,高达193.26亿美元。1996年,日本出境旅游人数约1669.5万人,入境旅游人数约383.4万人[①]。1991年,韩国出境旅游人数约185.6万人,仅为入境旅游人数的58%,但出境旅游花费超过入境旅游花费,出现国际旅游收支逆差;1992年其逆差达4.87亿美元;1995年出境旅游人数超过入境旅游人数。日本和韩国政府纷纷出台一系列鼓励入境旅游、抑制出境旅游的措施。

(1) 发展国内旅游业

完善入境旅游法律法规,深入挖掘国内旅游资源,加强对外宣传,如20世纪90年代末,日本颁布并实施《国际会议振兴法》和《吸引海外游客法》。日本、韩国重视保护和开发民族文化和自然资源,积极申报世界自然遗产和世界文化遗产。1996年,韩国试行"文化旅游节庆"政策,开发特色文化资源。20世纪90年代以来,日本和韩国分别申请了17和10处世界遗产。日本和韩国还通过发挥海外机构宣传作用、洽谈商务、举办会议、放宽入境手续、设置多国语言旅游标识、培养翻译人才等多举措加强对外宣传。2004年日本政府组织了"访日宣传活动";1994年韩国举办了旅游年。这些措施提高了旅游业的海外知名度,吸引了大量国外游客入境旅游。

(2) 发展国内免税产业

发展免税产业有利于促进经济增长、创造就业机会、扶持本国品

---

① 数据来源:日本国土交通省网站公布的平成20年《观光白书》。

牌。各国政府通过简政放权、政策支持、优化发展环境等措施积极促进免税产业发展,吸引国内外的消费者。1995年,韩国免税品销售额为10.5亿美元,排名世界第三位;韩国、日本航空公司飞机上免税品销售额分别为1.1亿美元和1.0亿美元,排名居世界前三。韩国政府不仅出台了包括济州离岛免税、购物退税、调整购买次数和额度等一系列政策来吸引国际游客,还通过积极引导本国出境公民在本国免税商店购物,进而引导消费回流。

(3) 促进国内旅游公司跨国经营

旅游公司实施跨国经营,在境外建立子公司,通过境外子公司的经营,将本国居民出境的花费通过母公司利润汇总的方式"潜流"回国内,实现消费回流。为满足本国出国游客的安全和便捷等方面的需要,1975年日本交通公社建立了印度环球部,并于20世纪80年代开始大规模的跨国经营活动,逐步形成覆盖全球的旅游网络。其中,在印度15个主要大型城市设立办公室,该公司约80%的收入来自日本的出境旅游。2006年,日本交通公社销售额达190亿日元。

(4) 采用适当限制性措施

20世纪90年代中期,面对国内经济不景气、海外消费过快增长的局面,韩国政府采取了一系列鼓励入境旅游、抑制出境旅游的措施。比如,公务出差方面,大幅度取消公务出国;税收方面,向出国旅游的民众征收1万韩元离境税,并将所征税款全部拨给文化观光部作为观光振兴开发基金;汇率方面,政府还实施提高换汇率、限制携带外汇出境额度,在国外消费超过1万美元将受到法律制裁等规定。

事实上,上述这些政策措施均取得了较好的效果。在发展入境旅游、促进国内免税产业发展、实施旅游公司跨国经营等措施下,日本入境旅游人数持续增加,2014年入境旅游人数为1467万人,较上一年度增长33.6%,出境旅游人数为1668万人,较上一年度减少3.5%,旅游收支自1959年以来首次实现顺差,盈余2099亿日元。在发展入境旅游、促进国内免税产业发展、适当限制境外消费等措施下,韩国出国旅游人数锐减,1998年国际旅游收支从逆差转为顺差,盈余37亿美元。

14.5 研究结论与对策建议

中国海外消费的持续增长在为世界经济增长作出贡献、提升中国国际影响力的同时,也无法回避其存在的消极影响。面对海外消费持续增长,日本和韩国政府采取了包括发展入境旅游、促进国内免税产业发展、促进国内旅游公司跨国经营、实施适当限制性措施等一系列政策,取得了较好效果。我们需立足中国实际情况,借鉴日本和韩国的经验,采取措施,积极引导海外消费回流。

(1)加快国内旅游业提档升级,积极吸引入境旅游

发展入境旅游有利于对冲消费外流带来的不利影响。提升旅游环境,深度开发旅游产品,完善旅游服务设施,增强对外宣传力度是吸引境外游客入境旅游的有效保障。贯彻落实"绿水青山就是金山银山"理念,深入推进旅游业绿色发展,加快美丽中国建立。实施文化＋旅游战略,提升游客消费体验,增加旅游资源与产品的附加值。加强与相关国家的关系,继续简化入境签证等手续时间,做好方便外国游客的公共设施建设。依托中心城市和重要旅游目的地建设,培育面向全球旅游消费者的国际消费中心。采取税额减免或奖励等措施,鼓励驻外机构或旅游企业境外积极宣传本国文化、民俗风情和旅游景点,支持鼓励旅游企业开发特色旅游路线,增强国内旅游业的国际竞争力。

(2)综合运用各种措施,促使国内高端产品价格趋于合理

国内高端产品价格趋于合理有利于促进海外消费回流。完善税收体系,大力发展免税产业,加快发展现代物流,支持跨境电商发展是促使当前国内高端产品价格回落的有力措施。推动消费税改革,明确区分高端奢侈消费品与高端大众消费品,降低进口消费品的消费税。加强对免税业务的政策支持,完善和落实境外旅客购物离境退税政策,集中力量打造民族免税业集群和塑造中国免税业品牌。加快流通标准化建设,完善流通标准管理,发挥流通先导作用,推动流通与其他产业深度融合。制定跨境电子商务税收优惠政策,完善电子商务支付结算管

理,促进跨境电子商务发展,促使价格合理回落。

(3) 发挥品牌引领作用,推动产品供给结构升级

产品供给结构升级有助于吸引海外消费回流。增品种、提品质、创品牌是推动产品供给结构升级的重要内容。要统一内外检测标准,强化品质监管,丰富产品和服务品种,推出精品,打造中国自主品牌。促进经济转型,推动国内企业加快自主创新步伐,积极培育自主知识产权,生产更多高端优质、物美价廉的产品。鼓励企业采用先进质量管理方法,提高质量在线控制和产品全生命周期质量追溯能力,提升产品品质、技术含量、市场声誉,更好地满足消费者日益升级的需求结构。建立符合经济发展水平的质量、安全标准体系,培育具有全球影响力的自主品牌,让消费者树立信心。

(4) 加强消费教育,引导居民理性消费

理性消费有助于居民海外合理消费,减少我国消费外流。构建国民消费教育体系、健全产品信息宣传机制是引导居民理性消费的重要途径。建立和完善高校消费教育体制,建立消费教育研究机构,供应以专家讲座为主要形式的公共消费教育,发挥网络、电视、报纸等大众媒体的作用,通过典型消费事例评析、热点消费产品知识介绍等措施帮助居民提升消费认知水平、树立正确的消费观念,引导居民理性消费。

(5) 出台旅游投资政策,鼓励国内旅游公司走出去

国内旅游公司走出去有利于降低消费外流冲击。近年来,中资跨国并购海外旅游资产迎来高潮,以中国海航等中资入股维珍澳洲航空、安邦收购纽约华尔道夫酒店、中国携程收购全球知名旅游网站天巡等作为代表性案例。在"一带一路"国家战略背景下,政府应出台政策鼓励国内有实力企业对沿线国家有序推进旅游投资,对接中国出境旅游需求,通过旅游需求"走出去"带动中国旅游服务"走出去",有效构建旅游领域的利润回流机制,缓解旅游服务贸易逆差压力。可以依托高校或其他机构开展国外旅游市场调查和研究,以及总结发展经验、预测国际旅游市场发展趋势等,为旅游企业"走出去"提供基本参考。支持大型旅游企业依靠资本和技术优势先"走出去",通过服务外包等方式与

中小民营企业合作,实现资源的优势互补,共同开拓海外市场。强化我国驻当地使馆的作用,建立健全政府驻外部门与海外旅游企业的信息共享机制。支持构建旅游企业"走出去"的风险对冲机制,开发针对旅游企业的兼具保险与理财功能的产品。进一步深化旅游业国企改革,提升境外国企的市场运营效率和风险自控能力。

15

消费回流:发展国货品牌与提升产品质量

　　博弈分析发现,品牌价值的加价及声誉保障,导致我国中高端消费者更愿出国购买国外知名品牌产品,而不愿购买国内价格低廉的民族企业产品,也不青睐国内价格高昂的国外品牌。吸引消费回流,需要重塑国货品牌和增强制造业核心竞争力。国货品牌发展迎来黄金发展机遇,国家需要通过加强国货品牌建设和促进国货消费升级,以创新驱动、高质量供给引领和创造新需求,畅通国内大循环,促进国内国际双循环。制造业是立国之本、强国之基。完善现代产业体系,提升创新能力,发展先进制造业,推动制造强国建设,是提升制造业核心竞争力的重要途径。

15.1 吸引消费回流的品牌价值分析

经济新常态发展以来,中国经济增长放缓,但公民出境旅游消费规模剧增。经济不景气背景下出境购物高涨的事实引起各方高度关注,普通民众认为高进口关税人为导致在国内购买国外知名品牌(即所谓"洋品牌")不合适,商务部、财政部则开始角逐国内新兴消费群体,学界同样表现出浓厚兴趣,部分研究指出,中国大量公民出国旅游购物反映出消费异化乃至炫耀性消费过甚的问题(白凯,2011;周勃,2013),提醒当局控制收入差距,倡导民众理性消费(戴学锋,2012)。区别于以往需求侧分析,本章节基于博弈论思想,从供给侧剖析中国公民出境购物高涨的重要原因,即:鉴于品牌价值的加价及声誉保障,洋品牌国内价格比国内品牌高很多,但洋品牌国外价格较低,故去国外购买洋品牌性价比更佳。由此提出进行"供给侧结构性改革",呼吁加强民族企业品牌建设,重视科研投入和人力资本积累,以吸引公民消费回流。如下首先从价格构成阐释出国购物旺盛源于品牌价值差异,然后说明品牌价值差异可由重复博弈缓解,最后给出有针对性建议。

15.1.1 出国购物旺盛源于品牌价值差异

公开的数据表明,我国经济已从高速增长下调为中高速增长,如2010年经济增速高达10.6%,2015年为6.9%,导致各个领域呈现"新常态"。与此同时,居民出境旅游人次逐年上涨,从2010年的0.57亿增加到2015年近1.2亿人次。如图15-1所示,经济下滑和出境购物旺盛两种现象并存,形成鲜明对照。出境具体花费方面,2013年中国游客人均境外消费19 871元,用于购物的费用占到57.8%(世界旅游城市联合会,2014);2015年中国游客春节出境人均消费估计达15 000元,购物消费超过出游总花费的一半以上,主要购买化妆品、钟表和奢侈品

（新华网，2016）。广大普通消费者之所以选择境外购物，很大程度上是由于境内外商品存在差价（中央电视台，2013；赵鑫和陈润，2016）。

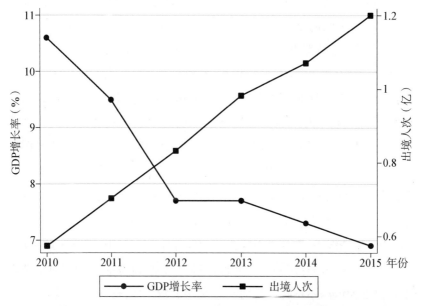

图 15-1　2010—2015 年中国 GDP 增长率和出境人次趋势

注：GDP 增长率来自历年《中国统计年鉴》，出境人数来自历年《中国旅游业统计公报》。

价格学原理告诉我们，商品价格包括生产成本、流通费用、利润和税金，其中生产成本又由原材料、加工成本等直接费用以及管理费用、销售费用、财务费用等间接费用构成（李建平和安乔治，2015）。通常而言的品牌价值是企业的一种无形资产，属于扩大的、规模化的商标，是品牌为商品定价带来的增值，最终反映到企业及其产品在金融市场的价值增值上，能够长期吸引消费者。

品牌价值作为高附加值构成商品价格重要组成部分后，会转换成高利润，进而抬高商品整体价格水平。如图 15-2 所示，在保持关税、原材料、加工成本、间接费用等成分不变以及既定的消费 D 前提下，拥有较高品牌价值的洋品牌商品自然会对应较高的供给曲线 S_1，品牌价值低下甚至无牌的民族企业商品则对应较低的供给曲线 S_2。对照由此形成的均衡价格,不难发现前者 P_1 大于后者 P_2。显然,简单的供求分析能够得出,较高的品牌价值或者附加值可以制定出较高的价格,进而攫取较多的垄断利润。事实上,这正是诸多洋品牌在包括中国在内的新兴市场实施高定价策略的供给侧理论依据。据中央电视台 2013 年节目披露,洋品牌香奈儿中包在法国的价格折合成人民币是 23 000 元,但在中国的售价高达 37 500 元,外国商家一高一低的定价方式在去除中国消费者出境旅游成本后,赚足了超额利润(中央电视台,2013)。当然,洋品牌高昂的中国销售价格的确迫使低端消费者选择民族企业产品并降低总体成交数量(如图 15 - 2 所示),但伴随国内消费者群体分化加剧(白凯,2011;甘犁等,2015),经济实力雄厚的中高端消费者会转战成熟的欧美市场,以较低的价位间接购回同类洋品牌产品。背后的经济学直觉是,发达国家洋品牌各自竞争导致利润空间挤压,图形上表现为供给曲线 S_1 右移到 S_1',进而引起其国外市场均衡价格下跌到 P_1'。结合洋品牌在国内外市场的均衡价格形成机制,以及品牌价值对消费者的性能保障功能,不难解释为何我国某些消费群体国外旅游时热衷大量购回国外定价略低的洋品牌商品,而不青睐价格更低的民族企业商品。

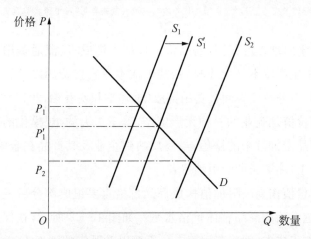

图 15 - 2　品牌价值差异导致同种商品在国内外的均衡价格存在差异

注:S_1、S_2 分别代表洋品牌企业、民族企业产品在中国市场的供给曲线,S_1' 代表洋品牌企业产品在国际市场的供给曲线;P_1、P_2 分别代表洋品牌企业、民族企业产品在中国市场的均衡价格,P_1' 代表洋品牌企业产品在国际市场的均衡价格。

品牌价值或者说附加值与产业类型和价值链位置密切相关。大量的实证研究证实,资本、技术密集型产业附加值较高,而劳动密集型产业较低。按照比较优势原理,劳力丰富的中国盛产劳动密集型产品,如图 15-2 所示,理论上推测国内消费者更看好这类产品的民族品牌。但事实是,即使是箱包、服饰、皮鞋等劳动密集型产品,国内中高端消费者仍热衷到国外买大品牌而很少青睐民族企业同类产品。原因在于,在全球价值链分工模式下,这类制造业虽然冠以"劳动密集型",但同样具有"高端"和"低端"之分(戴翔,2015)。中国仅在低附加值的加工、组装等环节占优势,品牌等高附加值环节仍被发达经济体把持,故导致中国制造业在全球的竞争力较为低下,甚至不敌印度。这也能够从供给侧解释 2013 年央视调查曝光的"印度关税高但其境内同类洋品牌价格反而低于中国"的事实(中央电视台,2013)。

15.1.2 重复博弈可缓解品牌价值差异

进一步而言,品牌等高附加值环节归根到底来自什么?本章节认为,来自长久的市场考验和研发活动。品牌之所以具有无形价值,是因为它能传递给消费者可靠的信誉和过硬的质量。博弈论告诉我们,信息充分前提下,在消费者有限次重复甄别、购买某类商品过程中,信用好、价格高的未被选取,价格低廉的同类商品很容易作为"纳什均衡"在最后阶段胜出,故最终的"子博弈精炼纳什均衡"遗憾地落在品牌价值较低的国内商品,正所谓"连锁店悖论"(可参照蒲勇健,2013)。关于如何从低效率的"民族商品"转化到高效率的"高价洋品牌",理论上给出两种途径:要么重复博弈无限次,要么信息从完全变为不完全。

(1) 完全信息无限次重复博弈

这种方法的经济学含义很明显。在实施冷酷战略条件下,即使仍存在低效率均衡,企业还会关注合作状态下的长期利益而不选择非合作下的短期所得,从而摆脱"囚徒困境",前提是折现因子 δ 相当大。δ 既包含客观层面的时间价值含义,又带有主观上的忍耐程度色彩。具体地，$\delta = \dfrac{1-\rho}{1+\rho}$，$\rho$代表客观的折现率，如银行基准利率；$p$代表参与人主观预期下博弈结束的可能性，即非忍耐程度。显然，利率越小或企业越能忍耐，折现因子越大，各方企业在无数次竞争中越有机会达成合作意愿。

国外知名企业和国内企业长期存在的竞争状态，近似看作重复博弈没有结束可能性，成熟金融制度下的低利率又会提升折现因子，故无限期的内外资企业重复博弈在理论上能够走出"囚徒困境"。然而，中国改革开放 40 多年了，目前尚未迈出低效率的"子博弈精炼纳什均衡"：相比较中国领土上的外资企业，生产同类产品的内资企业并未显著提升多少品牌价值；相反，外资大品牌借机过度抬高品牌价值来攫取更多的利润。如何在近似无限次与"狼"共舞中壮大民族企业品牌，需要社会上有"远见"的民族企业甘当领头羊。它们或者自身走出国门在与国外大品牌竞争中，潜移默化地意识到品牌建设的重要性；或"非理性"地在本土倡导第一次合作，即重视品牌价值的发生。只有当社会上涌现出一定数量的不急功近利的民族企业，其他企业才会尝试合作，才能从不重视品牌价值的低水平均衡过渡到关注高附加值的高水平均衡上来。当然在此期间，政府要对由领头羊产生的、无法被民族企业内部化的外部性予以补偿，否则经济升级的进程还将延缓（林毅夫，2014）。

（2）不完全信息有限次重复博弈

这种方法更贴近现实。这是因为国内外企业寿命终归是有限的，同时消费者往往不能"货比三家"。在信息不对称情况下，消费者倾向于选择品牌价值高的企业产品。实际上，经典的"四人帮"模型告诉我们，声誉在有限次重复博弈中至关重要（Kpeps 等，1982）。Axelrod（1981）的实验也显示，即使重复博弈次数有限，合作行为仍可出现，特别是在距博弈结束仍较远的时期。生活经验和博弈论帮助人们认识到，在消费者对某种产品或服务不甚了解时，品牌价值的商誉功能的确能够吸引他们放心购买。因此，我们呼唤某些民族企业在开始阶段认真做事，为以后的行为创造一个良好声誉，促使包括外资企业在内的其他企业同样重视品牌培育,在全球价值链和国际分工占据话语权。相比较第一种方法,这不失为营造良性制度氛围的更现实的解决之策。

15.1.3 提升供给质量的建议

针对当前愈演愈烈的出国购物潮,区别于以往需求侧分析,本章节依据博弈论思想给出供给侧的经济学解释。本研究认为,品牌价值的缺失导致国内企业产品尽管具有价格比较优势但少有人问津,过度加入品牌价值的洋品牌价格高昂的现实会迫使低端消费者选择民族企业产品,中高端消费者则走出国门购买品牌价值较高但总价略低的洋品牌。重复博弈能够给出供给侧解读:一方面,完全信息无限次博弈会引导国内企业和国外企业看重诸如品牌建设的长期利益;另一方面,在信息不对称情形中,即使是有限次重复博弈,某些企业会在开始阶段促使对方形成合作性子博弈精炼纳什均衡,重视品牌价值的长期建设。这些结论具有重要的政策启示。

(1) 加强供给侧结构性改革

理论上讲,供给经济学派重新发现萨伊定律,确认生产的增长决定于劳动力、资本等生产要素的供给和有效利用,鼓励从供给角度扩大生产并激励创新。当前新常态环境下,中国政府开始意识到财政赤字和通货膨胀后果,转变以往的需求管理倾向,越来越注重供给管理政策。然而,供给侧改革并非"一刀切",而是结构性调整。出境旅游消费为特征的需求升级要求国内产业升级,需求引导供给提高质量,"供给侧结构性改革"的政策含义即如此。权威人士认为,供给侧结构性改革"就是从提高供给质量出发,用改革的办法推进结构调整,矫正要素配置扭曲,扩大有效供给,提高供给结构对需求变化的适应性和灵活性,提高全要素生产率,更好满足广大人民群众的需要,促进经济社会持续健康发展"(龚雯等,2016)。本研究显示,品牌价值对保持消费者忠诚度至关重要,故应呼吁箱包、服饰等民族企业发掘产品特色、重视品牌建设以增强议价能力,从而提供有效优质供给。不可否认的是,中国高附加值的品牌仍然大量存在,如酒、中药在国际市场独开一面。因此,继续弘扬优质品牌的同时,补齐客户新需求的民族品牌短板,成为供给侧结构性改革的一个解读和应用。

(2) 重视 R&D 投入

品牌价值和高附加值息息相关。高附加值生产经营活动是长期积累的结果,能够提供经济持续增长的动力。而高附加值源于科研活动和人力资本投资,是对人这种最重要生产要素的潜力的有效开发。十年树木百年树人,人们越注重长期利益,人力资本积累越多,科技应用越广泛,企业合作互动中享受的正外部性越丰富。理论上而言,重复博弈中的 δ 正是代表未来收益对参与人的重要程度(张维迎,2013)。高度关注长期利益也是古典和新古典经济学家对供给及市场出清的认识,能够指导政府注重激励和质量,严格区别于凯恩斯短期调控思想和唯数量倾向。进行供给侧结构性改革,具体要完成好去产能、去库存、去杠杆、降成本、补短板,这些措施解决的根本办法都得依靠改革创新。新结构经济学指出,中国应实施比较优势战略,并在转型过程中创造性地解决传统部门中的企业自生能力问题,产业和技术的结构差异的内生化需要有效的市场和有为的政府相结合,以实现欠发达经济体快速、包容、可持续的增长(林毅夫,2014)。当前新常态下,我国依靠学习和模仿来缩小同发达国家技术差距的"后发优势"越来越弱(苏剑,2016),供给侧新变化势必要求国家重视原创,进一步提升基础科研和高等教育支持力度,理顺以增加知识价值为导向的激励机制。

(3) 供需侧同时发力

需要提醒的是,本研究仅给出供给侧分析,但并不意味着需求侧不重要。供给和需求不是非此即彼的关系,两者互为条件、相互转化,两手都得抓,但主次要分明(龚雯等,2016)。事实上,国家层面对供给侧结构性改革的认知是,在适度扩大总需求的同时,着力加强供给侧结构性改革,不断让新的需求催生新的供给,让新的供给创造新的需求,在互相推动中实现经济发展。应对中国经济新常态需要优质需求和优质供给一同增长,且优质需求的增长先于优质供给的增长(苏剑,2016)。因此,缩小贫富差距以提升整体边际消费倾向,开展跨境电子商务、实施离境退税政策、开征海淘税以及增设免税店的配套措施,均是引导越来越富有的中国人海外购物回流的有益补充。

15.2 国货品牌的发展机遇与提升路径

构建双循环新格局,统筹发展和安全,需要加快推进国货品牌发展。党中央、国务院高度重视品牌发展工作。2014年5月10日,习近平总书记提出,"推动中国制造向中国创造转变、中国速度向中国质量转变、中国产品向中国品牌转变"。《中华人民共和国国民经济和社会发展第十四个五年规划和2035年远景目标纲要》指出,要提升供给体系适配性,"开展中国品牌创建行动,保护发展中华老字号,提升自主品牌影响力和竞争力"。中国需要重视国货品牌价值,推进国货品牌崛起并走向世界。国货品牌发展迎来黄金发展机遇,国家需要通过加强国货品牌建设和促进国货消费升级,以创新驱动、高质量供给引领和创造新需求,畅通国内大循环,促进国内国际双循环。

15.2.1 国货品牌发展迎来黄金机遇

当前,国货品牌消费成为时尚潮流。在中美经贸摩擦、供给侧结构性改革、居民消费升级和文化热潮兴起背景下,国货产品品质和技术水平的提升,以及居民对国货品牌认同的提高,共同推动了国货品牌发展和国货消费热潮。根据2021年5月阿里研究院发布的《2021中国消费品牌发展报告》,中国消费品牌快速崛起,可比代表性品牌2020年销售额达到2016年的17.9倍。人民网研究院发布的《百度国潮骄傲大数据》显示,从2009年至2019年间,中国网民对中国品牌的关注度占比由38%增长到70%,且年轻消费者对国货的喜爱程度最高。艾媒咨询发布的《2019年"新国牌时代"中国品牌发展专题研究报告》显示,85.8%的受访网民了解"新国货"品牌,且接近四成用户在消费时乐意优先购买新国牌商品,品质和性价比是新国牌的主要优势。国货品牌产品在供给侧的品质提升和需求侧的消费热潮,共同塑造了当前国货品牌发展的黄金机遇。

15.2.2 发展国货品牌的多重价值

国货品牌发展和国货消费潮流,对于提升中国的国际影响、推动经济高质量发展、统筹发展和安全、促进全球价值链攀升和促进消费结构升级等具有重要意义。

发展国货品牌,有助于世界更好了解中国。国际贸易是国际交流的重要途径,国货品牌是展示中国形象的重要载体。改革开放以来,中国产品供给质量已经大幅提升,"三来一补"等国际分工模式已经成为过去式,海尔、华为等中国自主产品不断赢得世界市场。发展国货品牌,在产品中融入中国元素和中国传统文化,有利于中国为世界提供更多优质消费品,有助于推动世界了解中国文化,有助于提升中国国际影响力,有助于让世界通过国货品牌产品了解处于中华民族伟大复兴中的中国。

发展国货品牌,是统筹发展和安全的需要。"安全是发展的前提,发展是安全的保障"。面对世界经济低速增长、国际贸易摩擦增多、新冠肺炎疫情冲击等多重影响,经贸摩擦特别是核心技术争端不断发生。中国在一些关键技术、核心技术等方面依然受制于人,存在不少被西方国家"卡脖子"的问题。当今世界处于百年未有之大变局,掌握关键核心技术是统筹发展和安全的重要途径。中国需要增强机遇意识和风险意识,树立底线思维和战略思维。面对"卡脖子"问题,中国需要通过增加研发投入和提高科技创新水平,提升自主创新能力,重塑国货品牌。

发展国货品牌,有助于畅通国内大循环。随着中国经济占比世界份额的提高,促进形成以国内大循环为主体、国内国际双循环相互促进的新发展格局,成为重要的国家发展战略。与以前相比,当前中国更加重视国内大循环,中国正在经历从"客场全球化"向"主场全球化"的过渡。中国有14亿人口,中等收入群体超过4亿,市场规模和市场潜力巨大。发展国货品牌,提供高质量的有效供给,促进形成强大国内市场,有助于提升经济发展韧性和内生稳定性。

发展国货品牌,有助于促进国际大循环。 改革开放以来,中国经济发展经历了从"进口替代"到"出口导向"再到"双循环"新格局的演进。改革开放初期,中国很多领域的技术水平较低,从而"进口替代"成为推动技术进步和提升全要素生产率的战略选择。随着中国生产能力提升,基于中国对外贸易发展和中国劳动力成本较低等要素禀赋优势,中国以加工为主的"出口导向"型发展模式特征较为明显。在新发展形势下,构建双循环新发展格局,发展国货品牌,可以充分利用国内国际两个市场,促进国货品牌产品"走出去",通过国货品牌产品更好地利用国际市场。

发展国货品牌,有助于提升供给质量和实现全球价值链攀升。 与改革开放初期相比,当前中国在很多领域的技术已经达到较高水平。推动经济高质量发展,需要提升产品供给质量。重塑国货品牌是提升产品附加值和推进价值链高端攀升的重要途径。因此,通过供给侧结构性改革,企业需要致力于增加产品技术含量,提升产品品质,重塑国货品牌价值,实现全球价值链高端攀升。

发展国货品牌,有助于促进国内市场实现居民消费升级。 科技进步和收入增长,共同推动了居民消费升级。然而,由于中国国内产品供给质量提升滞后于居民消费需求升级速度,导致"消费外流"问题,即中国相当一部分的居民消费升级是通过对国外产品需求实现的。特别是奢侈品消费,境外消费约占奢侈品消费总额的八成。发展国货品牌,提升国货产品质量和品牌价值,能够有力促进"消费回流",即居民有更多选择可以通过国货品牌产品实现消费升级,满足人民美好生活需要。

15.2.3 全方位推进国货品牌发展

推动国货品牌发展,实现"中国品牌,世界共享",是提升中国的国际影响力和推动中国经济高质量发展的重要途径。当前,国货品牌迎来黄金发展机遇,需要从政府、企业、消费者三个层面,在战略规划、研发投入、文化自信等方面,构筑推进国货品牌发展的政策体系。

(1) 在政府层面,做好顶层设计,优化研发环境

制定国家品牌发展战略,发展国货品牌,需要在政府层面推动基础研究和品牌塑造。国家已经出台《中国制造 2025》《关于发挥品牌引领作用,推动供需结构升级的意见》《关于深入实施商标品牌战略,推动中国品牌建设的意见》等政策文件,指导和支持中国品牌建设。政府需要在基础研究和品牌塑造方面发挥引导作用:一是创造良好科研生态,优化基础研发的投入和布局,推进学科交叉融合;二是完善国货品牌塑造的体制机制,强化专利保护,优化培育国货品牌的制度环境;三是大力发展先进制造业,加大金融和税收支持,促进形成先进制造业国际知名品牌方阵,重点塑造全球顶级品牌。

(2) 在企业层面,克服研发惰性,重塑工匠精神

中国市场规模巨大,在非饱和市场条件下,企业基于原有品牌产品也能获得较大的生存空间,加上研发投入的不确定性,容易导致企业产生研发惰性,进而抑制国货品牌发展。随着居民消费升级和供给侧结构性改革深入推进,企业需要克服研发惰性,重塑工匠精神,提升有效供给。一是企业要加大研发投入,通过提升产品技术和品质,提升品牌价值,增加产品品牌附加值,推动企业转型升级;二是重塑工匠精神,将中国元素和中国传统文化融入产品价值,提升国货品牌文化内涵,推动先进产品"走出去";三是加强对新消费、新模式、新渠道的研究,运用新型供应锛体系和现代流通体系重塑国货品牌。

(3) 在消费者层面,增强文化自信,提升品牌认同

国内消费者的国货品牌产品需求,是拉动国货品牌发展的重要动力。过去国货产品质量劣势在一些消费者中形成了刻板印象,导致部分消费者对国货的认可程度较低。随着中国国货品牌崛起和居民消费升级,消费者需要增强文化自信和重塑国货品牌产品信心。一是客观认识国货品牌,把握中国国货品牌的先进领域和不足之处,增强对国货品牌的文化自信;二是通过积极体验国货品牌产品,增强国货品牌情感认同,提振国货品牌消费信心,重塑国货品牌认同。

15.3 增强制造业核心竞争力是一项系统工程

制造业是立国之本、强国之基。完善现代产业体系,提升创新能力,发展先进制造业,推动制造强国建设,是提升制造业核心竞争力的重要途径。深入实施创新驱动发展战略,巩固壮大实体经济根基,增强制造业核心竞争力,对于维护产业链的安全与稳定,持续迈向全球产业价值链中高端,具有重要的战略意义。2022年"增强制造业核心竞争力"首次被写入政府工作报告,即国家把增强制造业核心竞争力摆在更加重要的位置。在新发展阶段,我国制造业发展处于什么水平?世界制造业发展格局是怎样的?我国如何增强制造业核心竞争力?

15.3.1 我国已成为制造业大国

我国已成为制造业大国,2010年以来,我国制造业增加值连续12年排在世界第一位;我国是全世界唯一拥有联合国产业分类中所列全部工业门类的国家,有220多种工业产品产量居世界第一位;2021年,我国制造业增加值规模达31.4万亿元,占GDP比重达到27.4%,占世界制造业的比重接近30%。

但我国还不是制造业强国,我国中低端制造业占比偏高,高端制造业占比偏低,与世界一流水平相比还存在不小差距。近几年我国出现制造业占比过早下降和经济发展脱实向虚问题,不利于制造业核心竞争力提升。我国在集成电路及专用设备、操作系统与工业软件、航空发动机、农业装备等领域,与世界制造业强国仍有较大的差距。中国工程院、国家制造强国建设战略咨询委员会等联合发布的《2021中国制造强国发展指数报告》显示,2020年我国制造强国指数达到116.02,与第一、二阵列国家制造强国发展指数差距不断缩小,但仍处于第三阵列,与美国(173.19)仍有较大差距,与德国(125.94)、日本(118.19)的差距越来越小。

15.3.2 世界先进制造业发展格局

制造业是实体经济的基础,制造业核心竞争力是国家综合竞争力的重要方面。因此,世界各国都积极出台相关政策,支持国家制造业,特别是先进制造业发展。根据制造强国发展指数,美国、德国、日本、中国是世界上制造业核心竞争力排名靠前的国家。比较上述四国制造业发展状况可以发现,出台支持政策和制定发展规划,是增强制造业核心竞争力的重要途径;领先全球的先进制造技术在国家分布和领域分布上各有侧重。

美国先后出台了《美国先进制造业国家战略计划》(2012年)、《美国创新战略》(2015年)、《国家机器人计划2.0》(2017年)、《美国人工智能倡议》(2019年)等政策法规,支持和推动先进制造业发展,维护美国在全球制造业领域的领先地位和影响力。美国在计算机、航天设备技术、3D打印、超导材料、深海勘探开发、极小芯片制造、工业机器人等领域具有领先全球的先进制造技术。

德国相继推出《德国工业4.0》(2011年)、《高科技战略2025》(2018年)、《德国工业战略2030》(2019年)等制造业发展规划,以增强德国制造业核心竞争力,加速先进制造业发展。德国在汽车、重型机械、精密数控机床、绿色发动机、极大规模集成电路技术等领域具有领先全球的先进制造技术。

日本近年来出台了《振兴日本战略》(2014年)、《机器人新战略》(2015年)、《综合创新战略》(2018年)等发展战略,加强人才培养和基础技术支撑,推动日本先进制造业发展。日本在机器人、半导体材料、超高精度机床、血液诊断设备等领域具有领先全球的先进制造技术。

我国先后出台了《增强制造业核心竞争力三年行动计划(2018—2020年)》(2018年)、《"十四五"智能制造发展规划》(2021年)等政策文件,支持先进制造业发展。我国在量子通信/传输、激光制造、高铁制造等领域具有领先全球的先进技术。

15.3.3 制造业核心竞争力

什么是制造业核心竞争力？一般认为，制造业核心竞争力至少体现在以下方面。其一，较大的制造业规模和较高的先进制造业比重。尽管经济结构演变规律表明在一定发展阶段会出现制造业比重下降，但保持制造业比重基本稳定，依然是发展先进制造业和增强制造业核心竞争力的基础。其二，关键技术自主性。技术自主，特别是先进制造业技术自主，是统筹发展和安全的重要内容，即在关键领域和核心环节上能够实现技术自主，尽量减少"卡脖子""短板"环节，从而实现自主可控、安全高效，以保障经济社会发展的安全性。其三，较多领先全球的先进制造技术。大国制造业竞争，主要是先进制造业实力竞争。提升先进制造业比重，在关键原材料、零部件、高精尖产品、重大技术装备、关键共性技术等领域实现突破，是制造业竞争力的重要体现。其四，良好的创新环境，充足的人才保障，有力的制度支撑。先进制造业发展，是理论创新和技术进步的过程，需要有政策支持、研发投入、人才储备、制度保障等。

15.3.4 增强制造业核心竞争力的中国应对

增强制造业核心竞争力是一项系统性工程。根据上述分析，结合我国制造业发展状况，在新发展阶段增强我国制造业核心竞争力需要处理好以下问题。

(1) 保持制造业比重基本稳定，提高先进制造业比重

很多先进制造业是从基础制造业发展中脱颖而出的，没有制造业发展规模，就难以推动先进制造业发展。在工业化后期发展阶段，需要夯实产业基础，保持制造业比重基本稳定。扭转要素价格扭曲和资源错配，防范经济"脱实向虚"风险，加大对先进制造业的投入和支持力度，是增强制造业核心竞争力的基础条件。

(2) 准确识别"卡脖子""短板"环节，加大关键技术研发投入

制造业是大国经济的"压舱石"，是国家综合实力竞争的核心领域。

制造业领域的关键技术,可能成为大国博弈的"卡脖子""短板"环节。准确识别"卡脖子""短板"环节,加强先进制造技术的国际交流与合作,开展共性技术、高端技术、前瞻技术的联合攻关,加大关键技术的针对性研发投入,实现关键技术自主可控,维护产业链供应链安全稳定。

(3) 加大对优质企业的培育力度,推动先进制造业集群发展

企业是推动制造业发展的主体,要加大对优质企业的培育力度,赋予企业更高的科研主体地位,促进企业与科研院所、高等院校合作。在资金、人才、孵化平台搭建等方面,大力支持龙头企业发展,发挥大企业的带动作用。同时,着力培育"专精特新"企业和隐形冠军企业。制造业集聚发展是促进技术创新的重要途径,要统筹产业空间布局,促进制造业有序转移,加快发展先进制造业集群,实施国家战略性新兴产业集群工程。

(4) 完善科技创新体制,提供先进制造业发展需要的制度支撑

良好的创新环境是促进理论创新和技术进步的重要条件。增强制造业核心竞争力,需要深入实施创新驱动发展战略,制定先进制造业发展规划,发挥财政资金引导作用,加大制造业企业融资支持,鼓励支持企业加大创新投入,提升企业创新效率和市场效益,提高创新激励和对冲创新风险。优化人才培养结构,提升制造业人才培养质量,强化原材料、核心零部件的基础建设,支持先进制造业企业知名品牌矩阵建设。

参考文献

[1] 白凯.出境旅游的消费异化:现象、原因与解决途径[J].旅游学刊,2011(8).

[2] 白重恩,李宏彬,吴斌珍.医疗保险与消费:来自新型农村合作医疗的证据[J].经济研究,2012(2).

[3] 蔡昉.农民工市民化将创造"消费巨人"[J].传承,2011(1).

[4] 蔡昉.农民工市民化与新消费者的成长[J].中国社会科学院研究生院学报,2011(3).

[5] 蔡昉.人口转变、人口红利与刘易斯转折点[J].经济研究,2010(4).

[6] 晁钢令,王丽娟.我国消费率合理性的评判标准——钱纳里模型能解释吗?[J].财贸经济,2009(4).

[7] 陈斌开,陈琳,谭安邦.理解中国消费不足:基于文献的评述[J].世界经济,2014(7).

[8] 陈斌开,林毅夫.发展战略、城市化与中国城乡收入差距[J].中国社会科学,2013(4).

[9] 陈斌开,陆铭,钟宁桦.户籍制约下的居民消费[J].经济研究,2010(S1).

[10] 陈斌开,杨汝岱.土地供给、住房价格与中国城镇居民储蓄[J].经济研究,2013(1).

[11] 陈斌开.供给侧结构性改革与中国居民消费[J].学术月刊,2017(9).

[12] 陈斌开.收入分配与中国居民消费——理论和基于中国的实证研究[J].南开经济研究,2012(1).

[13] 陈端计.快速工业化地区农民工文化消费问题及提升对策探讨——以东莞市为例[J].消费经济,2012(4).

[14] 陈刚,李树.政府如何能够让人幸福?——政府质量影响居民幸福感的实证研究[J].管理世界,2012(8).

[15] 陈建东.按城乡分解我国居民收入基尼系数的研究[J].中国经济问题,2010(4).

[16] 陈健,陈杰,高波.信贷约束、房价与居民消费率——基于面板门槛模型的研究[J].金融研究,2012(4).

[17] 陈健,黄少安.遗产动机与财富效应的权衡:以房养老可行吗?[J].经济研究,2013(9).

[18] 陈昆亭,周炎. 有限需求、市场约束与经济增长[J]. 管理世界,2020(4).
[19] 陈训波,周伟. 家庭财富与中国城镇居民消费:来自微观层面的证据[J]. 中国经济问题,2013(2).
[20] 陈玉宇,行伟波. 消费平滑、风险分担与完全保险——基于城镇家庭收支调查的实证研究[J]. 经济学(季刊),2006,6(1).
[21] 程杰,尹熙. 流动人口市民化的消费潜力有多大?——基于新时期中国流动人口消费弹性估算[J]. 城市与环境研究,2020(1).
[22] 崔维军,王进山,陈凤,周彩红. 中国与发达国家企业研发投入的国际比较——基于研发投入50强的实证分析[J]. 科学学与科学技术管理,2015(8).
[23] 戴翔. 中国制造业国际竞争力——基于贸易附加值的测算[J]. 中国工业经济,2015(1).
[24] 戴学锋. 基于国际比较的中国出境旅游超前发展初探[J]. 旅游学刊,2012(9).
[25] 戴学锋. 论出境旅游在扩展中国国际影响力中的作用[J]. 北京第二外国语学院学报,2012(9).
[26] 戴颖杰,周奎省. 房价变动对居民消费行为影响的实证分析[J]. 宏观经济研究,2012(3).
[27] 丁如曦,倪鹏飞. 中国城市住房价格波动的区域空间关联与溢出效应——基于2005—2012年全国285个城市空间面板数据的研究[J]. 财贸经济,2015(6).
[28] 杜海峰,顾东东,杜巍. 农民工市民化成本测算模型的改进及应用[J]. 当代经济科学,2015(2).
[29] 杜江,朱易兰. 国际著名旅游企业跨国经营案例分析[M]. 北京:中国旅游出版社,2008.
[30] 杜莉,罗俊良. 房价上升如何影响我国城镇居民消费倾向——基于两阶段家庭最优消费模型的研究[J]. 财贸经济,2017(3).
[31] 杜莉,沈建光,潘春阳. 房价上升对城镇居民平均消费倾向的影响——基于上海市入户调查数据的实证研究[J]. 金融研究,2013(3).
[32] 杜焱,柳思维. 国家规模、经济增长阶段与需求动力机制结构演变[J]. 经济与管理研究,2012(6).
[33] 范国周,张敦福. 文化消费与社会结构:基于CGSS 2013数据的多元对应分析[J]. 社会科学,2019(8).
[34] 方福前. 中国居民消费需求不足原因研究——基于中国城乡分省数据[J]. 中国社会科学,2009(2).
[35] 冯虹,李晨曦. 新型城镇化过程中农民工消费水平影响因素分析——基于2013年《中国流动人口动态监测》[J]. 北京联合大学学报(人文社会科学版),2016(3).
[36] 甘犁,尹志超,贾男,等. 中国家庭资产状况及住房需求分析[J]. 金融研究,2013(4).

[37] 甘犁,尹志超,贾男,徐舒,马双. 中国家庭金融调查报告·2012[M]. 成都:西南财经大学出版社,2012.

[38] 甘犁,尹志超,谭继军. 中国家庭金融调查报告 2014[M]. 成都:西南财经大学出版社,2015.

[39] 高波,王文莉,李祥. 预期、收入差距与中国城市房价租金"剪刀差"之谜[J]. 经济研究,2013(6).

[40] 高中建. 市民化:解决农民工收入、消费问题的路径选择[J]. 青年学报,2015(1).

[41] 耿晔强. 消费环境对我国农村居民消费影响的实证分析[J]. 统计研究,2012(11).

[42] 龚雯,许志峰,王珂. 七问供给侧结构性改革——权威人士谈当前经济怎么看怎么干[N]. 人民日报,2016-01-04.

[43] 顾纪瑞. 新型城镇化将推动消费潜力释放:以江苏省为例[J]. 消费经济,2014(6).

[44] 桂河清,孙豪. 城乡教育差距如何影响文化消费不平衡[J]. 现代财经(天津财经大学学报),2021(5).

[45] 桂河清,于开红,孙豪. 农业转移人口市民化扩大其消费需求的实证研究——基于倾向得分匹配及无条件分位数分解的方法[J]. 农业技术经济,2018(8).

[46] 郭晗,任保平. 基于 AIDS 模型的中国城乡消费偏好差异分析[J]. 中国经济问题,2012(5).

[47] 郭其友,芦丽静. 经济持续增长动力的转变——消费主导型增长的国际经验与借鉴[J]. 中山大学学报(社会科学版),2009(2).

[48] 郭涛,赵德起. 中国现代农业经营体系发展水平测度及收入效应[J]. 山西财经大学学报,2018(10).

[49] 郭天宝,周亚成. 供给侧改革背景下农业结构优化对农民收入的影响[J]. 当代经济研究,2017(9).

[50] 郭亚帆,曹景林. 农村居民消费内外部示范效应研究[J]. 财贸研究,2015,26(3).

[51] 国务院发展研究中心课题组,马建堂,张军扩. 充分发挥"超大规模性"优势 推动我国经济实现从"超大"到"超强"的转变[J]. 管理世界,2020,36(1).

[52] 国务院发展研究中心课题组. 农民工市民化对扩大内需和经济增长的影响[J]. 经济研究,2010(6).

[53] 韩俊强,梁元元. 医疗保险参保选择与流动人口家庭消费——基于中国流动人口动态监测调查数据的实证研究[J]. 社会保障研究,2021(2).

[54] 杭斌,闫新华. 经济快速增长时期的居民消费行为——基于习惯形成的实证分析[J]. 经济学(季刊),2013(4).

[55] 何立峰. 促进形成强大国内市场 大力推动经济高质量发展[J]. 宏观经济管理,2019(2).

[56] 胡安宁. 倾向值匹配与因果推论:方法论述评[J]. 社会学研究,2012(1).
[57] 胡静. 非自愿移民相关研究综述[J]. 湖北经济学院学报(人文社会科学版),2007,4(7).
[58] 胡乃武,田子方. 我国文化消费及其区域差异[J]. 经济问题,2015(7).
[59] 胡日东,钱明辉,郑永冰. 中国城乡收入差距对城乡居民消费结构的影响——基于LA/AIDS拓展模型的实证分析[J]. 财经研究,2014,40(5).
[60] 胡荣,张义祯. 现阶段我国高等教育机会阶层辈出率研究[J]. 厦门大学学报(哲学社会科学版),2006(6).
[61] 胡若痴. 新型城镇化拉动消费增长的动力探析[J]. 湖南社会科学,2014(6).
[62] 胡雪萍. 优化农村消费环境与扩大农民消费需求[J]. 农业经济问题,2003(7).
[63] 胡忠良,齐培潇. 中国文化消费研究评述[J]. 贵州社会科学,2014(10).
[64] 黄敦平,陈洁. 我国新型城镇化质量综合评价[J]. 统计与决策,2021,37(12).
[65] 黄季焜. 农业供给侧结构性改革的关键问题:政府职能和市场作用[J]. 中国农村经济,2018(2).
[66] 黄静,屠梅曾. 房地产财富与消费:来自于家庭微观调查数据的证据[J]. 管理世界,2009(7).
[67] 黄琪轩. 大国经济成长模式及其国际政治后果——海外贸易、国内市场与权力转移[J]. 世界经济与政治,2012(9).
[68] 黄群慧,陈创练. 新发展格局下需求侧管理与供给侧结构性改革的动态协同[J]. 改革,2021(3).
[69] 黄祖辉,刘桢. 资本积累、城乡收入差距与农村居民教育投资[J]. 中国人口科学,2019(6).
[70] 纪园园,宁磊. 收入差距对消费升级的区域差异性研究[J]. 社会科学,2020(10).
[71] 简必希,宁光杰. 教育异质性回报的对比研究[J]. 经济研究,2013(2).
[72] 今井喜昭,王瑞林. 日本国际旅游的发展新趋势[J]. 旅游学刊,1990(2).
[73] 金晓彤,韩成,聂盼盼. 新生代农民工缘何进行地位消费?——基于城市认同视角的分析[J]. 中国农村经济,2017(3).
[74] 金星晔,管汉晖,李稻葵,Broadberry Stephen. 中国在世界经济中相对地位的演变(公元1000—2017年)——对麦迪逊估算的修正[J]. 经济研究,2019(7).
[75] 柯忠义. 城镇化与收入结构对农村居民消费的影响——基于省级面板数据的分析[J]. 城市问题,2017(2).
[76] 孔祥利,王张明. 我国城乡居民消费差异及对策分析[J]. 经济管理,2013(5).
[77] 孔祥敏. 从出口导向到内需主导——中国外向型经济发展战略的反思及转变[J]. 山东大学学报(哲学社会科学版),2007(3).
[78] 况伟大. 房价变动与中国城市居民消费[J]. 世界经济,2011(10).
[79] 雷潇雨,龚六堂. 城镇化对于居民消费率的影响:理论模型与实证分析[J]. 经济研究,2014(6).

[80] 李伯华,宋月萍,齐嘉楠,等. 中国流动人口生存发展状况报告——基于重点地区流动人口监测试点调查[J]. 人口研究,2010(1).

[81] 李春风,刘建江,陈先意. 房价上涨对我国城镇居民消费的挤出效应研究[J]. 统计研究,2014(12).

[82] 李春风,刘建江,齐祥芹. 房价上涨影响居民消费的门槛效应:倒U假说及实证[J]. 华东经济管理,2017(12).

[83] 李春玲. "80后"的教育经历与机会不平等——兼评《无声的革命》[J]. 中国社会科学,2014(4).

[84] 李光明,徐冬柠. 文化消费对新市民主观幸福感的影响[J]. 城市问题,2019(6).

[85] 李光明,徐燕. 收入、时间与知识:文化消费能力约束效应研究[J]. 学海,2019(6).

[86] 李国正,王鉴雪,车若语. 社会融合、城镇定居意愿与流动人口家庭消费水平差异研究[J]. 北京联合大学学报(人文社会科学版),2020(3).

[87] 李红艳. 居民收入视角下新型城镇化促进居民消费影响的实证研究[J]. 商业经济研究,2020(4).

[88] 李惠芬,付启元. 城市文化消费比较研究[J]. 南京社会科学,2013(4).

[89] 李建平,安乔治. 价格学原理[M]. 北京:中国人民大学出版社,2015.

[90] 李剑,臧旭恒. 住房价格波动与中国城镇居民消费行为——基于2004—2011年省际动态面板数据的分析[J]. 南开经济研究,2015(1).

[91] 李江一,李涵. 城乡收入差距与居民消费结构:基于相对收入理论的视角[J]. 数量经济技术经济研究,2016,33(8).

[92] 李金华. 中国建设制造强国进程中前沿技术的发展现实与路径[J]. 吉林大学社会科学学报,2019(2).

[93] 李君华,欧阳峣. 大国效应、交易成本和经济结构——国家贫富的一般均衡分析[J]. 经济研究,2016(10).

[94] 李蕊. 中国居民文化消费:地区差距、结构性差异及其改进[J]. 财贸经济,2013(7).

[95] 李实,罗楚亮. 中国收入差距的实证分析[M]. 北京:中国社会科学出版社,2014:14.

[96] 李实,朱梦冰. 中国经济转型40年中居民收入差距的变动[J]. 管理世界,2018,34(12).

[97] 李晓峰,王晓方,高旺盛. 基于ELES模型的北京市农民工消费结构实证研究[J]. 农业经济问题,2008(4).

[98] 李晓西等. 新世纪中国经济报告[M]. 北京:人民出版社,2006.

[99] 李永友,王焱. 优质高等教育享有机会公平性研究——基于浙江高校的调查分析[J]. 财贸经济,2016(1).

[100] 李祗辉. 2007年韩国旅游业发展报告[M]. 北京:社会科学文献出版

社,2008.

[101] 李祗辉.韩国文化旅游节庆政策分析及启示[J].理论月刊,2013(7).

[102] 李周等.加快推进农业农村现代化:"三农"专家深度解读中共中央一号文件精神[J].中国农村经济,2021(4).

[103] 梁晨,李中清,张浩,等.无声的革命:北京大学与苏州大学学生社会来源研究(1952—2002)[J].中国社会科学,2012(1).

[104] 梁云芳,高铁梅.中国房地产价格波动区域差异的实证分析[J].经济研究,2007(8).

[105] 林毅夫,李永军.比较优势、竞争优势与发展中国家的经济发展[J].管理世界,2003(7).

[106] 林毅夫.新结构经济学[M].北京:北京大学出版社,2014.

[107] 刘璐.限贷和限购政策对一般均衡中房价的影响[J].管理科学学报,2013,16(9).

[108] 刘瑞翔,安同良.中国经济增长的动力来源与转换展望——基于最终需求角度的分析[J].经济研究,2011(7).

[109] 刘世杰.日本发展国际旅游事业的教训[J].税务与经济,1982(2).

[110] 刘涛,袁祥飞.我国服务消费增长的阶段定位和政策选择——基于代表性发达国家服务消费增长规律[J].经济纵横,2019(02).

[111] 刘伟,蔡志洲.如何看待中国仍然是一个发展中国家?[J].管理世界,2018(9).

[112] 刘伟,范欣.中国发展仍处于重要战略机遇期——中国潜在经济增长率与增长跨越[J].管理世界,2019(1).

[113] 刘艺容.加快城市化进程是拉动消费增长的持久动力[J].消费经济,2005(4).

[114] 刘宇,周建新.我国居民文化消费空间差异及驱动因素研究[J].统计与决策,2020(13).

[115] 刘志彪.利用和培育国内市场问题的研究[J].学术研究,2019(10).

[116] 刘子兰,姚健.基于 ELES 模型的大中城市消费升级研究[J].郑州大学学报(哲学社会科学版),2018(5).

[117] 龙冬平等.中国农业现代化发展水平空间分异及类型[J].地理学报,2014(2).

[118] 卢嘉瑞."消费"内涵的商榷[J].消费经济,2004(3).

[119] 陆铭,张航,梁文泉.偏向中西部的土地供应如何推升了东部的工资[J].中国社会科学,2015(5).

[120] 罗楚亮,李实,岳希明.中国居民收入差距变动分析(2013—2018)[J].中国社会科学,2021(1).

[121] 罗楚亮.绝对收入、相对收入与主观幸福感——来自中国城乡住户调查数据的经验分析[J].财经研究,2009(11).

[122] 罗丽,李晓峰.个人工资水平、家庭迁移特征与农民工城市消费——留城意愿的调节和中介作用分析[J].农业技术经济,2020(3).

[123] 马慧芳,德娜·吐热汗.新疆新型城镇化对农村居民消费结构的影响——基于 LA-AIDS 拓展模型的实证分析[J].中国农业资源与区划,2020,41(11).

[124] 马双,甘犁,高香花."收入冲击"对家庭营养结构的影响分析——来自高等教育改革的"自然实证"[J].管理世界,2009(5).

[125] 马志敏.农村消费环境现状分析及优化对策[J].经济问题,2016(7).

[126] 毛雅娟,李善民,黄宇轩.宏观经济、政府干预与资产价格波动——基于 VAR 和 RVAR 的传导机制研究[J].证券市场导报,2014(8).

[127] 毛中根,桂河清,洪涛.住房价格波动对城镇居民消费的影响分析[J].管理科学学报,2017(4).

[128] 毛中根,洪涛.从生产大国到消费大国:现状、机制与政策[J].南京大学学报(哲学·人文科学·社会科学版),2011(3).

[129] 毛中根,孙豪,黄容.中国最优居民消费率的估算及变动机制分析[J].数量经济技术经济研究,2014(3).

[130] 毛中根,叶胥.全面建成小康社会与中国居民消费发展[J].南京大学学报(哲学·人文科学·社会科学),2016(3).

[131] 毛中根.中国居民文化消费提升研究[M].科学出版社,2017.

[132] 茅锐,徐建炜.人口转型、消费结构差异和产业发展[J].人口研究,2014,38(3).

[133] 蒙昱竹,李波,潘文富.财政支出、城市化与居民消费——对扩大内需的再思考[J].首都经济贸易大学学报,2021,23(1).

[134] 蒙泽群.大力发展信用卡业务提高旅游业综合服务经济效益[J].旅游学刊,1988(2).

[135] 欧阳峣,傅元海,王松.居民消费的规模效应及其演变机制研究[J].经济研究,2016(2).

[136] 欧阳峣,生延超,易先忠.大国经济发展的典型化特征[J].经济理论与经济管理,2012(5).

[137] 欧阳峣."大国综合优势"的提出及研究思路[J].经济学动态,2009(6).

[138] 泮伟江.如何理解中国的超大规模性[J].读书,2019(5).

[139] 蒲勇健.简明博弈论教程[M].北京:中国人民大学出版社,2013.

[140] 齐红倩等.我国农村金融发展对农村消费影响的时变特征研究[J].农业技术经济,2018(3).

[141] 钱纳里,赛尔昆.发展的型式:1950—1970[M].李新华等,译,北京:经济科学出版社,1988.

[142] 钱文荣,李宝值.不确定性视角下农民工消费影响因素分析——基于全国 2679 个农民工的调查数据[J].中国农村经济,2013(11).

[143] 秦春华.重点大学农村学生比例为何上不去[N].光明日报,2015-09-08.

[144] 任文龙,张苏缘,陈鑫.金融发展、收入水平与居民文化消费——基于城乡差异的视角[J].农村经济,2019(11).

[145] 上创利,李兆鑫.新型城镇化对居民消费结构的影响实证分析[J].商业经济研究,2021(17).

[146] 石明明,江舟,周小焱.消费升级还是消费降级[J].中国工业经济,2019(7).

[147] 石薇,李强,王洪卫.城市住房价格指数编制方法的拓展设计及实证检验[J].数量经济技术经济研究,2014(12).

[148] 史育龙.提高农业转移人口市民化质量 加快释放内需潜力[J].宏观经济管理,2021(11).

[149] 世界旅游城市联合会,益普索.中国公民出境(城市)旅游消费市场调查报告[R].2014.

[150] 司金銮.我国文化消费与消费文化研究之概观[J].兰州大学学报(社会科学版),2001(6).

[151] 苏剑.新供给经济学:理论与实践[M].北京:中国人民大学出版社,2016.

[152] 苏素,宋云河.中国城乡收入差距问题研究[J].经济问题探索,2011(5).

[153] 孙常辉.新型城镇化促进我国居民消费的传导机制研究[J].商业经济研究,2021(21).

[154] 孙豪,毛中根,桂河清.中国经济增长模式演进及区域差异[J].经济问题探索,2017(6).

[155] 孙豪,毛中根,桂河清.中国居民消费不平等:审视与应对[J].现代经济探讨,2019(4).

[156] 孙豪,毛中根,王泽昊.消费降级:假象及其警示[J].经济与管理,2020(3).

[157] 孙豪,毛中根.居民收入结构对文化消费增长的影响研究[J].财贸研究,2018(5).

[158] 孙豪,毛中根.中国居民消费不平等的多维分解及成因分析[J].山西财经大学学报,2017,39(11).

[159] 孙豪,毛中根.中国居民消费的演进与政策取向[J].社会科学,2020(1).

[160] 孙豪.消费主导型大国:特征、测度及政策[J].社会科学,2015(10).

[161] 孙晶,李涵硕.金融集聚与产业结构升级——来自2003—2007年省际经济数据的实证分析[J].经济学家,2012(3).

[162] 孙倩,汤放华.基于空间扩展模型和地理加权回归模型的城市住房价格空间分异比较[J].地理研究,2015,34(7).

[163] 孙文凯,李晓迪,王乙杰.身份认同对流动人口家庭在流入地消费的影响[J].南方经济,2019(11).

[164] 谭苏华,朱宇,林李月,等.流动人口家庭的城市消费及其影响因素——基于全国流动人口动态监测调查数据[J].人口与发展,2015(1).

[165] 汤伊心.试论日本发展国际旅游业的经验及借鉴[J].前沿,2015(9).

[166] 唐琦,夏庆杰,李实.中国城市居民家庭的消费结构分析:1995—2013[J].经

济研究,2018(2).

[167] 田国强,杨立岩. 对"幸福—收入之谜"的一个解答[J]. 经济研究,2006(11).

[168] 田青,马健,高铁梅. 我国城镇居民消费影响因素的区域差异分析[J]. 管理世界,2008(7).

[169] 田卫民. 省域居民收入基尼系数测算及其变动趋势分析[J]. 经济科学,2012(2).

[170] 佟家栋,刘竹青. 房价上涨、建筑业扩张与中国制造业的用工问题[J]. 经济研究,2018(7).

[171] 万广华,张茵,牛建高. 流动性约束、不确定性与中国居民消费[J]. 经济研究,2001(11).

[172] 汪伟,刘志刚,龚飞飞. 高房价对消费结构升级的影响:基于35个大中城市的实证研究[J]. 学术研究,2017(8).

[173] 王春光. 对中国农村流动人口"半城市化"的实证分析[J]. 学习与探索,2009(5).

[174] 王辉龙,高波. 住房消费与消费结构升级——理论假说与实证检验[J]. 财经科学,2016(1).

[175] 王慧娟,施国庆,贾永飞. 征地拆迁对城市郊区老年农民生活影响研究——以南京市QQ村为例[J]. 中国软科学,2009(5).

[176] 王江,廖理,张保金. 消费金融研究综述[J]. 经济研究,2010,增刊.

[177] 王美艳. 农民工消费潜力估计——以城市居民为参照系[J]. 宏观经济研究,2016(2).

[178] 王鹏. 收入差距对中国居民主观幸福感的影响分析——基于中国综合社会调查数据的实证研究[J]. 中国人口科学,2011(3).

[179] 王平,王琴梅. 新型城镇化驱动居民消费的效应机理与实证[J]. 广东财经大学学报,2016(2).

[180] 王琪延,曹倩. 中国省域文化消费的时空演变及影响因素[J]. 调研世界,2020(2).

[181] 王少平,欧阳志刚. 我国城乡收入差距的度量及其对经济增长的效应[J]. 经济研究,2007(10).

[182] 王宋涛,吴超林. 收入分配对我国居民总消费的影响分析——基于边际消费倾向的理论和实证研究[J]. 经济评论,2012(6).

[183] 王韬,毛建新. 流动人口家庭与城镇家庭的消费差异——基于分位数回归的分析[J]. 人口与经济,2015(4).

[184] 王微,刘涛. 以强大国内市场促进国内大循环的思路与举措[J]. 改革,2020(9).

[185] 王小华,温涛. 城乡居民消费行为及结构演化的差异研究[J]. 数量经济技术经济研究,2015,32(10).

[186] 王雪琪,赵彦云,范超. 我国城镇居民消费结构变动影响因素及趋势研究[J].

统计研究,2016(2).

[187] 王亚南.公共文化投入和居民文化消费区域差距透析——中国社会结构"非均衡性"的一种检测[J].北京联合大学学报(人文社会科学版),2015(2).

[188] 王乙杰,孙文凯.户口改变对流动人口家庭消费的影响——来自微观追踪数据的证据[J].劳动经济研究,2020(2).

[189] 王裕国.消费需求制约经济增长的机理及影响[J].经济学家,1999(5).

[190] 王蕴,姜雪,李清彬,姚晓明.消费倾向的国际比较与促进中国消费倾向稳步提升的建议[J].宏观经济研究,2022(3).

[191] 韦森,张红伟.消费习惯形成视角下城镇化质量对农村居民消费的影响[J].农村经济,2020(4).

[192] 魏后凯.新常态下中国城乡一体化格局及推进战略[J].中国农村经济,2016(1).

[193] 魏后凯.中国农业发展的结构性矛盾及其政策转型[J].中国农村经济,2017(5).

[194] 魏杰,王韧.我国住房制度的改革路径:基于住房商品的特殊性质[J].经济体制改革,2007(2).

[195] 温忠麟,叶宝娟.中介效应分析——方法和模型发展[J].心理科学进展,2014(5).

[196] 温忠麟等.中介效应检验程序及其应用[J].心理学报,2004(5).

[197] 吴学品,李荣雪.中国农村居民消费习惯的动态效应研究——基于不同收入地区面板 ELES 模型的视角[J].宏观经济研究,2021(5).

[198] 夏杰长,毛中根.中国居民服务消费的实证分析与应对策略[J].黑龙江社会科学,2012(01).

[199] 夏怡然,陆铭.城市间的"孟母三迁"——公共服务影响劳动力流向的经验研究[J].管理世界,2015(10).

[200] 向国成,钟世虎.农民工市民化的家庭消费效应研究:来自中国的证据[J].湘潭大学学报(哲学社会科学版),2015(6).

[201] 谢洁玉,吴斌珍,李宏彬,等.中国城市房价与居民消费[J].金融研究,2012(6).

[202] 谢勇,王鹏飞.市民化水平对农民工家庭消费的影响及其机制[J].中央财经大学学报,2019(7).

[203] 谢宇.认识中国的不平等[J].社会,2010(3).

[204] 新华网."买买买"何时能回"家"?[N].经济新闻周刊,2016-02-22, http://www.jjxwzk.org/home/show/?pid=4761.

[205] 邢占军.我国居民收入与幸福感关系的研究[J].社会学研究,2011(1).

[206] 徐映梅,夏伦.中国居民主观幸福感影响因素分析——一个综合分析框架[J].中南财经政法大学学报,2014(2).

[207] 许梦博等.我国农业保险发展的深层矛盾、转型契机与改革取向[J].求是学

刊,2016(5).
[208] 颜色,朱国钟."房奴效应"还是"财富效应"?——房价上涨对国民消费影响的一个理论分析[J].管理世界,2013(3).
[209] 杨灿明,孙群力.中国居民收入差距与不平等的分解——基于2010年问卷调查数据的分析[J].财贸经济,2011(11).
[210] 杨继东.中国消费不平等演变趋势及其原因[J].财贸经济,2013(4).
[211] 杨琦.农村基础设施投资是拉动还是挤出了居民消费[J].南方经济,2018(2).
[212] 杨义武、林万龙.农业技术进步的增收效应—基于中国省级面板数据的检验[J].经济科学,2016(5).
[213] 杨赞,张欢,赵丽清.中国住房的双重属性:消费和投资的视角[J].经济研究,2014(S1).
[214] 姚永敬.日本国际旅游机构、政策与动态[J].旅游科学,1999(3).
[215] 叶德珠,连玉君,黄有光,等. 消费文化、认知偏差与消费行为偏差[J].经济研究,2012(2).
[216] 叶剑平,田晨光.我国城市房屋拆迁的制度缺陷与路径选择[J].华中师范大学学报(人文社科版),2010(5).
[217] 依绍华.旅游业的就业效应分析[J].财贸经济,2005(5).
[218] 尹海洁,唐雨.贫困测量中恩格尔系数的失效及分析[J].统计研究,2009(5).
[219] 尹世杰.消费经济学[M].北京:高等教育出版社,2007:84.
[220] 尹志超,甘犁.中国住房改革对家庭耐用品消费的影响[J].经济学(季刊),2009,9(1).
[221] 于进.扩大和升级城乡居民文化消费的路径研究[J].宏观经济管理,2019(6).
[222] 余华义,王科涵,黄燕芬.中国住房分类财富效应及其区位异质性——基于35个大城市数据的实证研究[J].中国软科学,2017(2).
[223] 俞剑,方福前.中国城乡居民消费结构升级对经济增长的影响[J].中国人民大学学报,2015,29(5).
[224] 元惠连,夏庆杰,王志伟.中国城镇居民消费需求分析[J].经济科学,2016(4).
[225] 袁冬梅,李春风,刘建江. 城镇居民预防性储蓄动机的异质性及强度研究[J].管理科学学报,2014(7).
[226] 原鹏飞,魏巍贤.房地产价格波动经济影响的一般均衡研究[J].管理科学学报,2012(5).
[227] 张蓓.农业供给侧结构性改革的国际镜鉴[J].改革,2016(5).
[228] 张大永,曹红.家庭财富与消费:基于微观调查数据的分析[J].经济研究,2012(S1).
[229] 张浩,易行健,周聪.房产价值变动、城镇居民消费与财富效应异质性——来

自微观家庭调查数据的分析[J]. 金融研究,2017(8).
[230] 张军涛,刘建国. 城市房屋拆迁改造对居民生活影响研究[J]. 财经问题研究,2008(1).
[231] 张苏秋,顾江. 居民教育支出对文化消费溢出效应研究——基于全国面板数据的门限回归[J]. 上海经济研究,2015(9).
[232] 张维迎. 博弈与社会[M]. 北京:北京大学出版社,2013.
[233] 张伟等. 收入分化、需求演变与农业保险供给侧改革[J]. 农业经济问题,2018(11).
[234] 张晓林,靳共元,康慧. 基于灰色关联的农村居民幸福感影响因素分析——以山西省所属11个地级市为例[J]. 当代经济研究,2014(2).
[235] 张杨波. 新型城镇化、扩大内需与消费升级[J]. 浙江学刊,2017(3).
[236] 张漾滨. 中国股价与房价波动对居民消费的影响研究[J]. 管理世界,2012(1).
[237] 张颖熙,徐紫嫣. 新经济下中国服务消费升级:特征与机制研究[J]. 财经问题研究,2021(6).
[238] 张颖熙. 中国城镇居民服务消费需求弹性研究——基于 QUAIDS 模型的分析[J]. 财贸经济,2014(5)..
[239] 赵长华,戴赣华. 韩国旅游业何以获得飞速发展[J]. 旅游科学,1998(2).
[240] 赵纲. 新型城镇化与我国居民消费升级协调发展的动态演变——基于高质量发展视角[J]. 商业经济研究,2021(1).
[241] 赵吉林,桂河清. 中国家庭文化消费影响因素分析:来自 CHFS 的证据[J]. 消费经济,2014(6).
[242] 赵凯,刘成坤. 住房价格、土地价格与地方政府行为[J]. 统计研究,2018(10).
[243] 赵婉男,李晓峰,尹金辉. 北京市农民工消费结构及变化趋势分析[J]. 农业经济问题,2016(12).
[244] 赵鑫,陈润. 对我国居民出境消费快速增长的思考[J]. 价格理论与实践,2016(7).
[245] 赵永平,徐盈之. 新型城镇化、制度变迁与居民消费增长[J]. 江西财经大学学报,2015(6).
[246] 中国经济与社会发展统计数据库[DB/OL]. http://tongji.cnki.net/kns55/Dig/dig.aspx,2014-12-24.
[247] 中央电视台. 国人出境购物忙 境内外差价缘何大[EB/OL]. 2013-02-17, http://news.cntv.cn/2013/02/17/VIDE1361100793549244.shtml.
[248] 钟万玲. 新型城镇化、多元化就业与扩大消费的关系[J]. 商业经济研究,2022(5).
[249] 钟涨宝,杜云素. 移民研究述评[J]. 世界民族,2009(1).
[250] 周弘. 住房按揭贷款如何影响家庭消费结构[J]. 统计研究,2012(7).
[251] 周建,杨秀祯. 我国农村消费行为变迁及城乡联动机制研究[J]. 经济研究,

2009,44(1).

[252] 周利,张浩,易行健.住房价格上涨、家庭债务与城镇有房家庭消费[J].中南财经政法大学学报,2020(1).

[253] 周密,刘秉镰.供给侧结构性改革为什么是必由之路？——中国式产能过剩的经济学解释[J].经济研究,2017(2).

[254] 周勍.中国出境旅游者高消费行为及其形成原因探究[J].消费经济,2013(1).

[255] 周晓时等.对农村居民"食物消费之谜"的一个解释—基于农业机械化进程的研究视角[J].农业技术经济,2017(6).

[256] 朱伟.大学生文化消费现状及影响因素分析[J].统计与决策,2012(17).

[257] 朱媛媛,等.中国文化消费水平的地域分异及影响因素[J].经济地理,2020(3).

[258] 邹红,李奥蕾,喻开志.消费不平等的度量、出生组分解和形成机制——兼与收入不平等比较[J].经济学(季刊),2013(4).

[259] Abadie A., D. Drukker, J. L. Herr, G. W. Imbens. Implementing Matching Estimators for Average Treatment Effects in Stata [J]. *The Stata Journal*, 2004,4(3).

[260] Abadie A., G. W. Imbens. Simple and Bias-Corrected Matching Estimators for Average Treatment Effects. *NBER working paper*, 2002,283.

[261] Aguiar M., Bils M.. Has Consumption Inequality Mirrored Income Inequality? [J]. *American Economic Review*, 2015,105(9).

[262] Alesina A., Di Tella R., MacCulloch R.. Inequality and Happiness: Are Europeans and Americans Different? [J]. *Journal of Public Economics*, 2004,88(9).

[263] Ando A., Modigliani F.. The "Life Cycle" Hypothesis of Saving: Aggregate Implications and Tests [J]. *American Economic Review*, 1963,53(1).

[264] Aoki K., Proudman J., Vlieghe G.. Houses as Collateral: Has the Link between House Prices and Consumption in the UK Changed? [J]. *Federal Reserve Bank of New York Economic Policy Review*, 2002,8(1).

[265] Aron J., Duca J. V., Muellbauer J., et al. Credit, Housing Collateral, and Consumption: Evidence from Japan, the UK, and the US [J]. *Review of Income and Wealth*, 2012,58(3).

[266] Aron J., Muellbauer J., Murphy A.. Housing Wealth, Credit Conditions and Consumption [J]. *MPRA paper*, 2006.

[267] Attanasio O. P., Blow L., Hamilton R., et al. Booms and Busts: Consumption, House Prices and Expectations [J]. *Economica*, 2009, 76(301).

[268] Attanasio O., Pistaferri L.. Consumption Inequality [J]. *Journal of*

Economic Perspectives, 2016,30(2).

[269] Attanasio O., Pistaferri L.. Consumption Inequality over the Last Half Century: Some Evidence Using the New PSID Consumption Measure [J]. *American Economic Review*, 2014,104(5).

[270] Axelrod R.. The Emergence of Corporation among Egoists [J]. *American political science review*, 1981(75).

[271] Banks J., Blundell R., Lewbel A.. Quadratic Engel Curves and Consumer Demand [J]. *Review of Economics and Statistics*, 1997,79(4).

[272] Baron R. M., Kenny D. A.. The Moderator-Mediator Variable Distinction in Social Psychological Research: Conceptual, Strategic, and Statistical Considerations [J]. *Journal of Personality and Social Psychology*, 1986,51.

[273] Benito A., Mumtaz H.. Consumption Excess Sensitivity, Liquidity Constraints and the Collateral Role of Housing [J]. *Bank of England Quarterly Bulletin*, 2006,46(3).

[274] Benjamin J. D., Chinloy G. D.. Real Estate Versus Financial Wealth in Consumption [J]. *The Journal of Real Estate Finance and Economics*, 2004,29(3).

[275] Bertaut C. C., M. Starr-McMluer. Household Portfolios in the United States [J]. *Working Paper of Federal Reserve System in America*, 2000,26.

[276] Bhatia K., Mitchell C.. Household-specific Housing Capital Gains and Consumption: Evidence from Canadian Microdata [J]. *Regional Science & Urban Economics*, 2015,56.

[277] Blanchflower D. G.. International Evidence on Well-Being [M]//Measuring the Subjective Well-Being of Nations: National Accounts of Time Use and Well-Being. University of Chicago Press,2009.

[278] Blinder A.. Wage Discrimination: Reduced Form and Structural Estimates [J]. *Journal of Human Resources*, 1973,8(4).

[279] Blundell R., L. Pistaferri, I. Preston. Consumption Inequality and Partial Insurance [J]. *The American Economic Review*, 2008,98(5).

[280] Bret C., Hartwell C. J.. Global Talent Management: A Life Cycle View of the Interaction between Human and Social Capital [J]. *Journal of World Business*, 2019,54(2).

[281] Browning M., Gortz M., Leth S.. Housing Wealth and Consumption: A Micro Panel Study [J]. *The Economic Journal*, 2013,123(568).

[282] Caliendo M., Kopeinig S. . Some Practical Guidance for the Implementation of Propensity Score Matching [J]. *Journal of Economic Surveys*, 2008,22(1).

[283] Campbell J. Y., Cocco J. F.. How do House Prices Affect Consumption? Evidence from Micro Data [J]. *Journal of Monetary Economics*, 2007, 54(3).

[284] Campbell J. Y. Household Finance [J]. *The Journal of Finance*, 2006, LXI(4).

[285] Case K. E., Quigley J. M., Shiller R. J.. Wealth Effects Revisited: 1975 – 2012[J]. *Critical Finance Review*, 2013, 2(1).

[286] Chai A., Moneta A. Retrospectives: Engel Curves [J]. *Journal of Economic Perspective*, 2010, 24(1).

[287] Chamon M., Prasad E.. Why are Saving Rates of Urban Households of China Rising? [J]. *American Economic Journal*, 2010, 15(2).

[288] Chen B., Lu M., Zhong N.. How Urban Segregation Distorts Chinese Migrants' Consumption? [J]. *World Development*, 2015, 70.

[289] Chen X.. Why Do Migrant Households Consume So Little? [J]. *China Economic Review*, 2018, 49(3).

[290] Christensen L. R., D. W. Jorgenson, L. J. Lau. Transcendental Logarithmic Utility Functions [J]. *American Economic Review*, 1975, 65(3).

[291] Cristini A., Sevilla A.. Do House Prices Affect Consumption? A Reassessment of the Wealth Hypothesis. *Economica*, 2014, 81(324).

[292] Deaton A., Muellbauer J.. An Almost Ideal Demand System [J]. *The American Economic Review*, 1980, 70(3).

[293] Deaton A.. Income, Health, and Well-Being around the World: Evidence from the Gallup World Poll [J]. *Journal of Economic Perspectives*, 2008, 22(2).

[294] Deaton A.. *Understanding Consumption* [M]. Oxford: Clarendon Press, 1992.

[295] Di Tella R., MacCulloch R. J., Oswald A. J.. Preferences over Inflation and Unemployment: Evidence from Surveys of Happiness [J]. *American Economic Review*, 2001.

[296] Diener E., Gohm C. L., Suh E., et al. Similarity of the Relations between Marital Status and Subjective Well-Being across Cultures [J]. *Journal of cross-cultural psychology*, 2000, 31(4).

[297] Dimaggio P., Mukhtar T.. Arts Participation as Cultural Capital in the United States, 1982 – 2002: Signs of Decline? [J]. *Poetics*, 2004, 32(2).

[298] Dreger C., Wang T., Zhang N. . Understanding Chinese Consumption: The Impact of Hukou [J]. *Development and Change*, 2015, 46(6).

[299] Easterlin R. A.. A Puzzle for Adaptive Theory [J]. *Journal of Economic Behavior & Organization*, 2005, 56(4).

[300] Easterlin R. A.. Life Cycle Happiness and Its Sources: Intersections of Psychology, Economics, and Demography [J]. *Journal of Economic Psychology*, 2006,27(4).

[301] Eggertsson G. B., Mehrotra N. R., Robbins J. A.. A Model of Secular Stagnation: Theory and Quantitative Evaluation [J]. *American Economic Journal*, 2019,11(1).

[302] Engelhardt G. V.. House Prices and Home Owner Saving Behavior [J]. *Regional Science and Urban Economics*, 1996,26(3).

[303] Firpo S., Fortin N. M., Lemieux T.. Unconditional Quantile Regressions [J]. *Econometrica*, 2009,77(3).

[304] Fortin N., Lemieux T., Firpo S. Decomposition Methods in Economics [J]. *NBER Working Papers*, 2010.

[305] Francisco J. B., Joseph P. K.. Can Traditional Theories of Structural Change Fit The Data? [J]. *Journal of the European Economic Association*, 2009,7(2-3).

[306] Friedman M. *A Theory of the Consumption Function* [M]. Princeton, NJ: Princeton University Press, 1957.

[307] Garegnani P., Trezzini A.. Cycles and Growth: A Source of Demand-driven Endogenous Growth [J]. *Review of Political Economy*, 2010,22(1).

[308] Golley J., Kong S. T.. Inequality of Opportunity in China's Educational Outcomes [J]. *China Economic Review*, 2018,51.

[309] Graham C., Felton A.. Inequality and Happiness: Insights from Latin America [J]. *The Journal of Economic Inequality*, 2006,4(1).

[310] Guo K., N'diaye P.. Is China's Export-Oriented Growth Sustainable? [W]. *IMF Working Papers*, 2009.

[311] Hall R. E.. Stochastic Implications of the Life Cycle-Permanent Income Hypothesis: Theory and Evidence [J]. *Journal of political economy*, 1978,86.

[312] Hek V. M., Kraaykamp G.. Cultural Consumption across Countries: A Multi-Level Analysis of Social Inequality in Highbrow Culture in Europe [J]. *Poetics*, 2013,41(4).

[313] Helliwell J. F.. How's Life? Combining Individual and National Variables to Explain Subjective Well-Being [J]. *Economic Modelling*, 2003,20(2).

[314] Henderson J. V.. Sizes and Types of Cotoes [J]. *American Economic Review*, 1974,61.

[315] Hubbard R. G., J. Skinner, S. P. Zeldes. Precautionary Saving and Social Insurance [J]. *Journal of Political Economy*, 1995,103.

[316] Iacoviello M.. Consumption, House Prices, and Collateral Constraints: A

Structural Econometric Analysis [J]. *Journal of Housing Economics*, 2004, 13(4).

[317] Iacoviello M.. House Prices, Borrowing Constraints, and Monetary Policy in the Business Cycle [J]. *The American economic review*, 2005, 95(3).

[318] Jiang S., Sun W., Webb A.. The Impacts of House Price Movements on Non-Durable Goods Consumption of Older Households [J]. *Annals of Economics and Finance*, 2013, 14(2).

[319] Jin Y., H. Li, B. Wu. Income Inequality, Consumption, and Social-Status Seeking [J]. *Journal of Comparative Economics*, 2011, 39.

[320] John C., H. Fei., Gustav Ranis. On the Empirical Relevancy of the Ranis-Fei Model of Economic Development: Reply [J]. *The American Economic Review*, 1971.

[321] Jäntti M., Sierminska E.. Survey Estimates of Wealth Holdings in OECD Countries: Evidence on The Level and Distribution across Selected Countries (No. 2007/17). WIDER Working Paper Series RP2007-17, World Institute for Development Economic Research (UNU-WIDER).

[322] Kahneman D., Krueger A. B.. Developments in the Measurement of Subjective Well-Being [J]. *The Journal of Economic Perspectives*, 2006, 20(1).

[323] Karunaratne N. D.. Export Oriented Industrialization Strategies [J]. *Intereconomics*, 1980, 15(5).

[324] Khalifa S., Seck O., Tobing E.. Housing Wealth Effect: Evidence from Threshold Estimation [J]. *Journal of Housing Economics*, 2013, 22(1).

[325] Klein L., Rubin H.. A Constant-Utility Index of the Cost of Living [J]. *The Review of Economic Studies*, 1948(2).

[326] Koener R., Bassett G.. Regression Quantiles [J]. *Economic*, 1978, 46(1).

[327] Koo J., Song Y.. The Relationship Between Income Inequality and Aggregate Saving: An Empirical Analysis Using Cross-country Panel Data [J]. *Applied Economics*, 2016, 48(10).

[328] Kraaykamp G., Eijck K. V.. The Intergenerational Reproduction of Cultural Capital: A Threefold Perspective [J]. *Social Forces*, 2010, 89(1).

[329] Kreps D., Milgrom P., Roberts J., Wilson R.. Rational Cooperation in the Finitely Repeated Prisoners' Dilemma [J]. *Journal of Economic Theory*, 1982(27).

[330] Leser C. E. V.. Forms of Engel Functions [J]. *Econometrica*, 1964, 32(4).

[331] Leung C.. Macroeconomics and Housing: A Review of the Literature [J]. *Journal of Housing Economics*, 2004, 13(4).

[332] Li S. , Zhao R. . Changes in the Distribution of Wealth in China, 1995 - 2002. WIDER Working Paper Series, 2007.

[333] Liuch C. . The Extended Linear Expenditure System [J]. *European Economic Review*, 1973, 4(1).

[334] Lluch C. , Williams R. . Consumer Demand Systems and Aggregate Consumption in The USA: An Application of The Extended Linear Expenditure System [J]. *The Canadian Journal of Economics*, 1975, 8(1).

[335] Long, NgoV. , K. Shimomura. Relative Wealth, Status-Seeking, and Catching-Up [J]. *Journal of Economic Behavior & Organization*, 2004, 53.

[336] Ludwig A. , Slok T. M. . The Impact of Changes in Stock Prices and House Prices on Consumption in OECD Countries [R]. *IMF Working Paper*, 2002.

[337] Ludwig A. , Slok T. . The Impact of Stock Prices and House Prices on Consumption in OECD Countries [J]. *IMF Working Paper*, 2001.

[338] Meng X. . Unemployment, Consumption Smoothing, and Precautionary Saving in Urban China [J]. *Journal of Comparative Economics*, 2003, 31(3).

[339] Messinis G. . Returns to Education and Urban-Migrant Wage Differentials in China: IV Quantile Treatment Effects [J]. *China Economic Review*, 2013, 26.

[340] Modigliani F. , R. Brumberg. Utility Analysis and the Consumption Function: An Interpretation of the Cross Section Data, in Kurihara K. , *Post-Keynesian Economics*. New Brunswick, NJ: Rutgers University Press, 1954.

[341] Naggara Z. , Bellalah M. . Is the House Price Movement Explaining the Pattern of Consumption: The Case of U. K. ? [J]. *International Journal of Academic Research in Business & Social Sciences*, 2013, 3(2).

[342] Oakley K. , O'brien D. . Learning to Labour Unequally: Understanding the Relationship between Cultural Production, Cultural Consumption and Inequality [J]. *Social Identities*, 2016, 22(5).

[343] Oaxaca R. . Male-female Wage Differentials in Urban Labor Markets [J]. *International Economic Review*, 1973, 14(3).

[344] Okulicz-Kozaryn A. , Mazelis J. M. . More Unequal in Income, more Unequal in Well-being [J]. *Social Indicators Research*, 2017, 132(3).

[345] Phang S. Y. . House Prices and Aggregate Consumption: Do They Move Together? Evidence From Singapore [J]. *Journal of Housing Economics*, 2004, 13(2).

[346] Ram R. . Government Spending and Happiness of the Population: Additional

Evidence from Large Cross-Country Samples [J]. *Public Choice*, 2009, 138 (3-4).

[347] Riccardo De Bonis, Andrea Silvestrini. The Effects of Financial and Real Wealth on Consumption: New Evidence from OECD Countries [J]. *Applied Financial Economics*, 2012, 22(5).

[348] Rosenbaum P. R., Rubin D. B.. The Central Role of the Propensity Score in Observational Studies for Causal Effects [J]. *Biometrika*, 1983, 70(1).

[349] Rothe C.. Decomposing the Composition Effect: the Role of Covariates in Determining between-group Differences in Economic Outcomes [J]. *Journal of Business & Economic Statistics*, 2015, 33(3).

[350] Santospaulino A. U.. Trade Specialization, Export Productivity and Growth in Brazil, China, India, South Africa, and A Cross Section of Countries [J]. *Economics of Planning*, 2011, 44(1).

[351] Shane M., Gale F.. China: A Study of Dynamic Growth [R]. *SSRN Electronic Journal*, 2004.

[352] Sheiner L.. Housing Prices and The Savings of Renters [J]. *Journal of Urban Economics*, 1995, in press.

[353] Shi L., Renwei Z.. Changes in the Distribution of Wealth in China 1995 – 2002, WIDER Working Paper Series RP2007 (3), World Institute for Development Economic Research (UNU-WIDER).

[354] Simo-Kengne B. D., Gupta R., Bittencourt M.. The Impact of House Prices on Consumption in South Africa: Evidence from Provincial-Level Panel VARs. *Housing Studies*, 2013, 28(8).

[355] Sinai T., Souleles N. S.. Net Worth and Housing Equity in Retirement [R]. *National Bureau of Economic Research*, 2007.

[356] Skinner J.. Housing Wealth and Aggregate Saving [J]. *Regional Science and Urban Economics*, 1989, 19(2).

[357] Song L., Wu J., Zhang Y.. Urbanization of Migrant Workers and Expansion of Domestic Demand [J]. *Social Sciences in China*, 2010, 31(3).

[358] Stone R.. Linear Expenditure Systems and Demand Analysis: an Application to the Pattern of British Demand [J]. *The Economic Journal*, 1954, 64 (255).

[359] Theil H.. The Information Approach to Demand Analysis [J]. *Econometrica*, 1965, 33(1).

[360] Wagstaff A., M. Pradhan. Health Insurance Impacts on Health and Nonmedical Consumption in a Developing Country. *The World Bank Policy Research Working Paper Series*, 2005, 3563.

[361] Walker J. F., Vatter H. G.. Demand: The Neglected Participant in the Long

Run U. S. Productivity Record [J]. *American Economist*, 1999,43(2).

[362] Wang M., Cai F.. *Destination Consumption* [M]. Australia: ANU Press,2015.

[363] Wang W., Fan C.. Migrant Workers' Integration in Urban China: Experiences in Employment, Social Adaptation, and Self-Identity [J]. *Eurasian Geography and Economics*, 2012,53(6).

[364] Windsor C., Jääskelä J. P., Finlay R.. Housing Wealth Effects: Evidence from An Australian Panel [J]. *Economica*, 2015,82(327).

[365] Wolfers J.. Is Business Cycle Volatility Costly? Evidence from Surveys of Subjective Well-Being [J]. *International finance*, 2003,6(1).

[366] Working H.. Statistical Laws of Family Expenditure [J]. *Journal of the American Statistical Association*, 1943,38(221).

[367] Yang D. T.. Urban-biased Policies and Rising Income Inequality in China [J]. *American Economic Review*, 1999,89(2).

[368] Yoshikawa H., Ohtaka F. An Analysis of Female Labor Supply, Housing Demand and the Saving Rate in Japan [J]. *European Economic Review*, 1989,33(5).

后 记

长期以来,消费率偏低是制约中国经济高质量发展的重要的需求结构问题。多年来的扩大内需和促进消费政策已经收到一些政策效果,消费逐渐成为驱动经济增长的第一动力。目前中国居民消费水平偏低,消费结构具有巨大升级潜力,消费质量和人民美好生活仍有巨大的提升空间。尽管在居民消费率偏低的条件下中国经济仍然取得了巨大成功,但并不能因此忽视消费在经济发展中的重要作用。投资率和消费率在经济发展过程中具有规律性的变动趋势,经济重心从生产转向消费,消费对经济发展的作用正逐渐增强。随着生产能力提升和居民消费需要升级,经济发展的主要制约因素从供给约束转向需求约束,消费成为生产、分配、交换、消费社会再生产四个环节中至关重要的一环,并且消费对经济发展的关键作用逐渐显化。外部经济波动加大和经贸摩擦增多,需要构建以扩大内需为战略基点的双循环新发展格局,成为新发展阶段的战略选择。在构建双循环新格局中,需要更好地利用国内市场规模性优势,增强消费对经济发展的基础性作用,提升经济发展内生稳定性。

消费的发展具有阶段性和层次性。在不同的经济发展阶段,消费发展的重点存在差异。在经济发展的初级阶段,消费发展的重点在于以数量为基础刻画维度的消费水平提高,以满足人民日益增长的物质文化需要。随着居民基本的物质文化需要得到满足,消费发展的重点将转向以消费质量为基础衡量标准的消费结构升级,以满足人民更高品质的消费需要。经济发展最基本的目的还是为了实现人的全面发展,因此,在实现消费水平提升和消费结构升级之后,消费发展的重点在于以人民美好生活为最终追求目标的更高质量的消费实现。

有鉴于此,本书从消费水平、消费结构和美好生活三个层次出发,构建了依次递进的三篇内容:"消费增长:规模扩张中的水平提升","消费升级:数量基础上的结构升级","美好生活:更高质量的消费实现"。这三篇内容相互关联又梯次推进:消费规模扩张和消费水平提升是消费发展的基础,消费结构升级是消费质量提升的过程,人民美好生活是消费发展的目标和最终追求。

本书采用了多元化的研究视角,从更多维度考察消费水平、消费结构和消费实现。在研究视野上,本书既关注强大国内市场建设,也关注消费外流问题和促进海外消费回流政策;在研究内容上,本书既关注房价上涨对消费的影响,也关注新型城镇化建设对消费的促进,还关注收入差距对消费的不利影响;在研究对象上,既分类关注城镇居民、农村居民等大类群体,又聚焦到具有典型特征的群体,比如,房屋拆迁家庭、多套住房家庭、流动人口等。因此,本书的研究既为客观认识我国消费问题提供了理论解释,又为准确把握我国消费问题提供了多维经验。

本书的研究过程中得到很多师友的指导和支持。感谢西南财经大学毛中根教授对本书的指导,毛老师是我的导师,也是我从事消费领域研究的引路人,他高屋建瓴的指导为本书写作打开了宽阔且新颖的思路。感谢聊城大学桂河清副教授,桂老师细致严谨的治学态度令人敬佩,我们之间多有合作,日常经常性探讨消费问题,为本书的研究提供了良好的支撑。感谢河北经贸大学柴国俊教授,柴老师研究视角新颖,关注经济社会中的现实问题,具有敏锐的问题导向意识,我们经常一起交流消费观点,跟柴老师交流令我受益良多。本书还有其他很多学者的学术贡献,包括哈尔滨工业大学洪涛教授、河北经贸大学李建平教授和王冬博士、安徽工业大学武优勐副教授、山东师范大学宋明月副教授、西南财经大学叶胥副教授、浙江工商大学赵英军教授、毛丰付教授、肖亮教授、邱毅教授等,他们的参与或指导为本书提供了有力的学术支撑。感谢山东大学姚健博士、上海大学研究生王泽昊、聊城大学研究生任素翠等,他们深度参与了本书的写作,为本书的最终完成提供了很多

后 记

帮助。最后,非常感谢山东大学臧旭恒教授,臧老师为本书的写作提供了建设性的指导意见,并且在书稿付梓之际,臧老师欣然接受我们的邀请,拨冗为本书作序,令我们倍受鼓舞。

本书的出版得到国家社科基金一般项目(22BJY044)、教育部人文社会科学研究青年基金项目(19YJC790115)、教育部人文社科重点研究基地浙江工商大学现代商贸研究中心优秀青年领军人才项目(2022SMRC03)和浙江工商大学经济学院的出版资助,特此致谢。特别感谢复旦大学出版社的黄丹编辑,她为本书倾注了很多心血,她专业、勤勉、细致的工作,使本书不断完善,促成本书顺利出版。

过去三年较长时间的新冠肺炎疫情严重影响了居民消费,导致本来运行较为平稳的消费出现较大波动。在新冠肺炎疫情之后,重启消费成为恢复和促进经济发展的重要抓手,政府也把恢复和扩大消费摆在优先位置,增强消费能力,改善消费条件,创新消费场景。未来,消费对经济发展的基础性作用将不断增强,消费领域仍有很多值得进一步深入研究的重大问题。囿于作者知识结构和研究侧重点,书中还有不少纰漏和值得拓展的空间,恳请学界同仁不吝赐教并及时跟进,为构建中国自主的消费经济学知识体系添砖加瓦。

孙 豪

2023 年 6 月于杭州

图书在版编目(CIP)数据

从消费增长到消费升级:人民美好生活需要实现路径研究/孙豪等著. —上海:复旦大学出版社,2023.9
ISBN 978-7-309-16813-6

Ⅰ.①从… Ⅱ.①孙… Ⅲ.①居民消费-研究-中国 Ⅳ.①F126.1

中国国家版本馆 CIP 数据核字(2023)第 072289 号

从消费增长到消费升级:人民美好生活需要实现路径研究
孙　豪等　著
责任编辑/黄　丹

复旦大学出版社有限公司出版发行
上海市国权路 579 号　邮编:200433
网址: fupnet@ fudanpress.com　　http://www.fudanpress.com
门市零售:86-21-65102580　　团体订购:86-21-65104505
出版部电话:86-21-65642845
上海四维数字图文有限公司

开本 787×960　1/16　印张 21.5　字数 299 千
2023 年 9 月第 1 版
2023 年 9 月第 1 版第 1 次印刷

ISBN 978-7-309-16813-6/F・2973
定价:88.00 元

如有印装质量问题,请向复旦大学出版社有限公司出版部调换。
版权所有　侵权必究